JN336773

図解テキスト

インテリアデザイン

小宮容一／加藤力／片山勢津子／塚口眞佐子／ペリー史子／西山紀子

井上書院

はじめに

◆デザインの始まり

　「デザイン」という言葉が一般社会で使われるようになるのは、19世紀のイギリスです。産業革命が進行していく中で、中世の手工業的・工芸的な少量生産に対し、量産可能な機械生産に方式が移行していきます。

　動力も、水力から蒸気力へとパワーアップします。当然、手と人力で作っていた製品とは異なる工程と形態が必要となります。初期には工場主、現場の技術者が知恵を絞り、また造形力のある彫刻家や画家にも相談したことでしょう。ここに「近代デザイン」の萌芽があります。

　次第にデザイン力のあるデザイナーを育てる必要もでてきます。ちなみに、サウス・ケンジントン博物館（現ヴィクトリア＆アルバート美術館）付属のスクール・オブ・デザインの創立は1852年、この前身である「英国工藝上藝術学校」「智学芸術学校」の創立は1837年です。

◆デザイナーはあらゆる分野に

　まず、あなたが今着ている服は、ファッションデザイナーがデザインしたものです。ボールペンやシャープペンシルは、数々の文具メーカーの内外のプロダクトデザイナーがデザインしたものです。書籍や雑誌にはグラフィックデザイナーが関与しています。

　教室を見てみましょう。六面体のインテリアが、床・壁・天井で構成されています。床材、壁材、天井材は、インテリアデザイナーが性能やカラー、パターンを検討し、選択・決定・構成し、施工されています。デスク・チェアはファニチャーデザイナーのデザインです。これを機能的・感性的にセレクトし、レイアウトするのはインテリアコーディネートの分野です。

　建築物は、建築家（建築デザイナー）が設計し、現場を管理し、施工業者が建設します。

　世にあるすべての人工物にはデザイナーがかかわっているといっても過言ではない時代です。

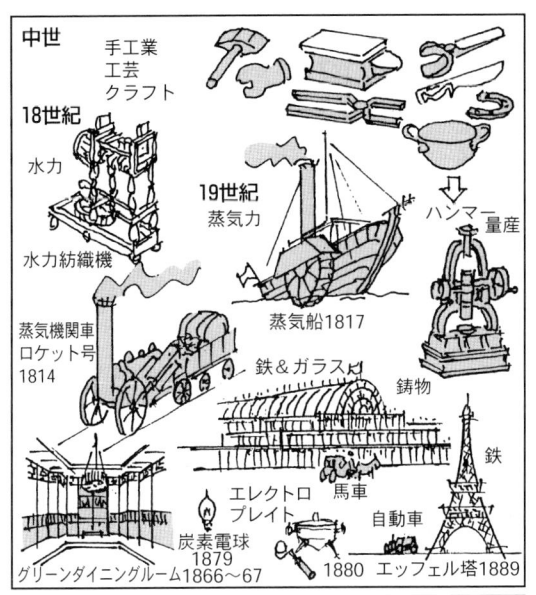

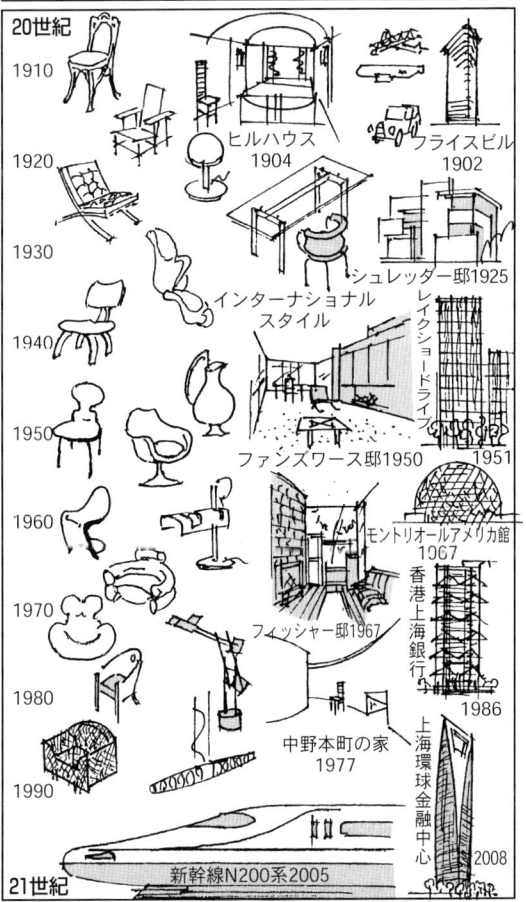

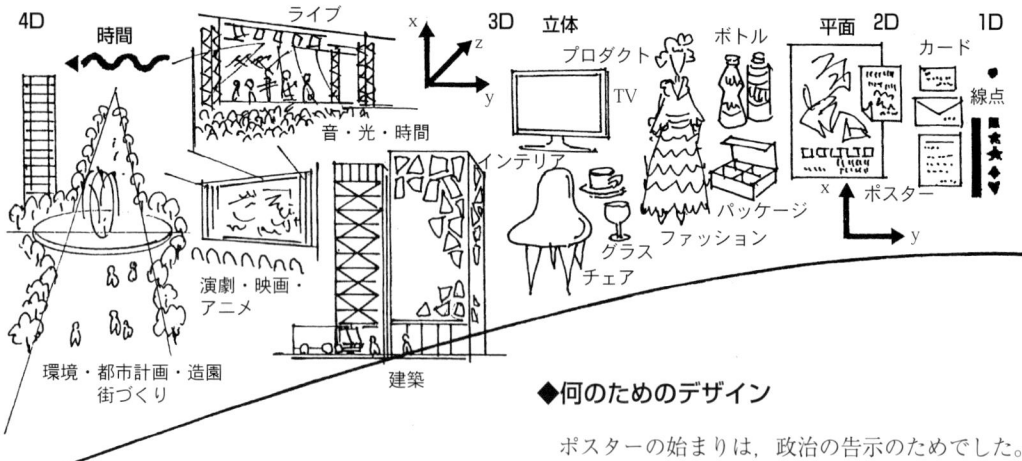

◆デザインを次元から

　数学・図学では，点・直線が1次元，平面が2次元，立体が3次元とします。デザインの世界では，グラフィックデザイン・ビジュアルデザインが2次元，平面・紙の上のデザインです。掃除機，テレビ，自動車など立体製品のプロダクトデザインは，幅・高さ・奥行のある3次元デザインです。
　インテリアのチェア，テーブル，照明器具などは，インテリアプロダクトといいます。
　パッケージデザインとファッションデザインは，2次元・平面と3次元・立体の両方をもち合わせたデザインです。
　建築デザインは，その箱体からして3次元デザインです。建築の内部空間をあつかうインテリアデザインも3次元です。しかし，建築もインテリアも，そこに人が生活，行動し，植物・動物が生きていてと理解するなら，これは立体・空間デザインに，時間の概念を加味した4次元デザインともいえます。
　映画やアニメーションは，平面に時間を加えたものです。演劇・コンサート，ライブ，イベントは，人・モノ・音・光・空間などに時間を加えた総合デザインといえます。
　コンピュータでは，次元の英語/ディメンション（dimention）を使い，2D（2次元），3D（3次元）といいます。CG（コンピュータグラフィックス）は2Dのペイントシステムです。3D CGはアニメーションや立体を作成できます。CAD（コンピュータエイデットデザイン）は，立体・空間デザインを支援する3Dシステムです。

◆何のためのデザイン

　ポスターの始まりは，政治の告示のためでした。次には劇やイベントの案内，石けんやワインといった商品のポスターへと発展します。何のためのデザインかというと，モノ・コトを知らしめ，購買・購入また観劇・イベントへの参加意欲を促進するためといえます。
　プロダクトデザインでは，例えばアイロン，その目的は布のしわを取ることにあり，そのために熱と蒸気と重量が必要です。これらの与件に対しデザイナーは，機能をレイアウトし，形態と素材と色を決定し，同時に生産上・販売上の条件も解決します。何のためのデザインかといえば，目的・機能に形態や色を与え，使用上の安全性・快適性をもたらし，生産上・販売上において有益な状況を作り出すためだといえます。
　建築デザイン，例えば住宅のデザインは何のためかといえば，初源的には雨，風，太陽光，外敵から身を守るためです。加えて，敷地，経済条件，法規，家族構成，ライフスタイルなどから規模，部屋を構成して，より快適・安心な空間を作り出すためです。
　インテリアデザイン，例えば住宅のリビング空間のデザインは，家族が集まりやすく，集まって談話・コミュニケーションし，テレビやゲームを楽しみ，時間と空間が心地良く，幸福感，満足感が得られるような装備と空間を整えることがその目的といえます。
　レストランのインテリアは，客が食事し，歓談し，心地良い満足感を得られるような空間と時間を作り出すためです。
　オフィスのインテリアは，まず知的・肉体的作業が効率よく行える環境・装備を整えるためであり，次に1日の8～10時間を過ごすことにおいて，精神的な安心や安全，心地良さの得られる空間を作り出すためです。

◆インテリアデザインは

　インテリアデザインは，使用者，生活者のためのデザインという視点が重要です。使用者，生活者は人間ですから，人間を起点におくデザインです。人間の手が扱う箸やナイフ，フォークのデザイン，体を支えるチェア，食物を置くテーブルのデザインへと広がります。快適な人間の行為行動をサポートするインテリアプロダクトのデザインです。

　さらに，行為する人間を取り巻く空間へとデザインは広がります。ダイニングルームとして相応しい空間量と形状，素材，色彩，照明計画などをデザインします。インテリアスペースのデザインです。こうして，住まいの各行為に対する空間をデザインしていくと，住宅デザイン全体ができ上がります。建築のシェルター（建築物）をインテリアからデザインしたことになります。

　インテリアデザインが「人間を起点」として，建築をさらに都市を，地球をデザインすることも可能です。

◆インテリアデザインを学ぶ

　20世紀がデザイン分野の分化と専門化の時代であったとすれば，21世紀はデザインのクロスオーバー・融合の時代になるといえます。グラフィックデザイナーが家具をデザインし，インテリアデザイナーが橋や都市をデザインすることのできる時代です。デザインのセンスと人間と地球に対する優しい心があれば，デザイン表現のツールや生産・施工にコンピュータがフォローする時代です。といっても，学生諸君は今，十分にインテリアデザインを学び，修得することがすべての始まりです。

　今日，インテリアに関連した職能に，インテリアデザイナー，インテリアプランナー，インテリアコーディネーターといった総合職があり，ショップデザイナー，オフィスデザイナー，ライティングデザイナー，ファニチャーデザイナー，キッチンスペシャリストなどの専門職があります。学生諸君がどのような職能を専門とするかは，社会へ出てからの選択肢として，ここでは，本書に納められたカリキュラムを学び，理解し，修得し，センスアップしてインテリアデザイナーの基礎を確立させることを期待します。

◆本書の構成と特徴

　本書は，インテリアデザインを初めて学ぼうとする学生のための教科書です。デザイン計画の基礎としての空間，エレメント，家具，設備，エルゴノミクス，室内環境，計画を取り上げています。加えて，本書の特色として，インテリアの表情・演出にかかわる項目であるインテリアスタイル，ウインドートリートメント，ライティング，マテリアル，カラーを取り上げました。また，グローバルな地球・環境問題の観点から，ユニバーサルデザイン，サスティナブルデザインについて，最後に従来の教科書にはなかった，インテリアデザインの評価を取り上げています。

　章立ては全15章，15回の授業回数を想定しています。本書の特色として，各章に演習課題を設けました。90分の時間内で，講義の内容への理解を頭脳と手を使って深めるためです。講義と演習課題を各90分に分ける方法もあります。そうすると全30回となり，前期・後期を通して使用することもできます。

　また，各章は独立・完結していますので，講義の順序・演習課題の実施については，先生方の判断にお任せできます。

　学生諸君が，本書を最初の手掛かりとして学習・研鑽に励み，インテリアデザインの何たるかを知り，将来を展望できる指導を期待します。

　終わりに，紙面をお借りして，脱稿の期限を調整し，刊行まで辛抱強く助力・支援して下さった井上書院関谷社長に感謝を申し上げます。

2009年3月　　　　　　　　　　　執筆者を代表して
　　　　　　　　　　　　　　　　　小宮　容一

図解テキスト インテリアデザイン　　目次

はじめに ………………………………………… 3
索引 ……………………………………………… 9

1 インテリアデザインとは

1. 内部とは ………………………………… 12
2. 外部とは ………………………………… 13
3. インテリアデザインとは ……………… 14
4. 建築物のインテリア …………………… 15
5. 乗り物のインテリアデザイン ………… 16
6. 住まいのインテリアデザイン ………… 17
7. オフィスのインテリアデザイン ……… 18
8. ショップのインテリアデザイン ……… 19
9. ホテルのインテリアデザイン ………… 20

演習課題01 ― シェルターを作る ……… 21

2 インテリア空間

1. 空間とは ………………………………… 22
2. 空間からのメッセージ ………………… 23
3. 空間を規定する ………………………… 24
4. 開口部を開ける ………………………… 25
5. 空間を仕切る …………………………… 26
6. 空間を組み合わせる …………………… 27
7. 空間の美的秩序 ………………………… 28
8. 空間の表情 ……………………………… 29
9. 空間を構成する ………………………… 30

演習課題02 ― 箱を使ってインテリア空間を
　　　　　　 観察する ……………………… 31

3 インテリアエレメント

1. インテリアエレメントとは …………… 32
2. 床 ………………………………………… 33
3. 壁 ………………………………………… 34
4. 天井 ……………………………………… 35
5. 開口部 ― 出入口と窓 ………………… 36
6. 家具 ……………………………………… 37
7. 照明器具 ………………………………… 38
8. 幅木・回り縁・階段 …………………… 39
9. インテリアアクセサリーなど ………… 40

演習課題03 ― ベッドルームの開口部を計画
　　　　　　 する ……………………………… 41

4 インテリアスタイル

1. インテリアスタイルの意義 …………… 42
2. インテリアスタイルの要素 …………… 43
3. インテリアスタイル・マトリックス ……… 44
4. シンプルモダンとナチュラルモダン ……… 45
5. アジアンモダンと和モダン …………… 46
6. 北欧モダンとリュクスモダン ………… 47
7. トラディショナルスタイルとカントリースタイル ……… 48
8. ニュートラルスタイルとミックススタイル … 49
9. 伝統和風 ………………………………… 50

演習課題04 ― 写真からインテリアスタイルを
　　　　　　 分析する ……………………… 51

5 家具デザイン

1. 家具デザインの要点 …………………… 52
2. 家具の分類 ……………………………… 53
3. チェア・ソファ・ベッド ……………… 54
4. デスク・テーブル ……………………… 55
5. 収納家具と家具金物 …………………… 56
6. 家具のレイアウト ― 住宅 …………… 57
7. 家具のレイアウト ― オフィス ……… 58
8. モダン家具のデザイン ………………… 59
9. クラシック家具のデザイン …………… 60

演習課題05 ― レッド＆ブルーチェアを作る … 61

6 ウインドートリートメント

1. ウインドートリートメントの伝統 …… 62
2. ウインドートリートメントとは ……… 63
3. ウインドートリートメントの種類 …… 64
4. ウインドートリートメントの布地 …… 65
5. カーテンとは …………………………… 66
6. カーテンのスタイル …………………… 67
7. シェードとスクリーン ………………… 68
8. ブラインドとすだれ …………………… 69
9. 窓装飾のコーディネート ……………… 70

演習課題06 ― 窓装飾をコーディネートする … 71

7 ライティングデザイン

1. ライティングデザインの考え方 …………… 72
2. 光源 ………………………………………… 73
3. ライティングデザインの進め方 …………… 74
4. 建築化照明 ………………………………… 75
5. 照明器具 …………………………………… 76
6. 住宅の照明 ………………………………… 77
7. オフィスの照明 …………………………… 78
8. ショップの照明 ― 物販店 ………………… 79
9. ショップの照明 ― 飲食店 ………………… 80

演習課題07 ― 画用紙で照明器具を作る ……… 81

8 インテリア設備

1. 給排水設備 ………………………………… 82
2. 調理設備 …………………………………… 83
3. 衛生設備機器 ……………………………… 84
4. 給排気設備 ………………………………… 85
5. 冷暖房設備 ………………………………… 86
6. 電気・ガス設備 …………………………… 87
7. 情報設備・防災設備 ……………………… 88

演習課題08 ― 教室のインテリア設備を調べて
みる ……………………………………… 89

9 マテリアルコーディネート

1. マテリアルとは …………………………… 90
2. マテリアルのイメージ ― 物性・感覚評価 … 93
3. インテリアのイメージ　形容語句評価 …… 94
4. マテリアルコーディネート ……………… 95
5. マテリアルコーディネートの実例 ……… 96

演習課題09 ― 素材から仕上がりのインテリア
感を話し合う …………………………… 97

10 カラーコーディネート

1. カラーのイメージ ………………………… 98
2. カラーの文化と風土 ……………………… 99
3. カラーの分類と表色系 ………………… 100
4. インテリアの色彩計画1 ………………… 101
5. インテリアの色彩計画2 ………………… 102
6. インテリアの色彩計画3 ………………… 103
7. 住宅の色彩計画 ………………………… 104
8. 公共空間の色彩計画 …………………… 105
9. 商業施設の色彩計画 …………………… 106

演習課題10 ― カラーイメージからインテリア
構成を考える …………………………… 107

11 エルゴノミクス（人間工学）

1. インテリアデザインの人間工学 ……… 108
2. 人体寸法，姿勢，作業域 ……………… 109
3. 動作，行動特性 ………………………… 110
4. 感覚・知覚と空間 ……………………… 111
5. 人間工学の応用1 ― 椅子・ベッド …… 112
6. 人間工学の応用2 ― テーブル・デスク …… 113
7. インテリア空間の安全性 ……………… 114

演習課題11 ― 自分の身体に合った机・椅子の
選び方 …………………………………… 115

12 室内環境

1. インテリア空間の環境条件 …………… 116
2. 暑さ・寒さと人間 ……………………… 117
3. 湿気と結露 ……………………………… 118
4. 空気と換気 ……………………………… 119
5. シックハウスと室内環境 ……………… 120
6. 音と音響計画 …………………………… 121
7. 光と採光 ………………………………… 122

演習課題12 ― 部屋の環境条件を測定する …… 123

13 インテリア計画と発想

1. インテリア計画と設計 ……………… 124
2. インテリア空間の規模 ― 動作空間から …… 125
3. ゾーニングと動線・視線 ……………… 126
4. インテリア設計・デザイン ……………… 127
5. 生活イメージからの発想 ……………… 128
6. 空間イメージからの発想 ……………… 129
7. エレメントイメージからの発想 ………… 130
演習課題13 ― 視線の動きから生活を想像する …… 131

14 ユニバーサルデザイン, サスティナブルデザイン

1. バリアフリーとユニバーサルデザイン …… 132
2. ユニバーサルデザインの7つの原則 …… 133
3. ユニバーサルデザインの意味 ………… 134
4. インテリアとユニバーサルデザイン …… 135
5. サスティナブルデザインとは ………… 136
6. ライフサイクルデザイン ……………… 137
7. スケルトン&インフィル(SI) ………… 138
演習課題14 ― 部屋の使い勝手の悪さを見つける ……………… 139

15 インテリアデザインのプロセスと評価

1. インテリアデザインの流れ …………… 140
2. 基本計画 ― 与条件の整理と基本方針の決定 … 141
3. 基本設計1 ― エスキスからプランニング …… 142
4. 基本設計2 ― プレゼンテーション ……… 143
5. 実施設計 ……………………………… 144
6. 工事監理と竣工まで ………………… 145
7. インテリアデザインのための評価チェックリスト ……………………… 146
演習課題15 ― カフェテラスのインテリアデザインを評価する ……………… 147

演習課題解答例 …………………………… 148
参考文献, 資料・写真提供 ……………… 149

[執筆担当]

小宮容一 ―― **1, 9**
加藤　力 ―― **11, 12, 14**
片山勢津子 ―― **3, 5, 7, 8**
塚口眞佐子 ―― **4, 6, 10**
ペリー史子 ―― **2, 15**
西山紀子 ―― **13**

[索引]

あ—お

アートワーク 20
アイコリドール 126
アイデンティティー 19
アウトサイドイン 124
アクセサリー 32
アクセントカラー 102
アクソメ 143
アクティブソーラー 86
アジアンモダン 46
脚物 53
アソートカラー 102
圧力水槽方式 82
アネモスタット型 85
網入りガラス 36
洗い落し式 84
洗い出し式 84
合せガラス 36
安心 146
安全 146
安定性 24
アンピール（ナポレオン）様式 60
暗幕効果 63
イーサネット 88
椅子座 37
板天井 50
位置 25
一酸化炭素（CO） 119
意味 146
イメージ 146
イメージボード 127
色 29
色温度 73
色立体 100
インサイドアウト 13, 124
飲食店 19
員数表・仕上表 144
インティメイトスケール 23
インテリアイメージ 127
インテリアスタイル 127
インテリアスタイル・マトリックス 44
ウィンザーチェア 60
ウインドートリートメント 17, 62
ウェイトテープ 66
ヴォイド（空） 22
ウォーム・クール軸 44
ウォッシャブル 65
エコ材料 92
エコデザイン 136
エコマテリアル 138
エコマテリアルデザイン 138
エスキス 142
エプロン 84
エルゴノミクス 108
エレメントイメージ 130
演色性 73
演色評価数 73
エンブロイダリー 65
大壁 34
オーガンジー 65
大きさ 25
オーストリアンシェード 68
オープンタイプ 18
汚水 82
音 25
落し掛け 50
音響計画 17
温冷 93

か—こ

カーテンウォール 34
カーテンホルダー 66
カーテンレール 66
開口部 25
外装 13
外装工事 13
階段ダンス 56
快適性 146
外部 13
外壁 13
開放 22
概略図 143
化学繊維 91
家具 52
家具・エレメントリスト 144
家具詳細図 144
花崗岩 90
火災感知器 88
風 25
かたち 146
カップボード 56
カフェカーテン 67
壁 24
壁紙 91
壁布 91
蒲心 69
カラーコーディネート 17
感覚評価 93
換気回数 119
乾式工法 34
感情効果 98
寒色 98
間接照明 76
関東間（田舎間） 33
カントリースタイル 48
貫入 27
機械換気 119
企画 140
記号的アイテム 46
擬石 91
機能性の確認 43
機能と目的 146
基本計画 140
基本設計 140, 142
基本的なかたち 27
基本的な要素 30
気密性 117
ギャザひだ 67
キャスター 56
吸音性能 63
吸音率 121
給水塔方式 82
強化ガラス 36, 92
京間（関西間） 33
局所給湯方式 82
曲面 24
気流 117
金属蒸着加工 65
クィーンアン様式 60
空間 22
空間イメージ 129
空間構成 30
空間体験 30
空間との整合性 43
空間の質 28
空間の表情 29
空間領域 22
空調計画 17
空調効果 63
グライド 56
グラデーション 27
車ダンス 56
グレア 74
クレセント 36
クローズドタイプ 18
クロスオーバー 67
蹴上げ 39
計画 124
経済性 146
傾斜窓 69
形状 25
軽重 93
形容語句評価 94
ケースメント 64
ゲートレッグテーブル 55
蹴込み 39
化粧梁 48
結露 118
堅牢性 65
甲板 55
光源色 73
工事監理 140, 145
公衆距離 110
後退色 98
高置（高架）水槽方式 82
格天井 35, 50
硬軟 93
勾配天井 50
広葉樹 90
コージェネレーション 87
コーティング加工 65
コーニス照明 75
コーヴ照明 75
腰窓 67
個体距離 110
コファー照明 75
コロニアル様式 60
コンセプト 19, 20
コンソールテーブル 55

さ—そ

座位基準点 112
採光 122
採光計画 17

語	頁
サイズ	23
彩度	100
サイドテーブル	55
サイドボード	56
サイホン式	84
サイホンゼット式	84
サイホンボルテックス式	84
竿縁天井	35, 50
左官材	92
作業域	109
削減	27
座敷飾り	50
差尺	113
サスティナブルデザイン	136
雑排水	82
残響	121
残響時間	121
シアー	64
シーリングライト	38
シェーカー	60
シェーカー風	48
シェラトン様式	60
視界	25
時間軸	30
色相	100
色相環	100
色相配色	102
敷目天井	35
指極	109
システム家具	56
システムキッチン	83
システム天井	35, 78
自然換気	119
視線計画	17, 126
漆喰	92
室空間	125
シックハウス症候群	120
湿式工法	34
実施設計	140, 144
湿度	117
室内環境	14
室内環境調整技術	116
室内装飾	14
執務フロア	18
室礼（舗設）	32
シャープシェード	64
ジャガード織り	65
社会距離	110
遮光性能	63
シャンデリア	38
収縮色	98
修正有効温度	117
重力による自然換気	119
樹脂加工	65
じゅらく	92
準人体系（セミアーゴノミー系）家具	113
書院造り	14, 50
上肢挙上高	109
仕様書	144
情緒性	146
蒸発熱	117
照明埋め込み天井	50
照明計画	17
ジョーゼット	66
シリンダー錠	36
シロッコファン	85
真壁	34
進出色	98
人造石	90
人体系（アーゴノミー系）家具	112
人体寸法の略比率	109
シンプルモダン	45
親密距離	110
新有効温度	117
針葉樹	90
心理的境界	26
図	29
垂直	22
水道直結方式	82
水平	22
水平窓	69
スーパースケール	23
スカラップ	67
数寄屋造り	50
スケール	23
スケルトン&インフィル	15, 138
スケルトン賃貸	138
スタイルカーテン	66
すだれ	64
ステー	56
スパニッシュ風	48
スプリンクラー	88
スペクトル色	99
スライドバルーンシェード	67
ずらす	27
スラット	64
スリー・イン・ワン	20
生活イメージ	128
生活姿勢	109
設計	124
設計趣旨	143
設計条件	141
設計図書	140
設備計画	17
設備設計	142
セパレーツカーテン	67
セメントリシン	92
センタークロス	67
全天空照度	122
全般拡散照明	76
雑巾ずり	39
操作機能	63
装飾レール	66
装備	32
ゾーニング	17, 126, 142
粗滑	93
ソシオフーガル	110
ソシオペタル	110
ソフトシェード	70
ソリッド（塊）	22

た―と

語	頁
ターボファン	85
太鼓襖	36
台物	53
大理石	90
竹	69
タスク・アンビエント照明	78
畳寄せ	39
タッセル	66
縦長プロポーション	48
縦長窓	62
建物系（シェルター系）家具	113
タブカーテン	67
単位空間	125
暖色	98
単相3線式	87
断熱性	63, 117
段鼻	39
断面図	143
断面的	27
地	29
違い棚	50
蓄圧水槽方式	82
チッペンデール様式	60
中央給湯方式	82
中京間（三六間）	33
昼光	122
昼光率	122
丁番	36, 56
直接照明	76
通風	17
付書院	50
つながり	26
テーブルウエア	40
テクスチャー	29
デコラティブ・シンプル軸	44
出窓	67
テラゾー	90
天板	55
展開図	143, 144
天井	24
天井伏図	144
伝統和風	50
天然繊維	91
大窓	69
ドアクローザー	36
透過損失	121
洞窟	14
動作域	125
動作空間	125
動線	17, 126
動線計画	126
トーン配色	102
特殊排水	82
戸車	36
床の間	50
床の間飾り	50
床柱	50
トップトリートメント	66
ドビー織り	65
ドミナンス	28
ドメス	56
トラップ	82
トラディショナルスタイル	48
トリミング	66
ドレープカーテン	64
ドレープ性	65
ドローリーフテーブル	55
トロファー照明	75

な―の

語	頁
内装	13
内装工事	13
内部	12
内壁	13
中杢	50

項目	ページ
長押	50
ナチュラルモダン	45
南仏プロヴァンス風	48
二酸化炭素（CO_2）	119
二重吊り	70
二段階供給方式	138
日常災害	114
日程監理	145
日本の伝統色	46, 99
ニュートラルスタイル	49
人間工学	16, 108
音色の三属性	121
ネオクラシック（ルイ16世）様式	60
ネストテーブル	55
熱交換式換気扇	85
熱線吸収ガラス	36
熱線反射ガラス	36
納品監理	145
ノーマライゼーション	132
ノックダウン家具	56

は―ほ

項目	ページ
パース（透視図）	143
バーチカルブラインド	64
ハーモニー	28
配光	76
白磁	46
箱物	53
パターン	29
バタフライテーブル	55
パッシブソーラー	86
バティック	46
ハトメカーテン	67
パネルスクリーン	64
バランス	28, 66
バランス照明	75
バリアフリーデザイン	132
バルーンシェード	64
パンカールーバー型	85
半間接照明	76
半直接照明	76
ヒートポンプ式	86
ピーリング材	90
光	25, 29
光天井	38
光天井照明	75
非常災害	114
美的秩序	28
ビニルクロス	91
ピューター	46
ヒューマンスケール	23
ヒューマンファクターズエンジニヤリング	108
標準縫製	67
ヒンジ	56
品質監理	145
ファニチャーレイアウト	142
ファンコイルユニット	86
ファンシェード	70
風力による自然換気	119
フールプルーフ	114
フェイルセーフ	114
フォーカルポイント	126
吹付材	92
複層ガラス	36, 118
房掛け	66
襖絵	14
物品販売店	19
船底天井	50
踏面	39
プライバシーの確保	63
ブラケット	38
フラッシュタンク式	84
フラッシュバルブ式	84
フラットカーテン	67
プランニング	142
フリーアクセスフロア	33
フリーアドレス式	58
プリーツスクリーン	68
フリープラン分譲	138
プリント	64
プレーンシェード	64
プレゼンテーション	143
ブローアウト式	84
フローリング材	90
プロペラファン	85
プロポーション	23
分電盤	87
分離	26
ヘアーサロン	19
併合	27
平衡性	24
閉鎖	22
平面	24
平面詳細図	144
平面図	143
平面的	27
ベースカラー	102
ヘップルホワイト様式	60
ペニンシュラ型	83
ベネシャンブラインド	64
変形窓	69
ベンチ式ダイニングチェア	48
ボイル	65
防炎加工	65
防汚加工	65
方向性	24
放射	117
坊主襖	36
膨張色	98
北欧モダン	47
ポストモダン	47
ポピュレーションステレオタイプ	110
ホルムアルデヒド	120
ポンプ圧送方式	82

ま―も

項目	ページ
マグネットキャッチ	56
マテリアルコーディネート	17
マンセル表色系	100
御影石	90
ミックススタイル	49
見積り・発注	140
ミラー効果	69
無彩色	100
無彩色配色	102
明度	100
目透し天井	35
模型	143

や―よ

項目	ページ
焼き杉	69
有効温度	117
有彩色	100
有用性	146
床	24
床座	37
ユニット家具	56
ユニバーサルデザイン	132, 134, 135
要求条件	141
様式	146
横長の開口	62
予算案（概算書）	143
予算書	144
葦	69
与条件	141
余白の美	46

ら―ろ

項目	ページ
ライフサイクルアセスメント	137
ライフサイクルデザイン	137
ライフスタイル	128
ライフスタイルの整合性	43
ラインライト照明	75
ラミネート加工	66
ランナー類	66
リサイクル	137
リズム	28
リデュース	137
リネン	40
リフューズ	137
裏面加工	66
リユース	137
リュクスモダン	47
ルーバー	64
ルーバー天井	38
ルーバー天井照明	75
レース	64, 65
ローマンシェード	64
ローラーキャッチ	56
ロールスクリーン	64
ロココ（ルイ15世）様式	60
ロッキングチェア	48
ロックウール吸音板	92

わ―を

項目	ページ
ワードローブ	56
和ダンス	56
和モダン	46

A―Z

項目	ページ
LAN	88
SI	138
VOC	120

1 インテリアデザインとは

この章では、インテリアデザインを学ぶに当たって、内部、外部、インテリア、インテリアデザインの概念と、各種インテリアデザイン分野のデザインの立脚点について学びます。

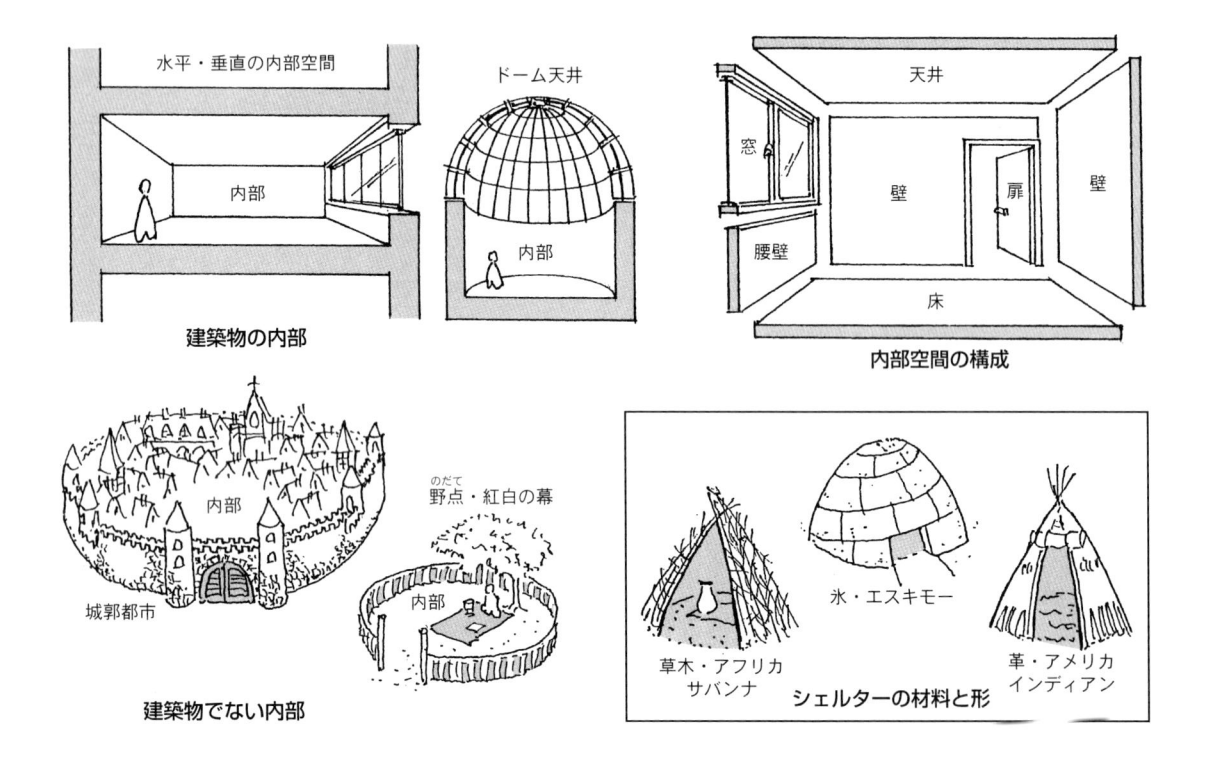

1. 内部とは

　現在、私たちが使っている教室は、建築物の内部です。コンクリートの床、壁、ガラスの窓、天井、屋根で外部から隔離、遮断されています。本来、内部の意味は「うちがわ」ですから、広義には、箱のうちがわは内部です。城郭都市の城壁のうちがわも内部です。野点のときには、紅白の幕を張り回します。セレモニーのための内部的（インテリア的）占有空間の確保といえます。

　インテリアデザインで扱う内部は、狭義には、床、壁、天井（屋根）に囲まれ、外部と区別されたこの教室のような空間です。外部との関係性は、出入口や窓、換気口などの開口部によってとることになります。

　建築は初源的に、雨、風、太陽光、外敵から身を守る必要性から生まれました。身を守るための材料と構造によって、外部と内部を遮断するシェルターが作られ、内部空間が確保されます。そして、内部は休息、就寝、食事、歓談、作業などの生活行為が行われる空間となります。

　シェルターの材料は、木、草、布、土、レンガ、石、鉄、コンクリートとさまざまです。シェルターによる外部との遮断性が、内部の重要な意味をもっています。遮断性によって、内部は人にとって安心・安全・快適な空間となり、開放的で自由な行為、行動が可能となります。

　住宅だけでなく公共施設、ショップ、オフィスなどの内部においても、人々は外部から守られて、それぞれの行為に専念することができるのです。

　さらに20世紀に登場・発達した車両、船舶、自動車、航空機などの乗り物（移動機関）の内部も、建築の外壁と同様、機体の外板によって空気や水などを遮断し、安全で快適な内部空間を確保して移動するのです。

　内部・室内の英訳が**インテリア**（interior）、外部・外側は**エクステリア**（exterior）です。

内部と外部

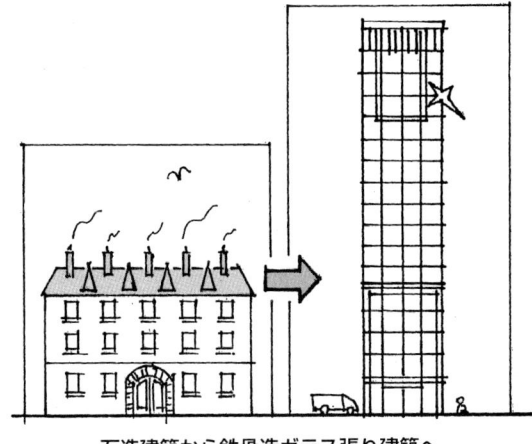

石造建築から鉄骨造ガラス張り建築へ

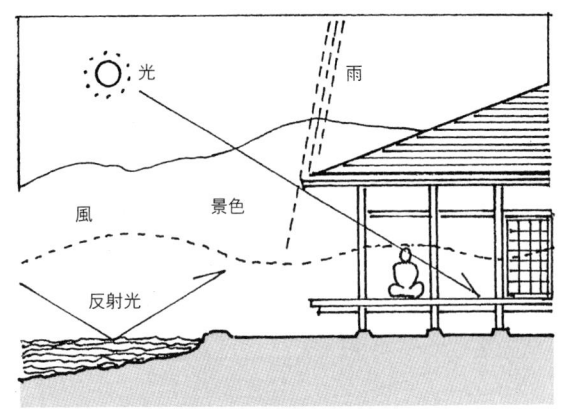

伝統的日本の木造建築と外部（自然）

外部（景色）を取り込むガラスウインドー

2. 外部とは

　外部は，内部の対立概念です。組織の構成員を「内部の人」といい，組織の外の人を「外部の人」といいます。組織という目には見えない枠組を境にして，外と内を分けます。

　建築・インテリアでは，床，壁，天井（屋根）で確保された内部のそとがわを外部とします。壁の外，窓の外，屋根の外となります。内部を囲う壁の外側を外壁，内側を内壁といいます。外部を整え，仕上げることを外装，内部を整え，仕上げることを内装といい，それぞれの工事を外装工事，内装工事といいます。

　建築物は，都市に建て，街に建て，自然の中に建てるのですが，インテリア・内部側（inside）から見れば，建築物の外部（outside）に，庭があったり，街・都市があったり，自然があったりするわけです。**インサイドアウト**の概念です。

　古来，日本伝統の木造建築は，自然と対立するのではなく，四季豊かな自然を取り入れた建築です。柱・梁の架構に，板戸や明かり障子，ガラス障子をたて付け，広縁や濡れ縁を持ち，光や風や音，自然の風景を取り入れてきました。今日の集合住宅のテラスウインドーとベランダ・バルコニーの関係は，明かり障子と濡れ縁の関係を継承しているといえます。

　古来，西洋の石造建築は，外敵からの防御の意味が強く，壁は厚く，窓は小さく，自然環境を享受できるものではありませんでした。20世紀の初頭に，鉄とコンクリートとガラスの使用が可能になり，堰を切ったようにガラス張りの建築物が建つのは，自然や太陽，景色に対する強い希求の現れといえます。

　建築・インテリアデザインでは，外部との関係をどのように考え，どのように対処するか，個々のケースにおいて最適の答を出すことが常に求められます。

1　インテリアデザインとは

13

洞窟の生活を整えることからインテリアデザインが始まる

二条城二の丸大広間（1626）
襖絵は日本独特のインテリアアート

ヴェルサイユ宮殿 皇女の間（1661〜90頃）

インテリアデザインは空間・装備・環境を整える

3. インテリアデザインとは

　人類の祖先が，洞窟に住んでいたとき，寝る場所，食事をする場所，作業する場所を区別し，毛皮を敷き，草を敷き，土を固めます。また，道具を置く場所を工夫し，呪術的にしても壁に絵を描く等々，洞窟内部の生活が便利に，快適になるように整えます。この行為がインテリアデザインの原点です。

　フランスの17〜18世紀，ルイ王朝期に室内装飾（interior decoration）が興隆します。壁にタペストリーを掛け，壁紙を張り，床を石材や木材のモザイク張りとし，天井には天井画，シャンデリアを吊るすなど，豪華絢爛たる王宮の**インテリアスタイル**を確立します。

　日本では，書院造りが確立される室町時代（14世紀〜），床の間飾り，襖絵，欄間，格天井画などが室内装飾として形式化していきます。江戸時代には，狩野派などによる絢爛な襖絵に囲まれたインテリアが出現します。

　このようなインテリアの装飾的部分は，インテリアデザインの一分野です。視覚的・感性的・芸術的心地良さを整える分野です。

　インテリアデザインはまず，生活者・使用者の行為・行動，動作の機能性・合理性を考えた部屋の規模・配置，設備・収納・家具・什器の配置などを計画，それらに形・素材・色彩などを与える，設計する，デザインすることです。同時に，室内環境（採光，照明，音響，空調など）を快適なものにする計画・デザインもインテリアデザインです。

　以上を総括すると，インテリアデザインは，安全・安心を確保されたインテリアスペース（室内空間）で，生活者・使用者が便利に快適に行為・行動でき，また，感性的・感覚的な心地良さを享受できるために，空間と装備，環境を整えることであるといえます。

動く建築　　　　動かない建築

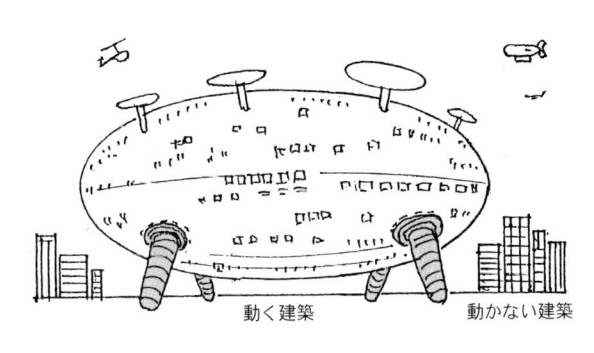

動く建築は可能か

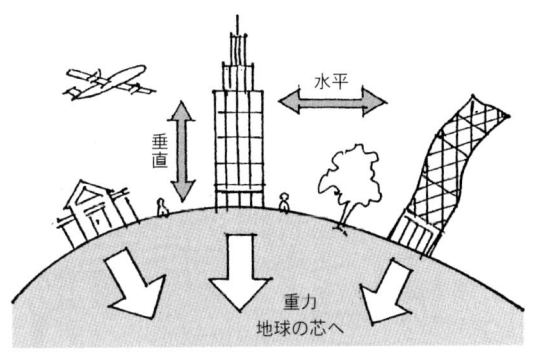

私たちは重力に支配されている

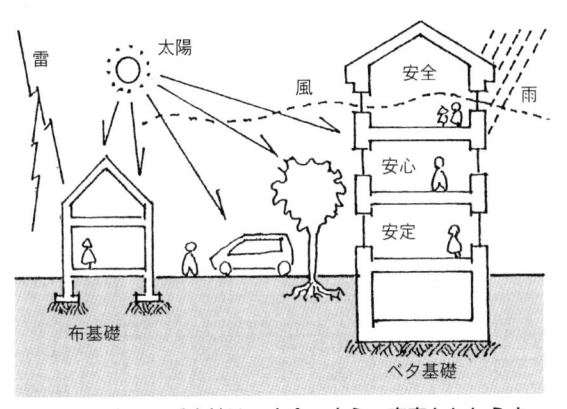

建築物の水平・垂直性は，安全・安心・安定をもたらす

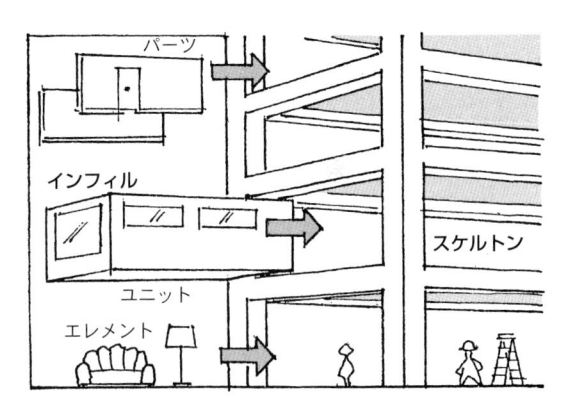

スケルトン＆インフィル

4. 建築物のインテリア

　インテリアを形成するシェルターの性質（静と動）から，建築物のインテリアと乗り物のインテリアに分けることができます。地面に基礎を造って，その上に構築物を建てる建築は，基本的には動かないものです。1960年代に，前衛建築家集団アーキグラムが，巨大な構造物が都市間を移動するアイデアを発表したことがありますが，本書では，静止した建築物を扱います。

　乗り物のインテリアは，動いていることのストレスをいかに解消するか，和らげるかが重要な要点になります。動かない建築物のインテリアは，動かないことの安定感・安心感が前提であり，そのインテリアで生活し，行動し，働くところの生活者，利用者，ワーカーを自然（雨・風・嵐・太陽など）や外敵（都市ではライオンが襲ってくることはまずないでしょうが，時に自動車が飛び込んでくることはあります）から身を守ってくれているところの安心感は，大きな精神的支えです。

　また，建築物のインテリアでは，水平・垂直が確保されています。重力に順応しているともいえます。このことは，物理的にも精神的にも，安全・安心・安定をもたらします。インテリアデザインは，この水平・垂直を基本に進めていきます。ときに，壁，天井を斜めにして，非日常・ドラマチックなインテリアをデザインしますが，そのバックには，建築物の揺るぎない水平・垂直があるのです。

　地球の環境保全の問題に発したサスティナブルデザインの考え方の中に，**スケルトン＆インフィル**という手法があります。スケルトンは，柱・梁的構造体（躯体）のことです。堅牢で壊れず，壊さずに200〜700年使用します。インフィルは，スケルトンに入り込む箱体・インテリアで，常に**リフォーム**，リニューアルが可能というシステムです。インテリアデザインがおおいに活躍できるシステムです。詳しくは14章を参照して下さい。

1　インテリアデザインとは

15

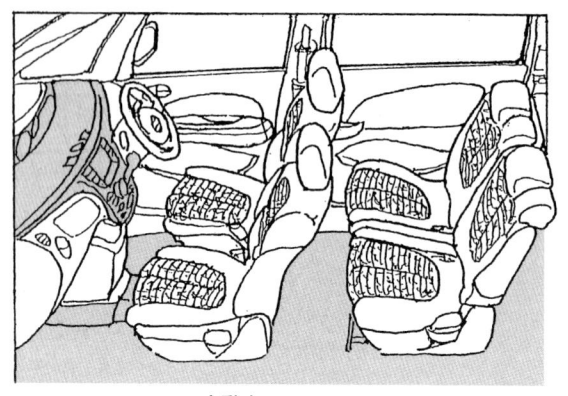

自動車のインテリア

航空機のインテリア　most spacius seet

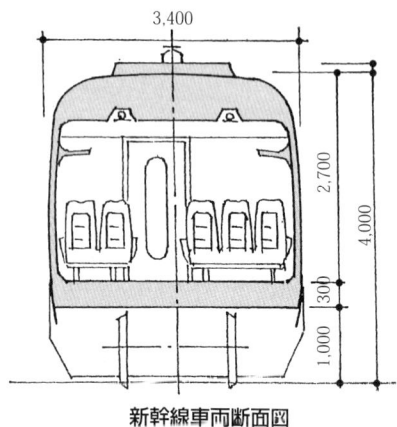

新幹線車両断面図

D:デラックスルーム　　S:スイートルーム
SP:スーペリアルーム　ST:ステートルーム

「ふじ丸」客室配置図

5. 乗り物のインテリアデザイン

　乗り物のインテリアデザインの対象としては，車両，船舶，自動車，航空機などがあります。

　船の旅は，ロマンチックで楽しいものです。飛行機に乗り，見知らぬ国への旅は魅惑的ですが，10〜15時間もシートに座ったままというのは苦痛なものです。自家用車での家族や友人とのドライブや旅行は楽しいものですが，新幹線は，どちらかというとビジネス的な移動です。

　これら乗り物は，海，線路，道路の上を，空中を移動して人やモノを運ぶことを目的とした輸送機関・移動機関です。土地に固定された建築物と比較すると，移動している，動いていることが最大の特徴です。

　この動いていること，振動，揺れ，音などが肉体的・精神的に人に与える不安定感や不安感，疲労をいかに和らげるかが，乗り物のインテリアデザインの大きなテーマとなります。床・壁・天井の素材の構成，カラーの構成が人の心を和らげるものでなくてはなりません。と同時に，非日常的なインテリアの魅力も求められます。

　工学的に振動・揺れを吸収する，また音の吸音・遮音のための床・壁・天井の材料や構造のデザインが必要です。

　また，多くの乗り物では，シートやチェアに座った状態が長く続くものです。疲労しない座り心地の良いチェアの設計・デザインが特に重要であり，**人間工学**からのアプローチが必要になります。

　外観は，動くものとして機能性・合理性を追求し，また構造上，製作上，運行上の条件をクリアーした，ある意味で極限的形態を取ることになります。したがって内部は，狭小感，圧迫感を人に与えます。インテリアデザインはこれを緩和するための色彩計画，採光・窓計画，照明計画などが重要になります。

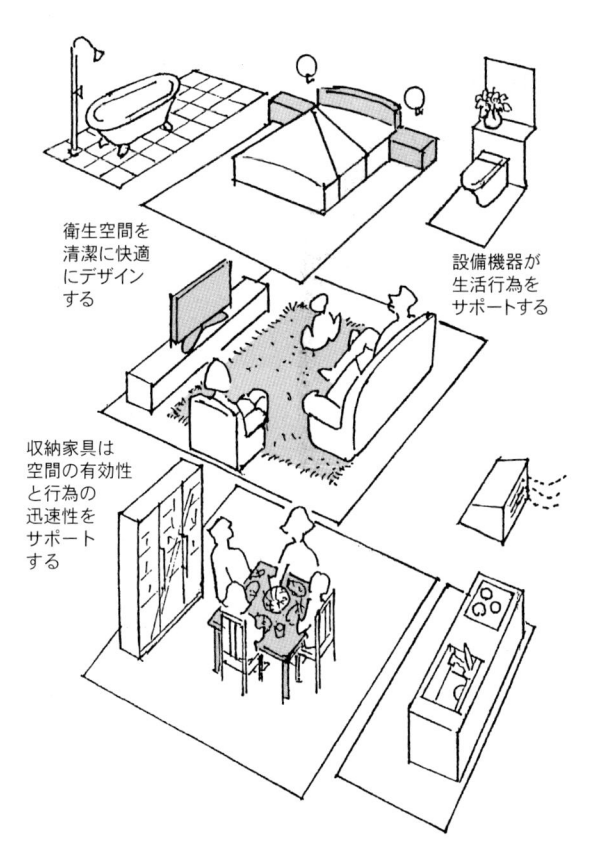

インテリアの空間・装備・環境を整える

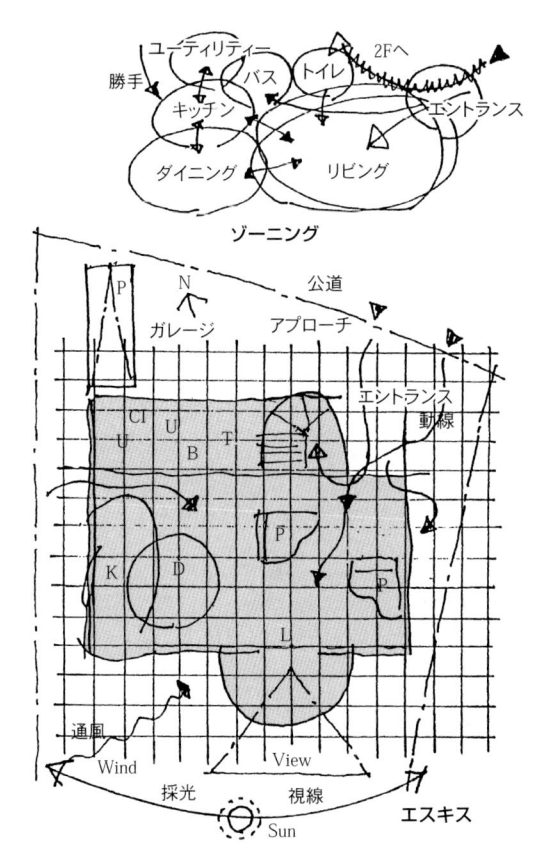

住居設計の基本計画段階

6. 住まいのインテリアデザイン

　人間は社会的動物であり、友をつくり、家族、集団をつくり、それぞれの能力を発揮して、社会の維持・発展に寄与して働きます。日常的には、住まいと職場の往復です。住まいは人間の肉体的疲労の回復、精神的ストレスの解消、明日のエネルギーを再生する場、また、子どもを養育するなどの場となります。建築的には、そのためのシェルターであり、インテリアスペースです。

　住まいのインテリアデザインとは、この肉体的、精神的リフレッシュのために、安心や安堵、幸福感、満足感を与え、身体面で衛生、生理、安眠、安全、健康の確保のために、また家族との団らん、愛情の交換、コミュニケーション、友人や訪問客と楽しい時が過ごせるためなど、空間と装備・環境を整えることです。

　「空間と装備・環境を整える」デザインは、まず、人や家族が必要とする空間の大きさと形状、単位空間の数や位置関係（ゾーニング）から始まります。ゾーニングには、動線、視線計画が関係し、扉・開口部がともないます。出入口や窓は、通風・採光計画です。昼間の採光に対し、夜間の照明計画があります。窓には**ウインドートリートメント**があり、床・壁・天井の**マテリアルコーディネート**、**カラーコーディネート**があります。

　家具（収納家具、テーブル、チェア、ソファなど）の配置、デザイン、セレクトがあり、次に室内環境を整えるための空調計画、音響計画などがあります。設備計画に関連して、冷暖房、給排気、電気、ガス、給排水、衛生、調理、情報設備などを整えることになります。

　住まいのインテリアデザインは、インテリアスペースを構成しているあらゆる要素を、住まい手の精神的安らぎ、肉体的快適さのために整えることであるといえます。

▲企業イメージを打ち出す受付フロア

▲オーソドックスなレイアウトとモダンファニチャーの社長室

▲レイアウトがオープンタイプの執務フロア

▲リフレッシュのための癒しのカウンターカフェ

7. オフィスのインテリアデザイン

　オフィスビル（ショーウインドー，ショールーム）の自動ドアを入ると，アトリウム空間が広がり，ホール，受付，ロビー，接客コーナー，エレベーターなどがあります。企業の入口部分のインテリアデザインでは，来客者・顧客を意識した，企業イメージの発信部分として徹底した，強いデザインが求められます。

　これに対して，執務フロアのインテリアデザインでは，動線，作業，指示機構，コミュニケーションなどの効率が優先します。またコンピュータ作業の知的生産性のための快適なインテリアが必要です。

　執務フロアのゾーニング・レイアウト方式には，デスクとローパーティションなどで構成され，部屋全体を見渡すことのできるレイアウトで，コミュニケーション優先といえる**オープンタイプ**と，間仕切り壁によって，個室あるいは小グループの小部屋や会議室などを連続させる方式で，プライバシー優先の**クローズドタイプ**があります。業務・業種によっては，2方式の複合したタイプともなります。

　デザインは，業務・執務スペース，会議室，役員室，資料室などのゾーニングから始まり，間仕切り壁のデザインやセレクト，会議室や社長室のデザイン，家具のデザイン・セレクトへと進みます。照明設備，空調設備，防災設備，コンピュータ情報設備など建築と深く関係する分野では，建築設計者との十分な調整が必要となります。

　オフィスでは，1日の3分の1，8時間以上滞在することになり，ワークに加え，ライフという概念が必要になります。リフレッシュルーム，カフェテリア，レストラン，更衣室，パウダールーム，トイレなどの厚生部分のデザインでは，特にハイセンスで快適で心地良く，癒されるデザインが求められます。

▲カラフルなショーウインドーが人々を引き付ける 　　▲中国式スツールを使った豚饅専門飯店

▲太陽光を取り入れた健全なレストラン 　　▲ホワイト基調のシンプルモダンなヘアーサロン

8. ショップのインテリアデザイン

　ショップのインテリアデザインで最も特徴となる点は，デザインの発注者が店主や企業であっても，デザインの対象が「利用者・客」であるところです。従業員，ワーカーや管理部分もデザインしなくてはなりませんが，客の満足度，購買意欲の高揚が優先されます。

　物品販売店では，売るべき商品とそれを買う客が主役です。商品棚やハンガー，ショーケースのデザインは，**ショップアイデンティティー**(独自性)において重要ですが，陳列されている商品が負けてはなりません。インテリアの形状，規模，マテリアル・カラーのコーディネート，照明計画などが，いかに個性的なインテリアデザインであっても，陳列された商品をいかに素晴らしく見せるか，客の購買意欲を高揚させ，満足させるデザインでなくてはなりません。ショーウインドーのデザインは，客の視線をキャッチするために重要です。

　飲食店は，客に提供する料理とサービスが主役です。したがってインテリアデザインは，食事空間の演出がポイントになります。世界各国の料理，とりわけフランス料理，イタリア料理，中華料理，日本料理などは伝統としてそれなりのインテリアスタイルをもっています。これらのスタイルを活用するとともに，現代の先端的なマテリアル，照明，音響，映像技術を取り入れ，新しいスタイルのデザインの提案も求められます。飲食店の入口は，日常から非日常への導入という意味をもっていて，重要なデザインのポイントです。

　サービス系ショップやヘアーサロンなどは，サービスが主役です。客はサービスを享受し，癒され，満足して，帰ります。インテリアデザインは，オーナーの個性や**ショップコンセプト**(理念・考え方)に十分に応えて，個性的な空間を提案し，客が満足を得るためのデザインが必要となります。

　ショップのインテリアデザインは，自由度やバラエティーに富んだ興味深い分野といえます。

▲シックなまとまりのフロント・ロビー

▲広々と明るい快適なラウンジ

▲華やかさを演出する宴会場

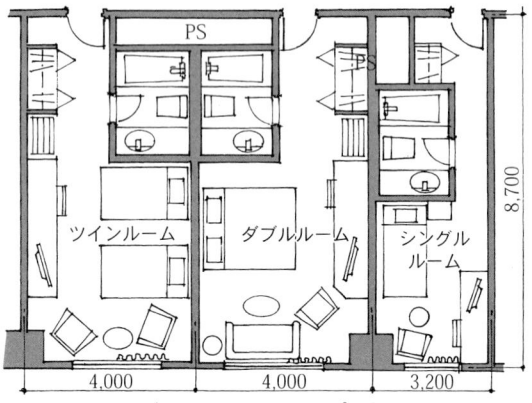

ホテルのルームタイプ3種

9. ホテルのインテリアデザイン

　ホテルはサービス業です。宿泊客，利用客に十分なサービス，もてなしを提供し，いかに心地良い時間を過ごしてもらうかが，ホテル経営のコンセプトとなります。ホテルのインテリアデザインは，このコンセプトに沿ったインテリア空間をデザインすることであり，時に強くインテリアスタイルを押し出したデザインとなります。

　ホテルは，客室とフロント，レストランだけのビジネスホテルから，結婚式場，チャペル，宴会場，会議場，ラウンジ，ショップ（物販，飲食），アスレチック，プール，アミューズメントなどを持つ大規模複合ホテルまで，規模や内容，そして個性はさまざまです。

　まずホテルの導入部分，エントランスホール，ロビー，フロント，ラウンジは，わかりやすさと清潔感が必要です。ここではまた，ホテルの個性や品格をデザインします。

　客室は，シングルルーム，ツインルーム，スイートルームなどの種類がありますが，いずれにしても，宿泊客が，プライベートな時間を安全，安心，快適に過ごせること，安眠できる空間づくりが必要です。家具のスタイルや色調の統一，カーペット，ベッドスプレッド，カーテン，椅子張り地の素材と色調の心地良いコンビネーションが求められます。

　バスルームは，浴槽，便器，カウンター付き洗面器を1室に納めるスリー・イン・ワン形式が一般的です。清潔さが保たれる器具のセレクトとレイアウトが必要であり，非日常的な味付けも望まれます。

　バスローブ，タオル，化粧関係のグッズのデザイン・選定には，インテリアデザイナーも加わります。また，客室，エレベーターホール，フロント，ロビー回りの額物・置物の選定（アートワーク），観葉植物の選定・配置もインテリアデザイナーの大切な仕事です。

| 演習課題 01 | シェルターを作る |

■シェルターを作って，インテリア（内部）とエクステリア（外部）の空間の差異を考えてみましょう。

1. 縮尺 1/50 スケールで，自分の身長の人型を作る。
2. 縮尺 1/50 スケールで，チェアを作る。
3. これらが納まるシェルターを，画用紙や厚紙を使って自由な発想で作ってみる。

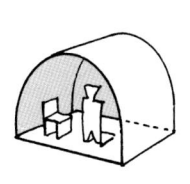

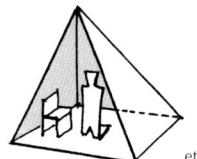

のりしろ

etc. ※前面は開放として下さい。

4. 台紙（≒20 cm 角）の中央にのり貼りする。
5. シェルターの外に，樹木や自転車などを作って置いてみる。
6. 完成した作品を見て，シェルターと内部，外部について気のついたところをコメントして下さい。

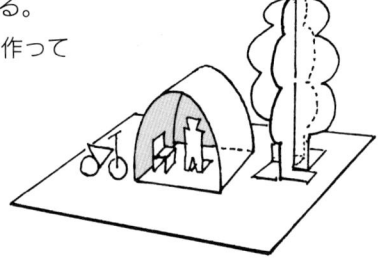

※スケッチを描く。

シェルター：

内部：

外部：

| 所属 | 日付 . . | No. | 氏名 |

インテリアデザインとは

2 インテリア空間

この章では，インテリアデザインの本質的な要素である空間について，その捉え方，空間と私たちとの関係，空間の大きさやかたちから感じられることについて学びます。

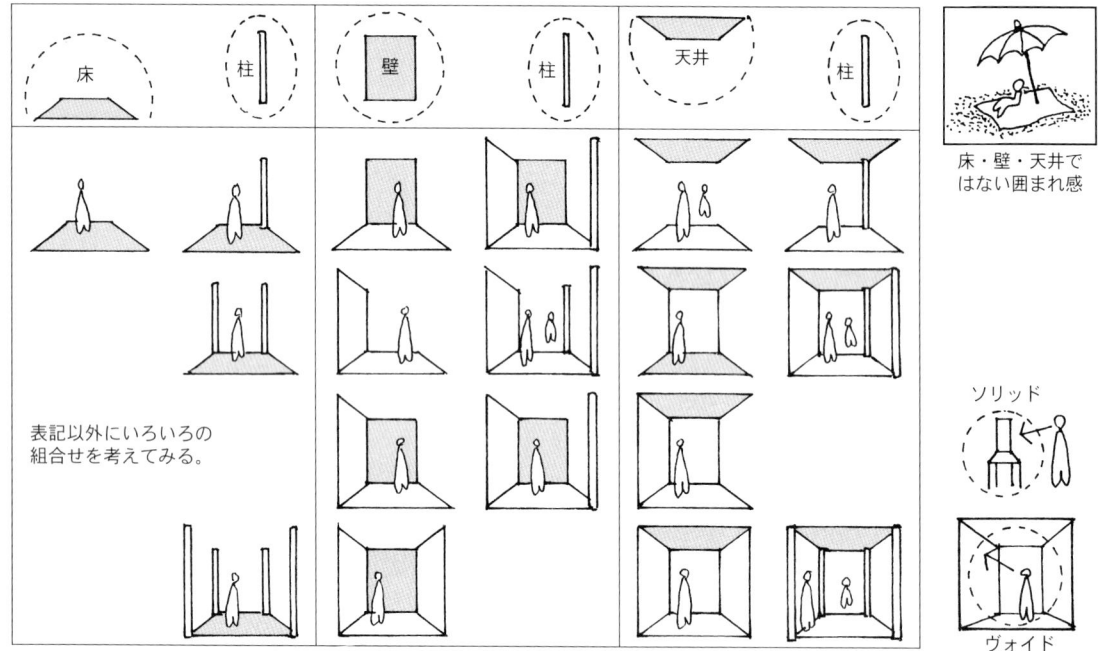

空間の構成要素と囲まれ感 ― それぞれに空間の感じ方が異なる

ソリッドとヴォイド

1. 空間とは

　空間にはもともとかたちがなく，私たちのまわりに漠然と広がっています。この空間の中に何かが置かれることによって，私とその何か，そしてその周りとの関係が生じ，ある一つの**空間領域**が生まれて，空間を感じるようになります。空間が，どのような過程を経て空間として感じられるようになるのかを考えてみましょう。

　まず，一面に広がっている芝生の上に，ピクニックシートを広げるとします。周りの芝生から分けられたピクニックシート（足元の**面的水平要素**）の上には，その周りとは異なる空間がぼんやりと感じられます。

　次にピクニックシートの周りに幕（**面的垂直要素**）を張ると，幕の向こうは遮られ，より明確な空間領域が生まれます。また，パラソルを立てると，パラソル（頭上の**面的水平要素**）の下は，直射日光が遮られた，周りとは少し違う空間を感じることができます。あるいは何本か木が植わっている空間の中にいても，そこに木（**線的垂直要素**）に囲まれた自分の空間を感じ，特に枝葉に覆われていると，インテリア空間にいる感覚を覚えます。

　これは，身体の周辺に何かがあることで，ある空間領域を示しているからです。領域の囲まれ度が高くなるとインテリアを感じ，囲まれていくことでインテリアが存在してくるのです。

　空間の領域を示す要素が，線的要素か面的要素か，どの程度囲い込まれるかによって，その空間は**開放的**にも**閉鎖的**にもなり，より面的要素で囲まれているほど，インテリアっぽく感じます。

　また，空間の中の空気の部分を**ヴォイド**（空），空間を形づくっている壁や家具等の物体を**ソリッド**（塊）といいます。

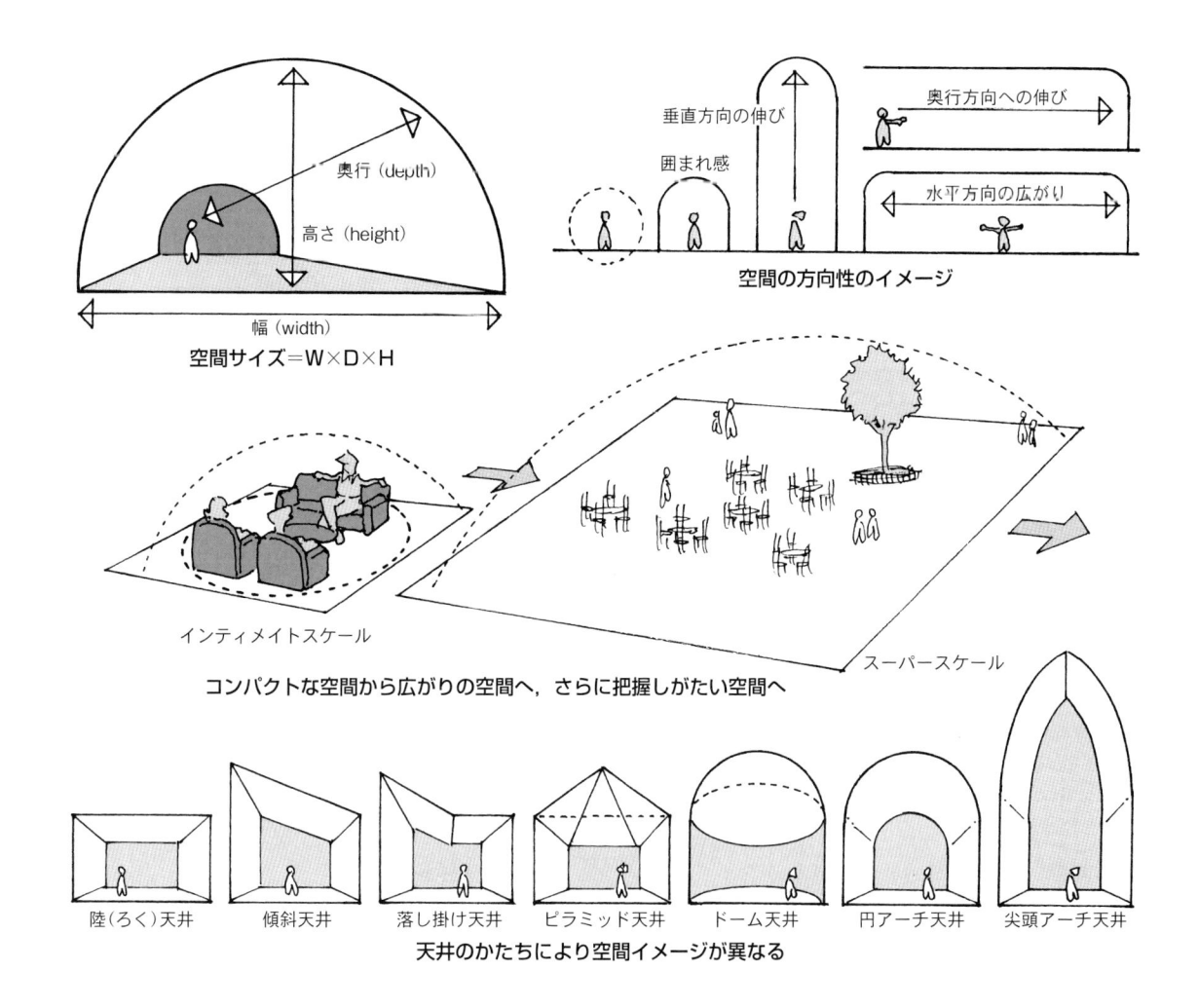

図中ラベル：
- 奥行（depth）
- 高さ（height）
- 幅（width）
- 空間サイズ＝W×D×H
- 垂直方向の伸び
- 囲まれ感
- 奥行方向への伸び
- 水平方向の広がり
- 空間の方向性のイメージ
- インティメイトスケール
- スーパースケール
- コンパクトな空間から広がりの空間へ，さらに把握しがたい空間へ
- 陸（ろく）天井／傾斜天井／落し掛け天井／ピラミッド天井／ドーム天井／円アーチ天井／尖頭アーチ天井
- 天井のかたちにより空間イメージが異なる

2. 空間からのメッセージ

そこに居ることがとても居心地の良い空間もあれば，入った途端にその大きさに圧倒されるようなことも，逆に息詰まるように感じることもあります。これは，**インテリア空間そのものの大きさやかたち**が，私たちにさまざまなメッセージを送っているからです。

狭く天井の低い空間は圧迫感を，大きく天井の高い空間は厳かな神聖な雰囲気をもたらします。これは，自分の身体の寸法をもとにして，いつも慣れ親しんでいる空間のスケール，すなわち**ヒューマンスケール**に比較して，空間が小さ過ぎたり，大き過ぎたりしているのです。

同じ**プロポーション**の空間でも，その**サイズ**が変わると，空間としての**スケール**は随分変わります。スケールが小さい**インティメイトスケール**の空間は，少人数がくつろぐ居心地の良い居間的空間となり，ホールのようにスケールの大きい**スーパースケール**の空間は，広々とした，非日常的感覚をもたらします。

水平方向に長い空間は，奥に向かう方向性をもち，垂直方向に長い空間は，開放的に感じることも，逆に井戸の底にいるような不安な感じをもたらすこともあります。

空間をどのように覆うか，すなわち，どのような天井を架けるかによっても，発せられるメッセージが異なります。半球体やピラミッドのような中心の高い天井が架けられると，空間の中央が上に伸びていく感じがし，空間の中央が何か大事な場所のように思われてきます。

また，空間のメッセージは，静かに休んでいるのか，大勢で踊っているのか，床に座るか椅子に座るか等，**空間内の行動・所作**によっても大きく影響されてきます。

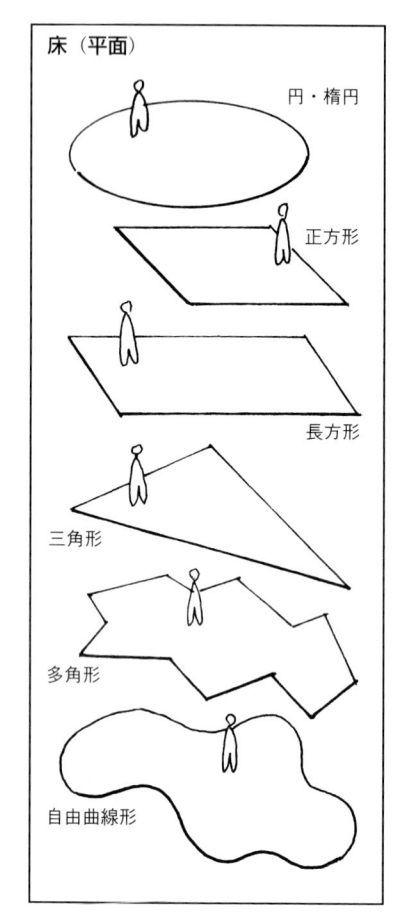

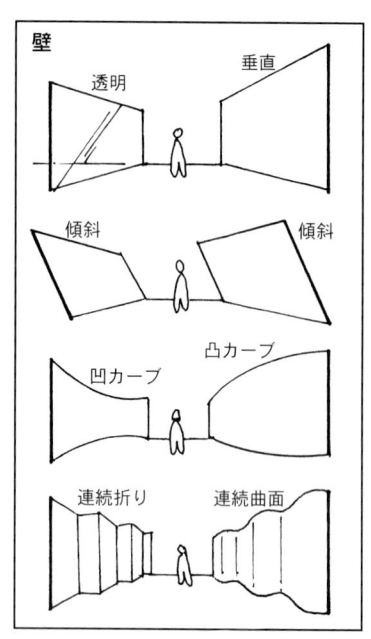

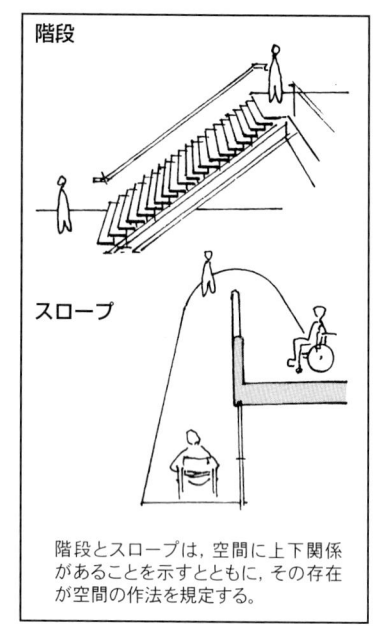

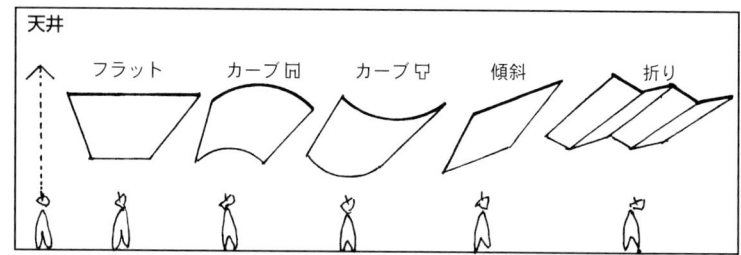

3. 空間を規定する

インテリア空間は，概要的に捉えると，**足元にある平面**(床)，**前を見ている人の視線を遮る面**(壁)，**頭上の面**(天井)の3つの部分から構成されています。それぞれの部分の作られ方について考えてみます。

床は通常，平面で，その形状には円，正方形，長方形，三角形，多角形等があり，正円や正方形では，その空間の中央に**重心**があるのに対し，楕円，長方形になると，空間の中に長短があり，長いほうへ動く**方向性**が生まれてきます。

壁は，その多くは垂直に立つ平面です。この場合，面自体には何の動きもなく，重力に対して**平衡性**を保ち，空間を均等に受け止めます。ところが，面が傾くと重力に対するバランスが崩れて，空間の**安定性**は失われ，内側に傾くと，空間に圧迫感を，外側に傾くと空間が広がっていくような印象を与えます。曲面の場合は，そのカーブに沿って**人の視線**を導き，凹面の空間はその内に求心性をもち，凸面の空間は外から押されているような圧迫感，あるいは両端に空間が流れていくような感じを与えます。

天井にも平面，曲面があり，床や壁よりもさらに自由にデザインを考えることができます。水平な平面は，静的で，空間内に動きは生じませんが，その面が傾いたり，アーチ状になると，高いほうに向かう方向性や開放感が生まれ，**空間の落ち着き**にも変化が生まれます。また，同じ曲面でも，船底のようなカーブになると，空間に押さえられているような圧迫感をもたらします。一方，四角錐(ピラミッド)や半球体(ドーム)に覆われると，その下に求心性の強い空間をつくり出します。

床は足が，壁は身体が触れて感触を得ますが，天井は直接触れず目で楽しみます。

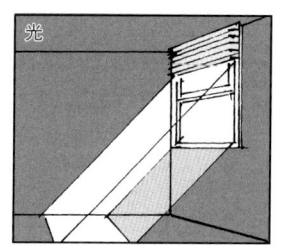

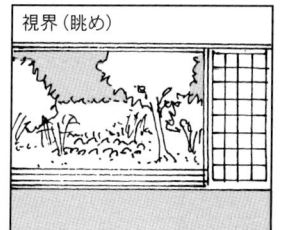

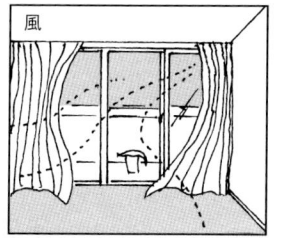

外部とのつながり

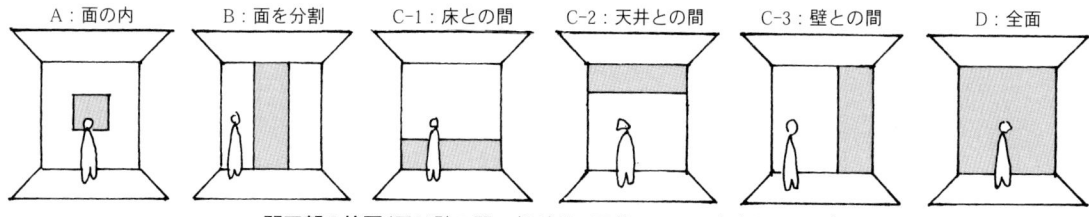

A：面の内　B：面を分割　C-1：床との間　C-2：天井との間　C-3：壁との間　D：全面

開口部の位置（図は壁の開口部だが，天井についても考えてみる）

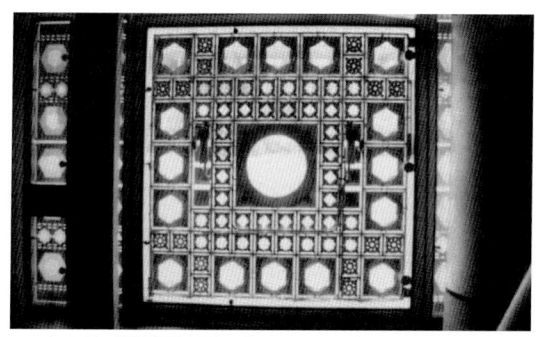

▲アラブ世界研究所：カメラのしぼりの原理で調光 　　▲吹抜け南面の開口は，暖かい光と風をもたらす

4．開口部を開ける

　開口部を設けることで，囲まれたインテリア空間に外とのつながりが生まれます。このつながりには，**光**（自然光），**視界**（眺め），**風**，**音**などがあり，どのようなつながりがどの程度得られるかは，開口部の**位置**，**大きさと形状**によって決まります。

　開口部は，インテリアを規定するすべての面に付けることができ，その位置は，大きく次の4つに分けられます。A：面の内に設ける。B：面を分割する。C：壁と天井のように，エレメントの間に配置する。D：全面を開ける。

　位置の違いによって，額縁に入った絵のように風景をインテリアに持ち込んだり，天井が浮いているように見せたり，外の庭園のみが視界に入るようにしたりと，視線をコントロールできます。

　開口部の大きさが大きくなるほど，外とのつながりは強くなり，特殊な形状になると，人目を引き，視線を外へと導きます。

　また，光は欲しいが，外の様子や人の視線は避けたいときには，開口部を小さく分割してフィルター化したり，開口部の向きを斜めにするなど，**そのデザインによって外とのつながりを操作**したり，細長いスリットの繰り返しによって，光と陰の筋で独特の空間を演出したりできます。光の加減によって自動的に開閉するアラブ世界研究所のような開口部も見られます。

　開口部を通しての外とのつながりは，**目**，**耳**，**鼻**，**肌**等で感じるものです。光は通常，その明るさを目で感じますが，サンルームのように，暖かさを肌で感じることもできます。風は，肌で感じますが，風は外の匂いも運び，風で揺れるカーテンは風を視覚的に表現し，そして音は，外で行われているさまざまな**活動の雰囲気**をインテリアに運び込みます。インテリアと外とのつながりは，とても重要です。

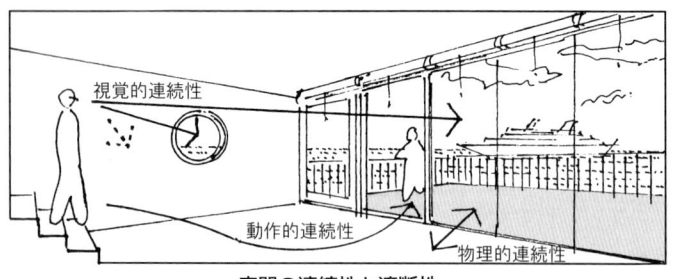

5. 空間を仕切る

　列柱で仕切られた空間は，分離しつつもつながりが感じられる一方，壁で仕切られた空間は，2つに分かれた感じがします。

　このような感じ方の違いは，仕切りが，**物理的連続性**，**視覚的連続性**，**動作的連続性**をどの程度維持しているかによって生みだされます。この**連続性のコントロール**によって，つながりを強く残す空間から，遮断された感じの強い空間まで，さまざまに**心理的境界**をデザインすることができます。仕切りのデザインには，大きく2つの方法があります。

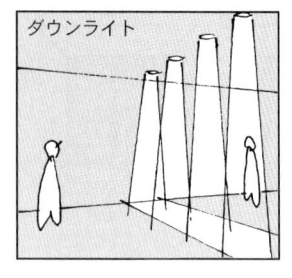

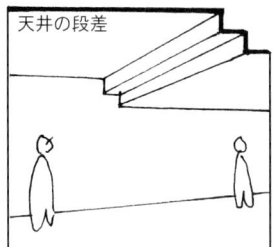

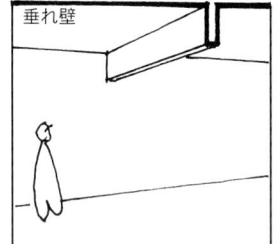

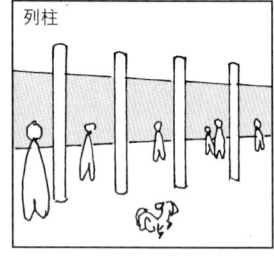

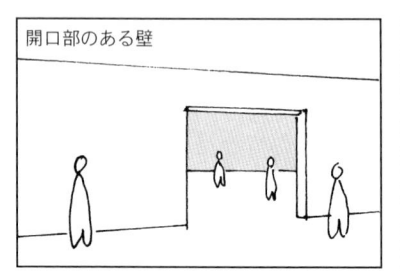

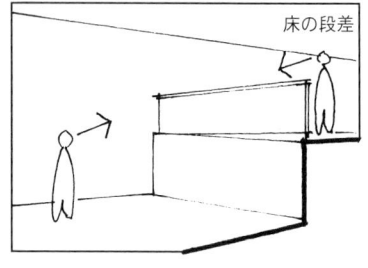

①柔らかい仕切り方（視覚的，物理的，動作的に強いつながりを維持する手法）

- 天井からのダウンライトによる光の壁：向こうが見え，移動もそのままできる。
- 天井の段差：天井高の差によって生まれた心理的境界によって，視覚的にも動作的にも空間は連続したまま空間を仕切る。
- 垂れ壁：空間に垂直方向のくびれを作り，心理的に空間を仕切る。
- 列柱：列柱が心理的境界を示すが，視線が通り，移動もできる。
- 吊るされた薄い布：ぼんやり向こうが感じられ，布に触れつつ移動もできる。

②硬い仕切り方（比較的明確に，視覚的にも物理的にも空間を区分する手法）

- 開口部のある壁：はっきりと仕切られるが，その開口部の形状や作り方によって，独特の空間演出ができる。
- 飾り棚：空間の幅いっぱいであれば，物理的・視覚的にはアクセサリーのすき間から向こうが見えるが，物理的には通れない。
- 上下に配置された床：空間上部は連続しているが，人の視線には見上げ，見下げが生じるため心理的境界が強くなり，また動作的にも簡単に行き来ができず仕切られた感じが強くなる。

基本的なかたちの組合せ

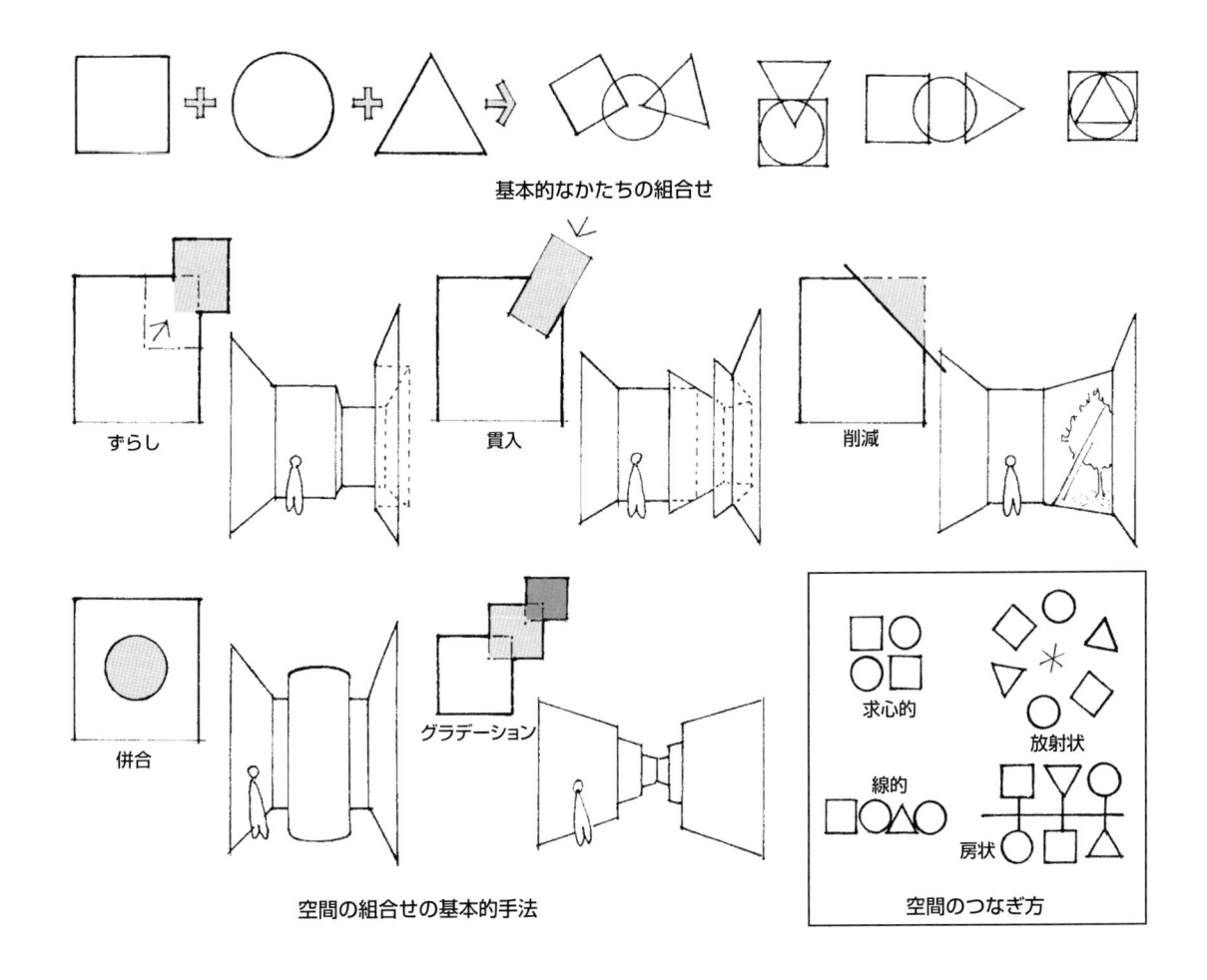

ずらし　　　貫入　　　削減

併合　　　グラデーション　　　空間のつなぎ方

空間の組合せの基本的手法

6. 空間を組み合わせる

　私たちの周りのインテリア空間を見ると，シンプルなかたちから複雑なかたちまでさまざまですが，一見複雑なかたちもよく見ると，**基本的なかたちの組合せ**であることがわかります。この組合せの基本を押さえておくと，シンプルな空間をダイナミックな空間へと発展させたり，空間の中にちょっとした驚きを取り込んだりして，**豊かな空間**へと展開させることができます。基本的手法に，

① **ずらす**：かたちの一部を切り取って，ずらすようにして空間を広げていく。

② **貫入する**：互いに空間が貫入する。貫入する部分は，そのデザインによって，双方の空間に均等に組み込まれたり，一方と合体したり，新たな一つの空間として独立したりする。

③ **削減する**：あるかたちに従って空間から部分を削り取り，空間を減少していく。

④ **併合する**：ある空間の中に，より小さな別の空間を包み込む。

⑤ **グラデーションをつける**：あるかたちを徐々に変化させて，あるいは大きさを少しずつ縮小・拡大しながら増やしていき，空間を拡大する。

　組み合わせる空間のヴォリュームに細心の注意を払い，**平面的**にも**断面的**にも検討することによって，より興味深く，デザイン意図が明確で，バランスのとれた空間を創り出すことができます。

　これらの手法によって，アルコーブのような壁面にくぼんだ小空間を設けて，特別の場を設定したり，歩いていくときの空間の見え隠れを演出したりすることができます。カルロ・スカルパのポッサーニョの石膏像陳列館のように，空間上部の端に計算された出窓的空間が組み合わされたりすると，そこから光が入り，また影が落ち，非常に興味深い空間を創り出します。

　また，空間と空間をつなぐには，**求心的**な構成，**線的**な構成，**放射状**構成，**房状**構成，**格子**状構成などがあります。

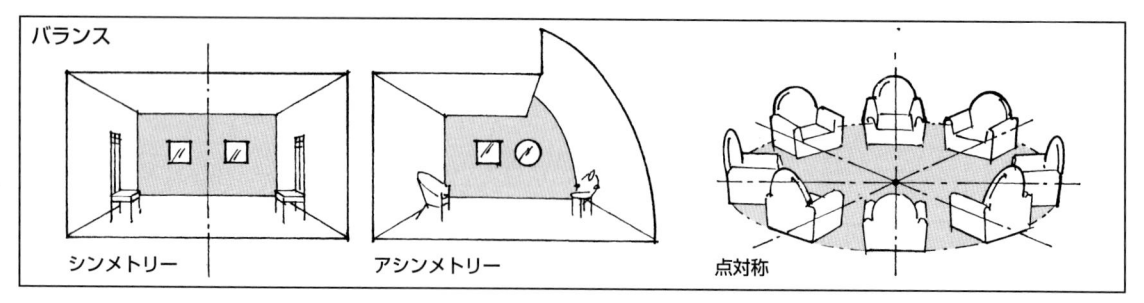

バランス

- シンメトリー
- アシンメトリー
- 点対称

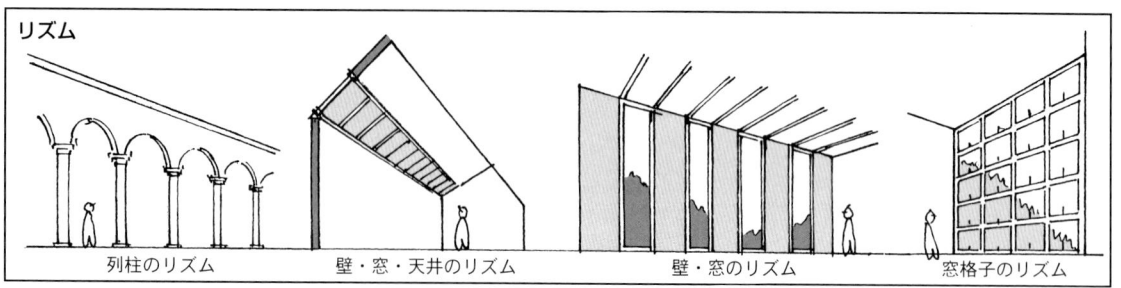

リズム

- 列柱のリズム
- 壁・窓・天井のリズム
- 壁・窓のリズム
- 窓格子のリズム

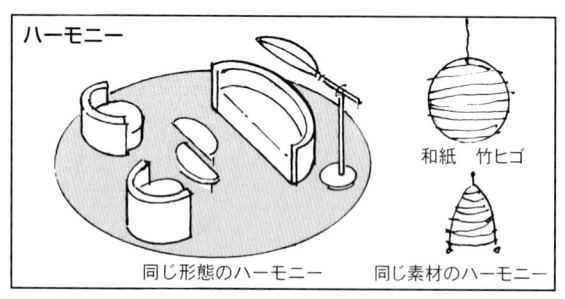

ハーモニー

- 同じ形態のハーモニー
- 同じ素材のハーモニー（和紙　竹ヒゴ）

ドミナンス

圧倒的石積みの壁・暖炉に対し，従属的に軽やかな家具で対応する

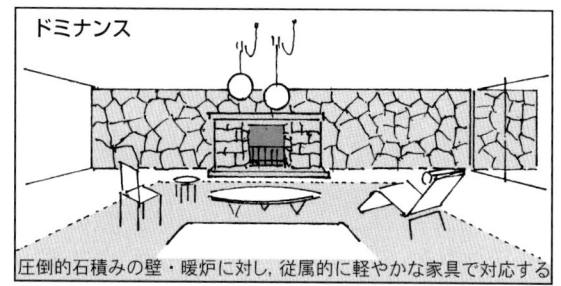

7. 空間の美的秩序

　インテリアデザインは，機能的にも美的にも，空間の質を高めるように進めます。空間を美しく構成するうえで指針となる，**美的秩序**とその手法をいくつかあげてみましょう。

バランス：視覚的な釣り合い。**シンメトリー**（対称バランス）は，設定した軸の左右を同じ空間構成または家具配置とすることで，空間のまとまりを明確にし，安定した空間を作りますが，堅苦しい雰囲気にもなります。**アシンメトリー**（非対称バランス）は，もののもつ見た目の重さや力を考慮してとるバランスで，単調になりがちなシンメトリーに対し，空間に変化をもたらしながら，バランスを保つことができます。**点対称**（放射的）バランスは，点中心から要素を放射状に配置するもので，中央を焦点とする求心的な構成を作り出します。

リズム：要素が一定の間隔で規則的に繰り返される配列。見た目の**統一感**とリズミカルで連続的な動きを生み出し，私たちの視線をリズムに沿って導くこともできます。

ハーモニー：デザイン要素に輪郭や色，テクスチャー，寸法等の共通項をもつものを配置することによって生み出される見た目の**調和**。共通項が多すぎるとデザインは単調になり，共通項のほどよい変化によって，興味深いハーモニーをつくることができます。

ドミナンス：**支配的な要素**とそれに**従属的な要素**との姿の**対比**を明確にすることで，ある要素の視覚的な強調を生み出します。寸法や輪郭，テクスチャー，色や明るさに際立つ対比があることでつくられ，支配的要素は人の目をひくフォーカルポイントとして強調され，空間を特徴づけます。

　これらの美的秩序は，空間のかたちや空間に配置されるさまざまな要素に対して，また空間全体や部分に対して応用されます。空間のバランスやリズム，ハーモニー，ドミナンス等をしっかり考えることによって，インテリアデザインを美しく洗練させていくことができます。

テクスチャー

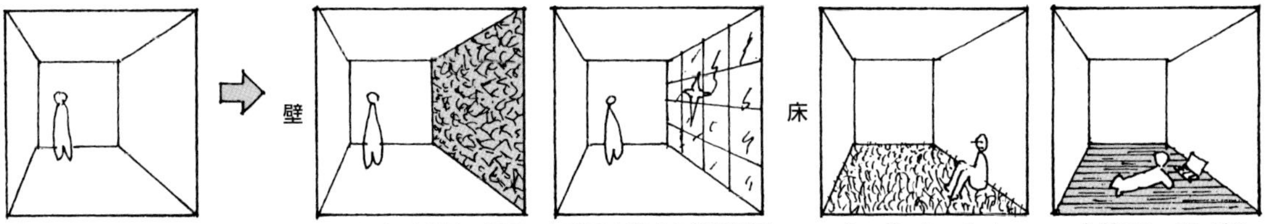

| 「地」のインテリア | コンクリート削りの粗面 | 大理石本磨きの光沢滑面 | シャギーカーペット柔らかくも粗面 | 木質フローリングの心地良さ |

パターン（図は壁と床についてだが，天井にもパターンがつく。現状を観察し，新しいパターンをデザインして下さい）

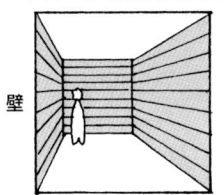

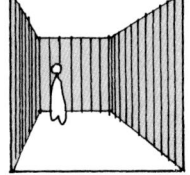

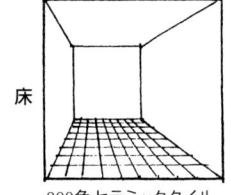

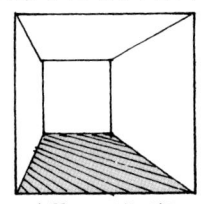

壁：ピーリング横羽目張り／ピーリング縦羽目張り／コンクリート打放し目地パターン

床：300角セラミックタイルの格子状パターン／木質フローリングの45°振りパターン

色彩（濃淡・明暗）

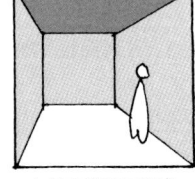

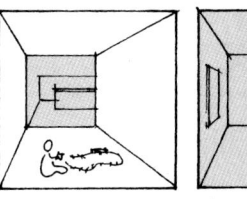

床から濃，壁中，天井淡いの配色／左図の逆は圧迫感がでる／濃い壁は後退する

光の明暗

手前の明るい部屋と奥の暗い部屋／部屋の内での明るい部分と暗い部分

8. 空間の表情

　インテリア空間は，プレーンな表情からデザインされた表情まで，さまざまな表情をもっています。空間内の何かを目立たせたい場合は，空間そのものは背景，すなわち「地」となるべく，プレーンで静かな表情をもつのがふさわしく，空間そのものに独特の雰囲気を生み出したいときには，「図」になる何かデザインされた表情を有することがふさわしいといえます。

　空間の表情を生み出す要因として，まずあげられるのは，空間を構成している素材自体がもっている**テクスチャー**の表情です。独特のパターンをもつ磨かれた大理石の高貴でクールな表情，柔らかい織物のふんわりした表情，少しざらざらした仕上げの石の重厚な表情，木の優しく暖かい表情などです。テクスチャーの表情は，光の強さやあたり方による陰影によって変化し，斜めの方向から光があたるとその表情がくっきり見え，弱い光の中では曖昧に見えたりします。

　次に，**パターン**の生み出す表情があります。一定の方向にパターンが流れている場合，その方向にあわせて視線が導かれ，特に，斜めに大きくパターンがある場合には，空間にダイナミックな表情を生み出します。

　色の明暗の配置や**色彩**の配置によっても，空間は異なる表情を表します。暗い色，濃い色は重厚な，引き締まった表情をつくり，明るい淡い色は軽さや広がりを空間にもたらします。色の配置は，水平方向のみならず垂直方向についても考える必要があり，3次元の空間の中でのバランスのとれた明暗配置は，空間に落ち着いた表情をもたらします。

　また，**光の明暗・強さ**も，空間の表情を生み出す要因の一つです。平面的にも高さ的にも，インテリア空間のどのあたりが明るく，また暗いのかによって，異なる表情が演出されます。光の強さは，空間のめりはりに関係しています。

　そして最終的には，これらの組合せによって空間の表情が決まっていくのです。

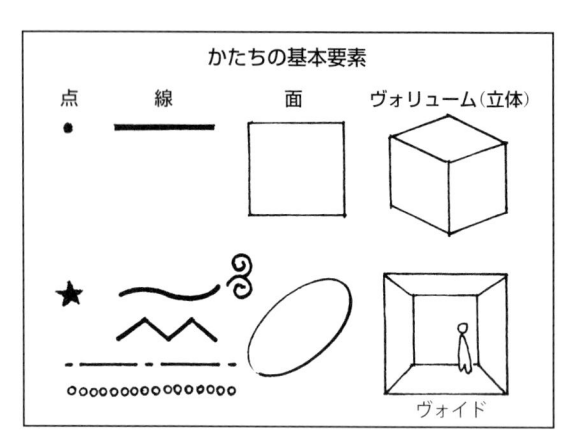

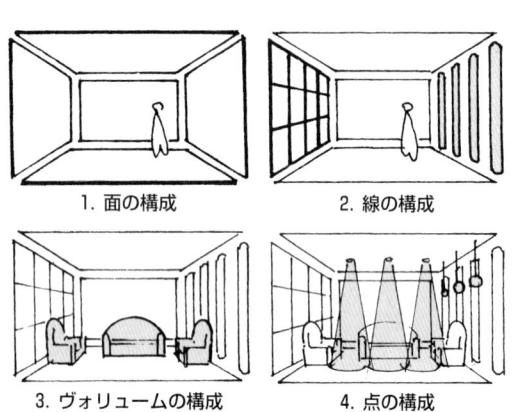

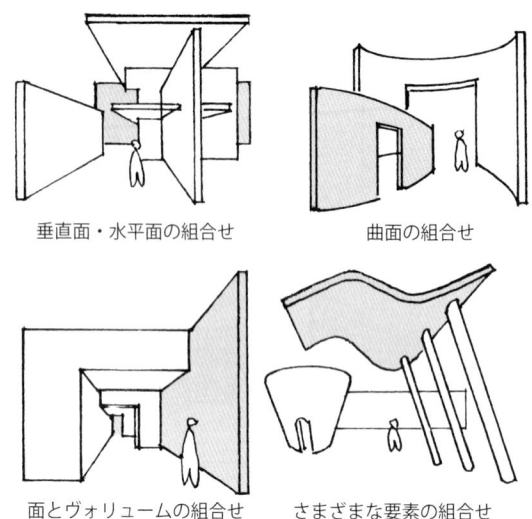

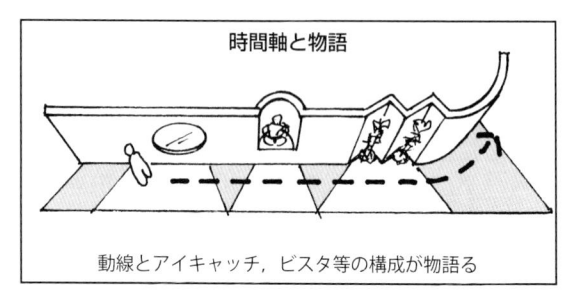

9. 空間を構成する

本章では，空間とは何かから始まって，インテリア空間の構成に関するさまざまな要因を取り上げてきました。最後に，空間構成要素のあり方や考え方を総合的にまとめ，空間構成のヴァリエーションを発展させ，洗練させていく技法について考えます。

空間のさまざまな構成を考えるとき，その出発点となるのは，かたちの基本的な要素である**点**，点が拡張されてできる**線**，線が拡張されて生まれる**面**，そして，面が拡張されてつくられる**ヴォリューム（立体）**です。

床や壁，天井は面の要素，柱や梁は線の要素，家具はヴォリュームの要素にも，線や面の要素にもなり，また，アクセント照明など比較的小さいエレメントは，点の要素とも捉えられ，これら点，線，面，ヴォリュームの要素の組合せによって，インテリア空間は構成されています。

組合せの技法には，すっきりとする垂直と水平，カーブが目を引く平面と曲面，リズムを生む面や線の繰り返し，不思議な空間にもなり得るランダムな配置，面と線，大空間の周囲に多層の配置，ずらしながらの積層など，**組合せの方向性**や**合わせる要素**，**ヴォリュームの対比**，**要素の対比**等により，さまざまな構成が生まれます。

インテリア空間を構成するとき，機能的・美的に考えていきますが，もう一つ忘れてはならないのは**時間軸**です。インテリアの空間体験は，ある意味，物語のようなものです。インテリア空間を歩くとき，目に入る視界は変化し，場所によって見通し（ビスタ）も変わります。自分が何を感じながら歩いていくのか，その時，空間からのメッセージは何か，風景はどう変化するのか，多面的に考えデザインすることが重要です。

演習課題02　　　　箱を使ってインテリア空間を観察する

■箱空間を用いて，インテリア空間のさまざまな変化やその見え方について実感してみましょう。

1. 厚紙で箱（W 12 cm×D 18 cm×H 6 cm）を作り，一方の端の中心に，直径1.5 cmの穴をあける。

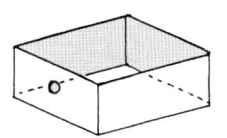

2. 厚紙や棒を使って，箱空間を2つに仕切ってみる。
   ・列柱を並べる
   ・丸く穴のあいた面で仕切る
   ・ジグザクの面を置く
   ・上のほうに棒を渡す　　等々。
   のぞき穴や上から見て，中の様子や変化を観察する。

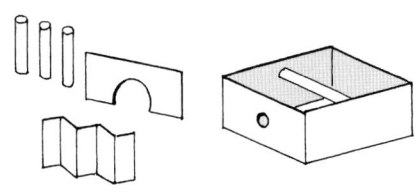

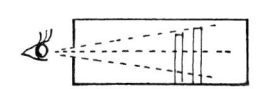

3. 箱にふたをして，箱の中に射し込む光の状態を観察する。
   ・箱の上部に細長い穴を2箇所，横に穴を1箇所あける。
   ・穴をふさぐ厚紙を持って太陽の下に出て，のぞき穴から中を見る。
   ・穴を順にふさいでいき，箱空間内の明暗がどのように変化するか観察する。
   ※いろいろな形や大きさの穴も試してみる。

4. 気に入った箱空間をスケッチしてみる。

※パースガイド矩形は，縦：横＝1：2になっています。対角線で消点を作って下さい。

| 所属 | 日付　.　. | No. | 氏名 |

3 インテリアエレメント

ここから具体的に，インテリアを構成するインテリアエレメントの機能と仕上げについて学びます。各エレメントの基本的な機能を理解して，デザインにつなげていきましょう。

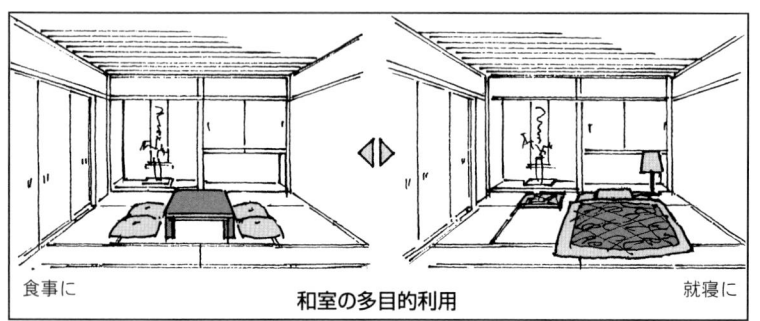

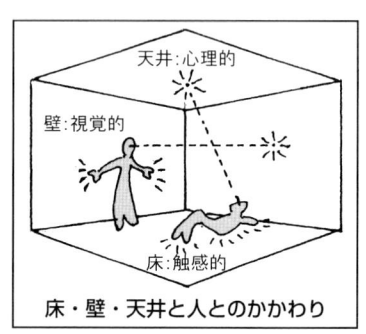

①固定したもの
建築の構造体，床，壁，天井，開口部

②動かせるものと設備
家具，照明器具，空調設備

③インテリア装備・アクセサリー
ラグ，マット，カーテン，アート，リネン，インテリアグリーンなど

インテリアエレメントの3要素

食事に　　和室の多目的利用　　就寝に

床・壁・天井と人とのかかわり

1. インテリアエレメントとは

インテリアの構成要素をインテリアエレメントといいます。インテリアエレメントには，固定的なものと動かせるもの，そしてそれらを美しく仕上げるものに分けられます。

固定的なものとは，床，壁，天井と出入口・窓などの開口部で，インテリア空間の骨格をなすものです。**動かせるもの**とは，家具や照明器具などの備品です。これらがあれば，一応インテリア空間として成り立ちますが，何とも無味乾燥で味気のない部屋です。そこで，窓辺にカーテンを吊り，テーブルにテーブルクロスを掛け，壁に絵画を飾って，部屋が快適になるよう工夫します。これが**装備・アクセサリー**です。これら3つの種類が，インテリアエレメントにはあります。

インテリアエレメントの考え方は，洋室か和室かでずいぶん違います。洋室では，居間や寝室といったように，あらかじめ部屋の用途が決まっているので，必要な家具や照明器具を設置して，用途に応じた装飾を施します。

一方，和室は多目的に使用できるので，その場の目的に応じて家具や調度品によって部屋を整えます。これを**室礼（舗設）**といいます。床の間という装飾スペースが，あらかじめ建築的に処理されているのも和室の特徴です。

つまり，和室の場合は，骨格部分の建築的処理でインテリアができているのに対して，洋室では用途に応じてインテリアエレメントを選択し，デザインする必要があるのです。

インテリアエレメントの選択には，まず，その機能を理解することが重要です。床，壁，天井の最も大きな違いは，床は常に人が接しているので感触が重視されるのに対して，壁は視覚的要素が強く，天井は触れることがないので，視覚的要素よりも空間のボリューム感など心理的な要素が強くなります。

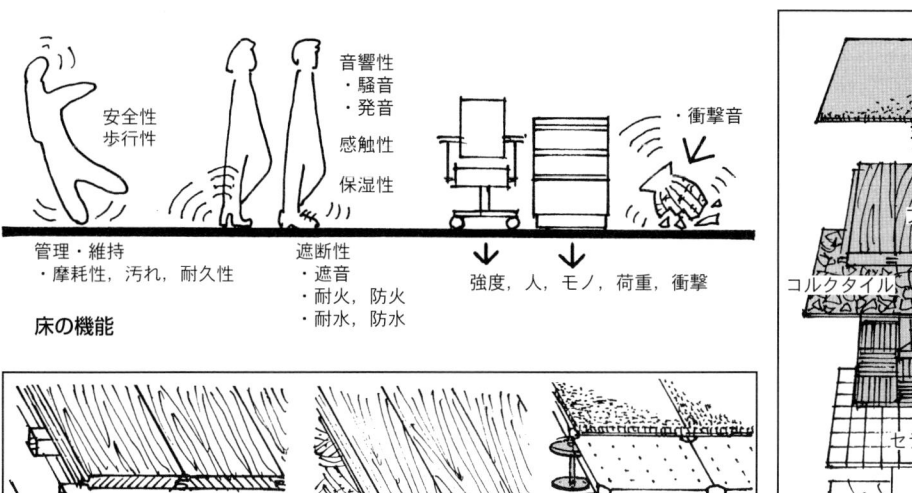

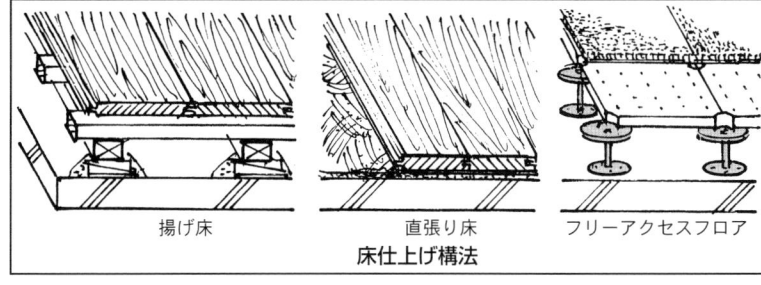

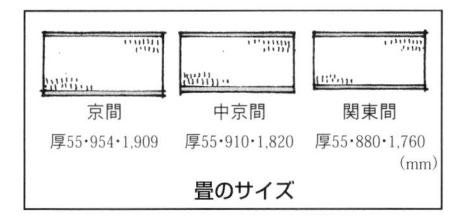

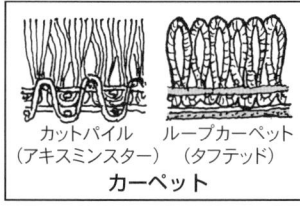

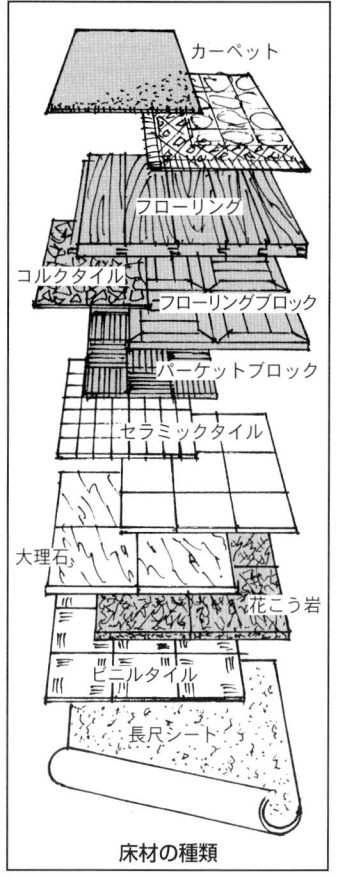

2. 床

　床は，床上にあるものの荷重を支えるとともに，下の空間と隔てる役割を担います。そのため，基本的機能として，耐久性，防火性，耐水性，遮音性が求められます。また足が接する所なので，歩行性や安全性が問題視されます。特に，靴を脱いで生活する日本人にとって，床は平滑で清潔であるだけでなく，感触が重要です。一方，靴で歩く場合や椅子に座る場合は，床の耐久性や摩耗性が重視されます。部屋の用途によって床への荷重負担が異なるので，材料選択時に注意します。

　近年，注目されている床として，床下に情報機器の配線を施すフリーアクセスフロアといわれる置床や，地震対策を施した免震床があります。

　この他，床の模様やパターンは，歩行にリズムを与えます。ちょっとした歩行時の楽しみともいえるでしょう。

　床材としては，畳，カーペット，フローリング，石材，タイル，長尺シートなどがあります。

　畳は通気性，保温性，クッション性に優れています。地方固有の伝統的寸法に応じた京間(関西間)，中京間(三六間)，関東間(田舎間)があります。京間は，畳の大きさが基準となっていますが，関東間は柱間寸法が基準となっているため，部屋の広さによって畳の大きさが異なります。

　カーペットは，保温性に優れ，吸音効果があります。製造方法にはいくつかの種類があり，表面パイルの形状によってテクスチャーが異なります。

　木質系の素材は，感触と清潔性の良さから住宅に多用されます。板張りは，和風を縁甲板，洋風はフローリングと呼んで区別しています。木質材料を組み合わせたパーケットブロックやコルクタイルもよく使われます。

　水回りには，吸水率の低い磁器質タイルが使われます。また，耐摩耗性が要求されるオフィスやショップでは，樹脂系のタイルや長尺シート(1,800 mm幅)が多用されます。

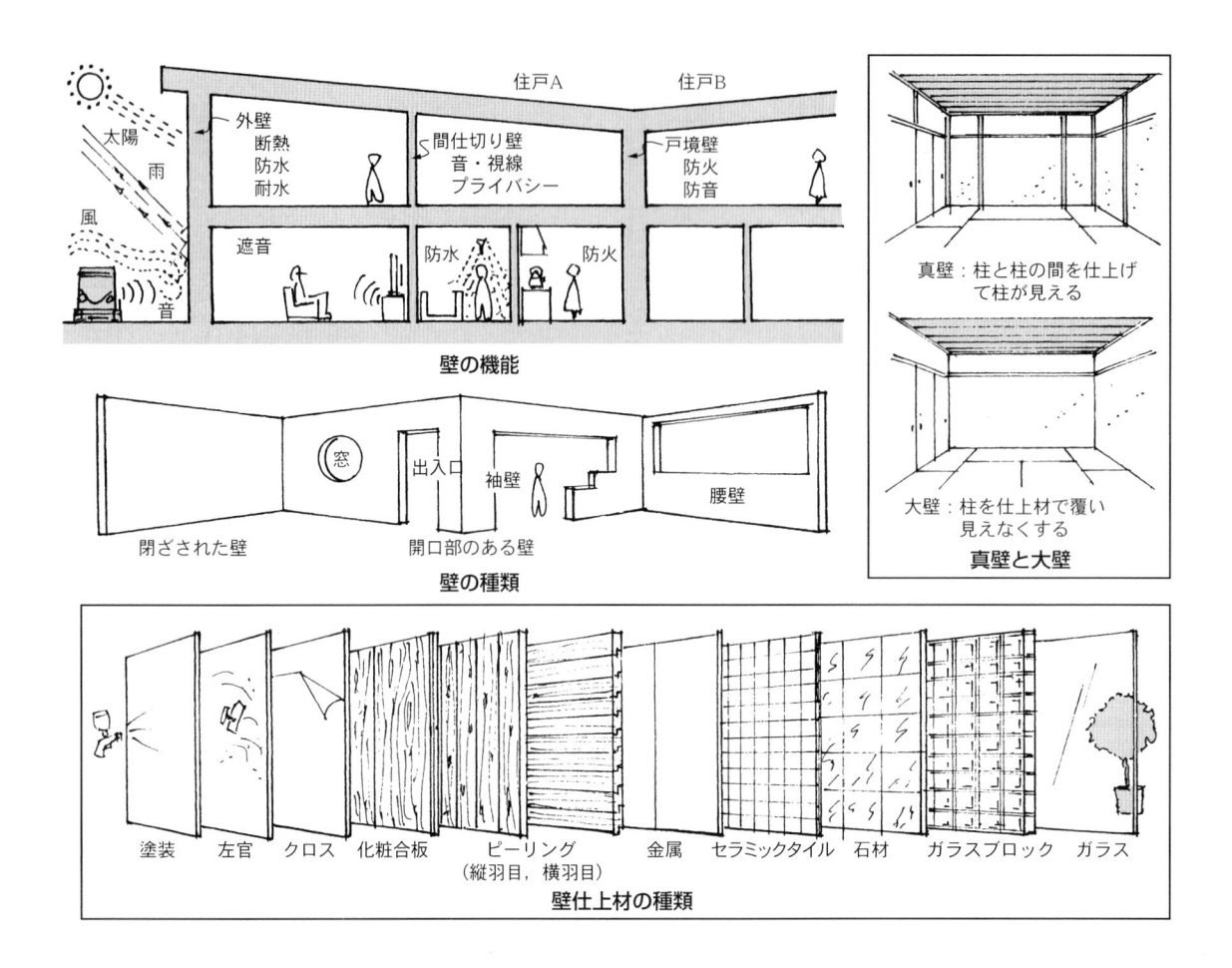

3. 壁

　日本古来の建物は、柱と梁が建物を支える構造のため、構造上の壁は必要ではありませんでしたが、西洋では壁構造が主流のため、板や布を貼って壁の圧迫感を和らげる工夫をしてきました。

　壁は、構造的に必要な**耐力壁**と、それ以外の**非耐力壁**に区分できます。また、場所によって、外部と区切る**外壁**、住戸を仕切る**戸境壁**、内部を仕切る**間仕切り壁**に分けられます。高層ビルの外壁には、非耐力壁でシステム化されたカーテンウォールが用いられています。さらに、オフィスやホテルの宴会場では、パネル状の可動間仕切りが多用されます。

　壁は反対側の空間から仕切るものなので、風雨、光、音、熱といった環境因子のほか、視線や動線を遮断します。外壁ならば防水性や断熱性が重視され、戸境壁では防火性や防音性が重視されます。さらに、部屋の用途によって、求められる機能が異なります。例えば、浴室では防水性が、厨房では防火性が、オーディオ室では遮音性や吸音性が求められます。

　壁の構法としては、伝統的木造建築の場合、柱を見せる真壁と、隠す大壁があります。また、モルタルを使う湿式工法と、金物などで取り付ける乾式工法に大別できます。湿式工法は技術と工期が必要なため、近年では乾式工法が多くなっています。

　壁は、常に視線にさらされているので、他の部位に比べて視覚的美しさがより要求されます。左官や塗装、クロス張りの場合は、継目なく仕上げることができますが、タイルや石では目地を取って仕上げます。この目地の取り方によって、タイルの貼り方にはさまざまなパターンが生み出され、視覚に訴えかけます。

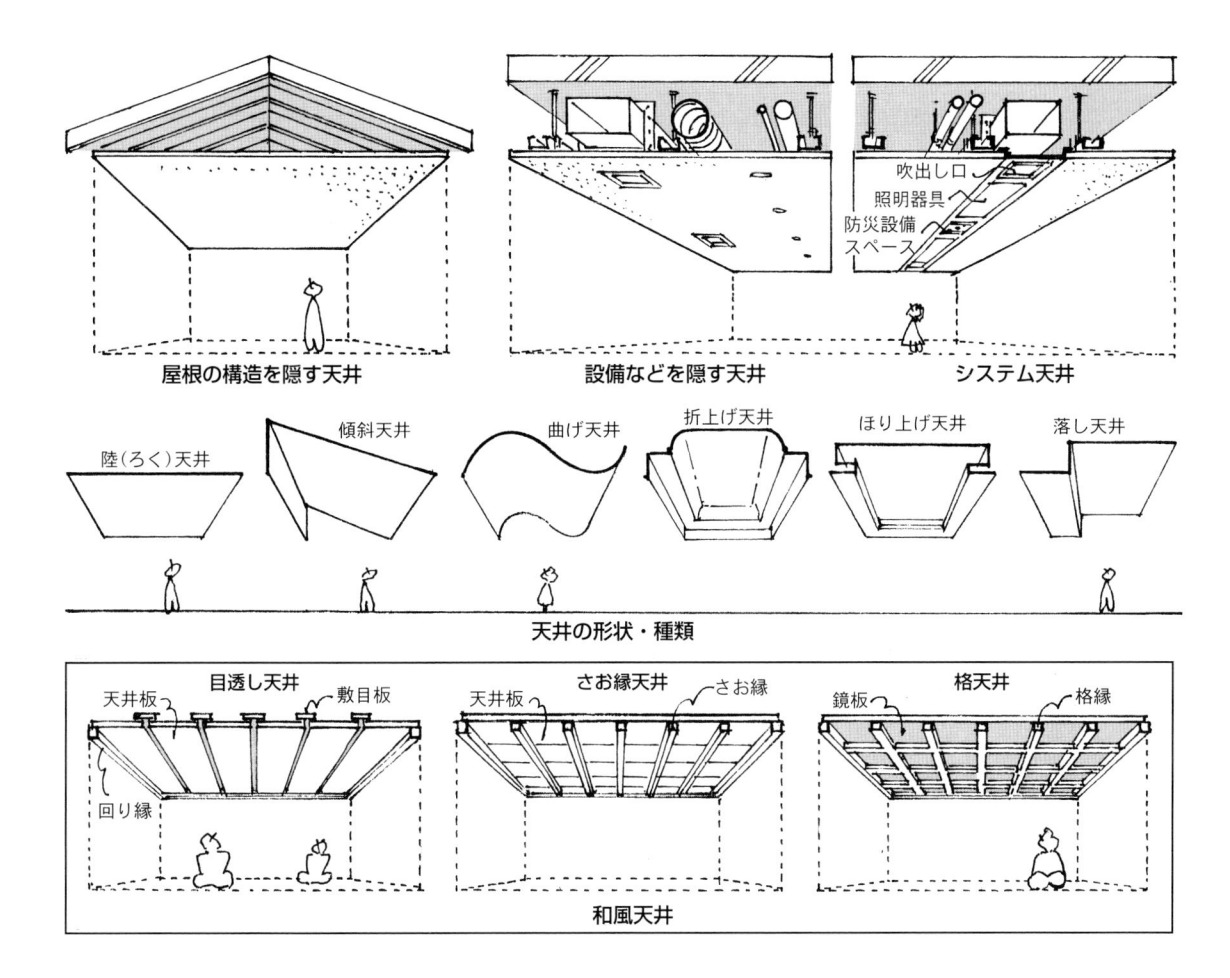

屋根の構造を隠す天井　　　設備などを隠す天井　　　システム天井

吹出し口
照明器具
防災設備
スペース

陸(ろく)天井　　傾斜天井　　曲げ天井　　折上げ天井　　ほり上げ天井　　落し天井

天井の形状・種類

目透し天井　　　　　　　さお縁天井　　　　　　　格天井
天井板　敷目板　　　　天井板　さお縁　　　　　鏡板　格縁
回り縁

和風天井

4. 天井

　天井は，上階の床下や屋根の構造を隠すために作られますが，他の部位のように人が直接触れることがないので，音や照明，空調，防火のための設備を取り付ける場として利用されています。また，形の制約が少ないので，吸音など音響上の役割を担うことや，全体の形状で部屋の雰囲気を演出することができます。一般に，陸(ろく)天井に比べて傾斜天井やドーム天井のほうが，インテリアを広く見せます。

　天井の構成は，上部との関係で，直天井と吊り天井（二重天井）に分けられます。吊り天井では，野縁(のぶち)といわれる角材に，天井板や下地材を取り付けます。吊り天井では，天井裏を利用できるので，配線や配管・ダクトのスペースとなり，仕上げの自由度が増します。

　和風天井には，一般的な目透し天井（敷目天井）のほかに，竿縁(さおぶち)のついた竿縁天井や格縁(ごうぶち)のついた格天井があります。木板以外にも，へぎ板を編んだ網代(あじろ)天井やよしず天井があります。通常，竿縁は床の間に平行に張るもので，床の間に向かって張るのは「床指し」といって避けます。格天井は最も格式が高く，書院造りや寺院に用いられるスタイルです。

　板張りやボード張りの場合は，目地を見せる仕上げと，見せない眠り目地とする場合があります。和風天井で縁材を用いる場合は，面加工を施して細く見せる，あるいは逆に重厚に見せる工夫がされます。

　オフィスの天井では，照明設備のほかに空調設備や防災設備が必要なため，天井仕上材と設備機器が一体になったシステム天井を使います。

　仕上材としては，クロス材のほか，不燃性，吸音性，断熱性に優れるボード類が多用されます。

5. 開口部―出入口と窓

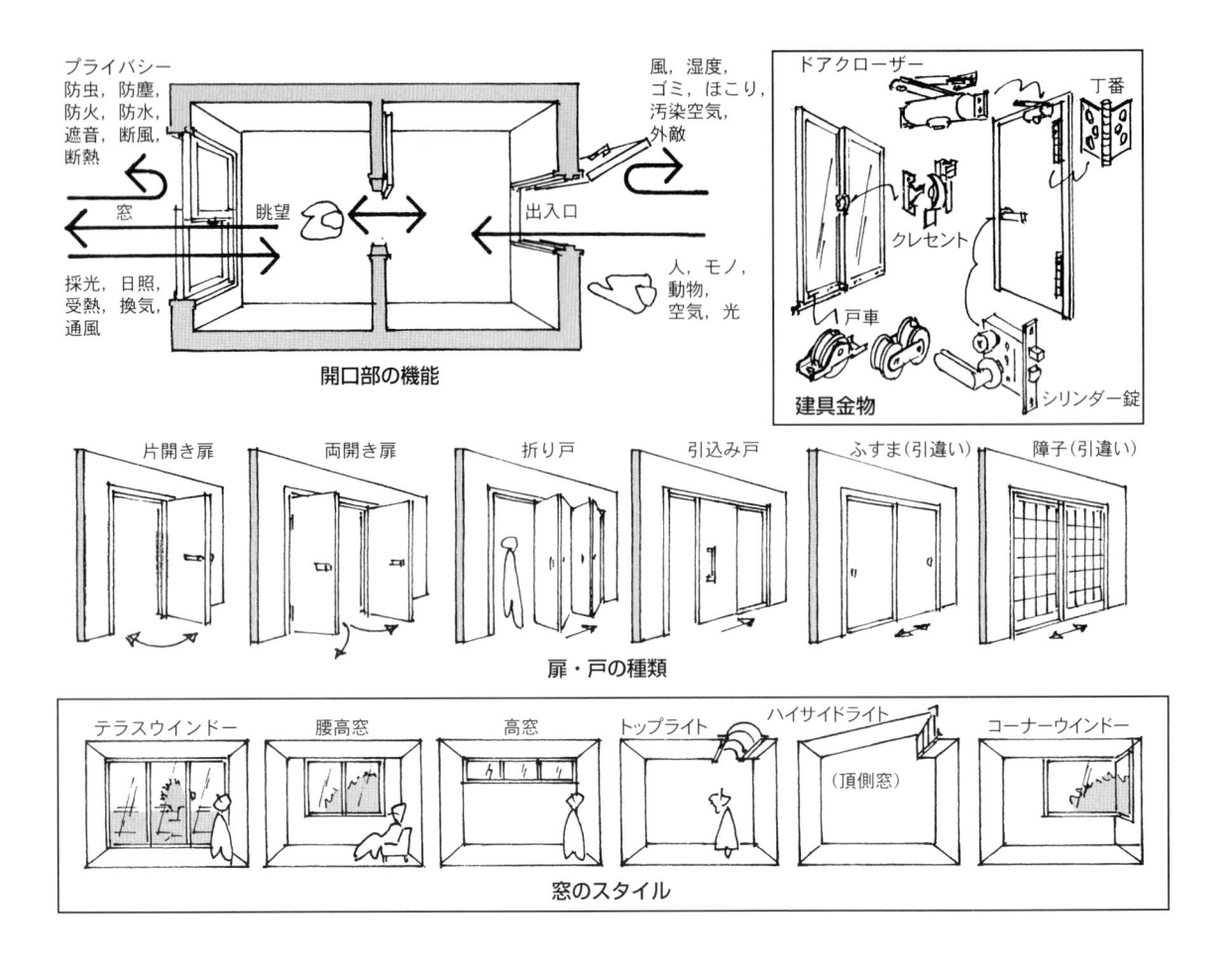

　壁に穿たれた出入口や窓などを総称して開口部といいます。開口部は、壁の遮断という機能に対して、必要なものを選択して透過させます。通常、開口部には枠をつけ、建具金物によって建具を取り付けます。

　出入口は、人やモノの出入りを想定するので、幅や開き方を場所に応じて選択します。人の移動や動作をともなうので、安全のため、開閉方式や開閉方向に注意を要します。近年、バリアフリー、ユニバーサルデザインの観点から、引き戸の使用が増えています。

　扉は、開閉に耐えるように作られています。板戸は、框と桟の表し方・構成でいろいろな種類があり、軽量のフラッシュ戸が普及しています。

　襖は、通常は縁を付けますが、数寄屋建築では、縁のない太鼓襖（坊主襖）も使います。

　障子は、間仕切りだけでなく、間接光による採光機能ももちます。さまざまな種類があり、組子の組み方でいろいろなデザインが可能です。

　窓は、眺望や採光、換気を目的に作られます。伝統的に、日本の窓は構造的制約がなく、幅広の引違い窓が多いのに対し、西洋では構造的制約から、幅の狭い縦長の窓が多く、上げ下げ窓や両開き形式の窓が発達しました。

　窓は外に開かれた、魅力のある部位です。人の視線が集まるため、さまざまな形とスタイルがあり、部屋の雰囲気に大きく作用します。

　ガラスは、開口部の主要な材料です。ガラスには通常の板ガラスのほか、さまざまな種類が開発されています。割れたときの脱落を防ぐ網入りガラス、光の透過率を抑えた熱線吸収ガラス、光を反射して冷房負荷を減らす熱線反射ガラス、防犯性に優れる強化ガラスや合せガラス、断熱性に優れた複層ガラスなど、用途に応じて選択します。

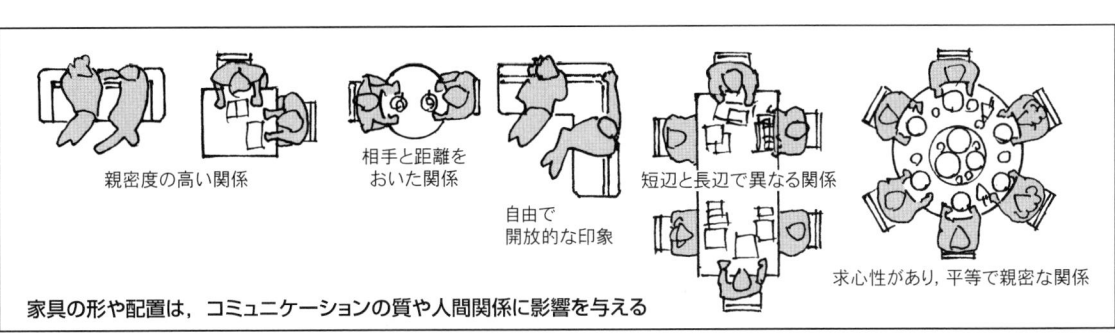

起居様式（床座，椅子座，立位など）の
生活・作業行為によって使用する家具は
変わる。

座卓　座椅子・座卓　ソファ　センター　サイド　ダイニング　カップ　オフィス　ファイリング　ベッド　クローゼット
　　　　　　　　　　　　テーブル　ボード　チェア・テーブル　ボード　チェア・デスク　キャビネット

親密度の高い関係　　相手と距離を　　自由で　　　短辺と長辺で異なる関係　　求心性があり，平等で親密な関係
　　　　　　　　　おいた関係　　開放的な印象

家具の形や配置は，コミュニケーションの質や人間関係に影響を与える

家具が空間の用途や人の行為を規定し，人と空間のスケールを結びつける

6. 家具

　和室は，椅子を必要とせず，**床座**の起居様式をとるので，使用目的に応じて必要な家具や調度品でインテリアを整えます。和室には，基本的に備え付けの家具は一つもなく，こうした室礼をすることで部屋は多目的に使用できます。

　これに対し，椅子を使用する**椅子座**の生活では，座るための椅子や寝るためのベッド，食べるためのテーブルといった家具を配置しないと部屋は機能しません。このため西洋では，インテリア空間と家具が一体となって発達し，部屋に応じた家具ができました。現代の椅子を用いる私たちの生活にとって，家具はなくてはならない存在です。

　家具は，生活行為を支える役割を担います。家具には，建築的に処理された造り付けの造作家具と単品家具があり，また，システム化されたユニット家具があります。部屋の用途や雰囲気に合わせて，ふさわしい家具が適切にレイアウトされることによって，作業性や休息性，コミュニケーションが促進されます。レイアウトには，人の動作のためのスペースや動線を考慮することはもちろんですが，落ち着くかどうかといった心理面に対する配慮も重要です。

　家具の大きさは，使い勝手を考えて，それを使う人の人体寸法と関係するモノの寸法を基準に作られています。そして，椅子やテーブルはもちろん，タンス等の収納家具も人が使いやすいように，ヒューマンスケールで作られています。そのため何の変哲もない建築空間に家具を置くことで，私たちはインテリアの大きさを計り，用途を読み取り，空間をより身近なものとして使用することができます。

　このように，家具は建築空間と人とを媒介する重要な役割を担っています。なお，家具デザインについては5章を参照して下さい。

照明は作業に必要な明るさを確保するとともに，光の演出という役割を担う

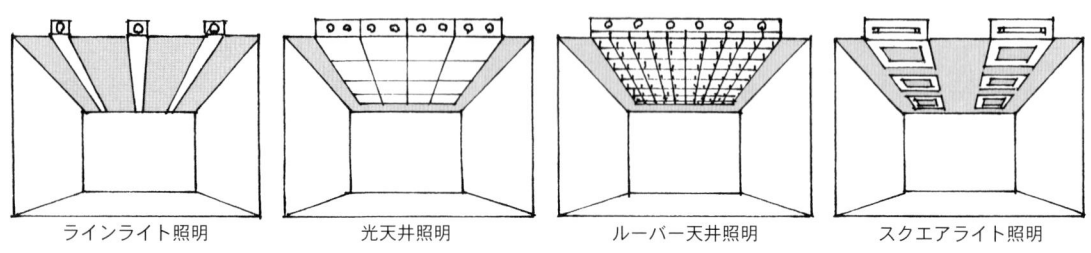

ラインライト照明　　光天井照明　　ルーバー天井照明　　スクエアライト照明

オフィスや公共機関での照明方式

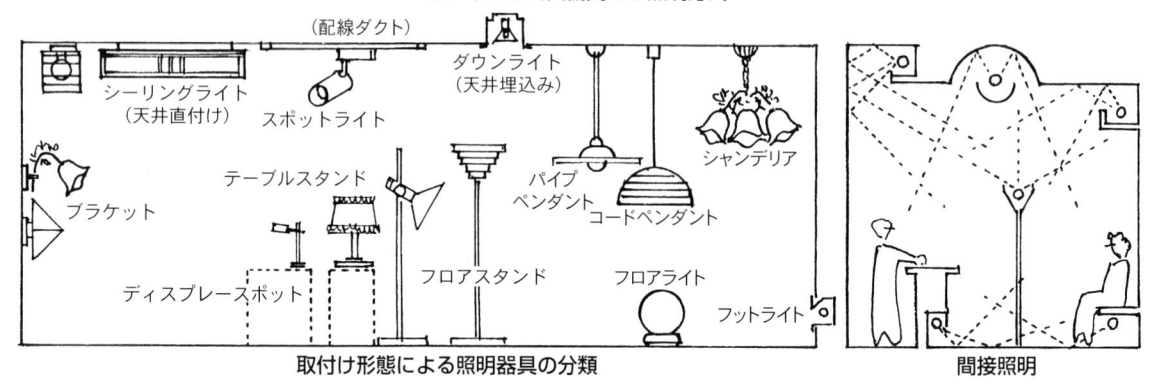

取付け形態による照明器具の分類　　間接照明

7. 照明器具

　インテリアの形や色，素材に光を与えてくれるのが照明器具です。照明は，作業に必要な明るさである照度を与えるとともに，光の演出という重要な役割を担います。

　取付け形態によってさまざまな種類があります。シーリングライトは**全体照明**的な使用がされますが，部屋の入隅部が暗くなります。用途や演出を考え，他の照明器具と併用したほうがよいでしょう。一方，スタンドは部屋に明暗による領域を作り出します。ダウンライトは，真下のスペース照射や補助的照明として使います。これに対し，スポットライトは光の方向性が強く，**局部照明**として使用します。配線ダクトを用いると，自由な組合せが可能になるため，店舗等で使用します。

　食卓上のペンダントの位置は，下辺をテーブル面から60〜80cm離した低めの位置にすることで，ランプが目には入らず，食卓面を明るく浮き出たせてくれます。ペンダントの中で，多灯型で腕木のある装飾的な照明器具はシャンデリアと呼びます。シャンデリアを部屋に合わせるには，天井高が必要ですが，ゴージャスなインテリアを演出し，ブラケットと組み合わせて格調の高い雰囲気を演出します。

　照明器具の配置に際しては，取り合いについて注意しなければなりません。例えば，ダウンライトは，天井直付けのシーリングライトと異なり，天井懐が必要です。また，天井から吊るすペンダントやシャンデリアの場合は，安全性のために，荷重に応じて天井下地の補強が必要です。さらに照明器具については，配線やスイッチ，コンセントの位置にも注意が必要です。

　なお，照明デザイナーや名作器具，間接照明については7章を参照して下さい。

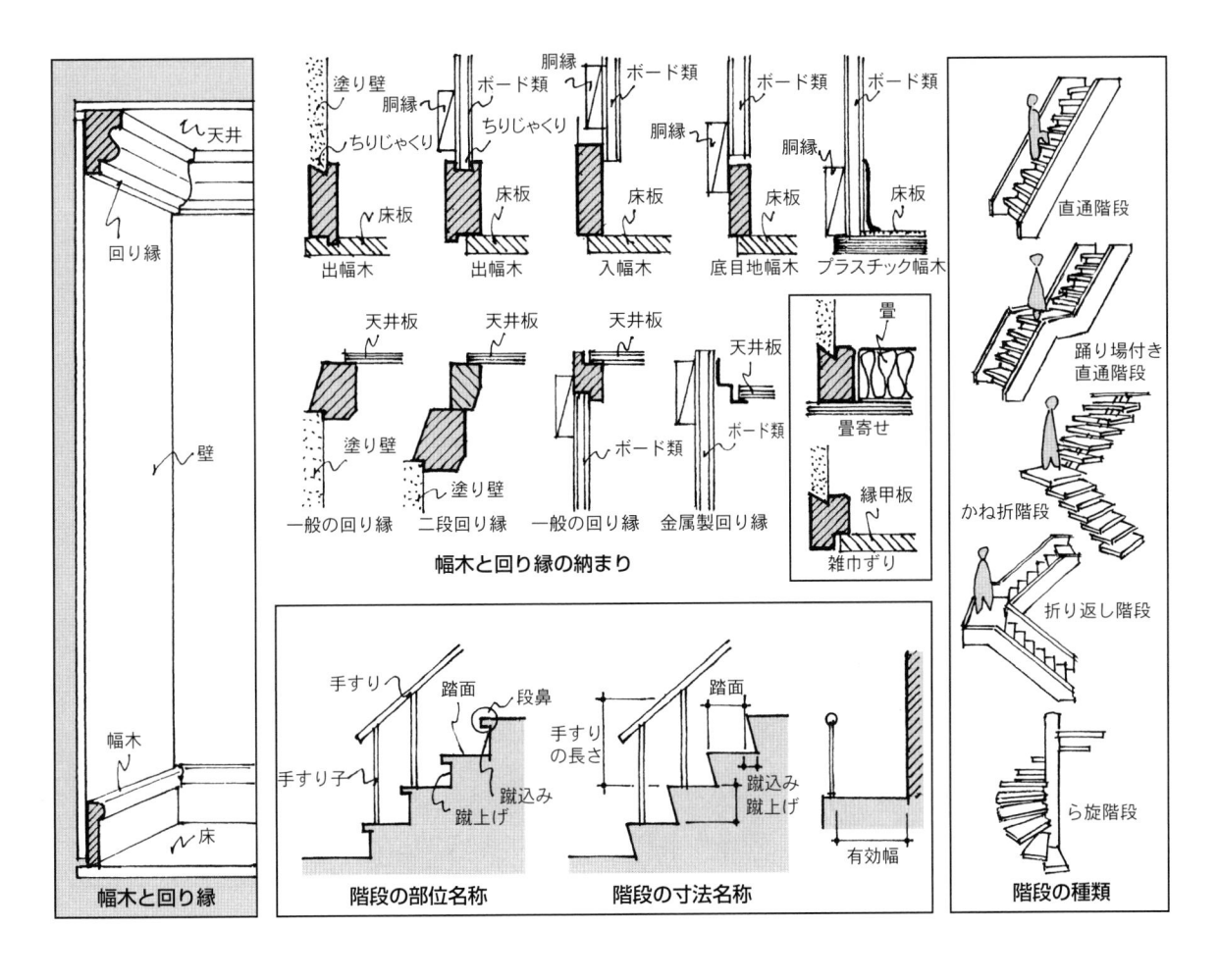

8. 幅木・回り縁・階段

　床，壁，天井は，求められる機能が異なり，材料や構法，施工順序が違います。そのため，各部位が接する部分を調整してきれいに仕上げる工夫が必要となります。一般には，床と壁の接点は幅木（巾木）で，天井と壁の接点は回り縁で納めます。

　幅木には，床と壁の見切りとともに，壁の足下の汚れや損傷を防止する役割があります。そこで，部屋の使用目的によって，高さと素材を考慮する必要があります。納まりとしては，出幅木や入幅木のほか，目地を設けて面で仕上げる方法があります。材料は，木製やプラスチック製のほか，石やタイル，金属などを使用します。和室では幅木を使わず，畳敷きの場合は畳寄せで，板張りの場合は雑巾ずりで納めます。

　天井と壁の見切りは，**回り縁**（廻り縁）で納めるのが一般的ですが，幅木のように汚れや破損のおそれがないので，回り縁を用いずに仕上げることもあります。

　階段は，レベルの違う2つの床を結ぶ移動装置です。垂直方向に展開するので，形式や構造，手すりのデザインによって，ドラマティックな演出が可能です。階段は，昇降しやすく安全であることが必要です。

　階段では，足を乗せる部分を踏面，高さに当たる部分を蹴上げ，段の先端部分を段鼻といいます。安全性のために，手すりや段鼻のノンスリップ（滑り止め）が必要です。手すりの下部の垂直材は，手すり子といいます。

　寸法については，蹴上げ寸法H，踏面寸法Dとしたときに，「2H+D=歩幅」が理想とされています。建築基準法では安全性の確保から，住宅用について，蹴上げ230 mm以下，踏面150 mm以上，内法（有効幅）750 mm以上の最低基準が定められています。11章も参照して下さい。

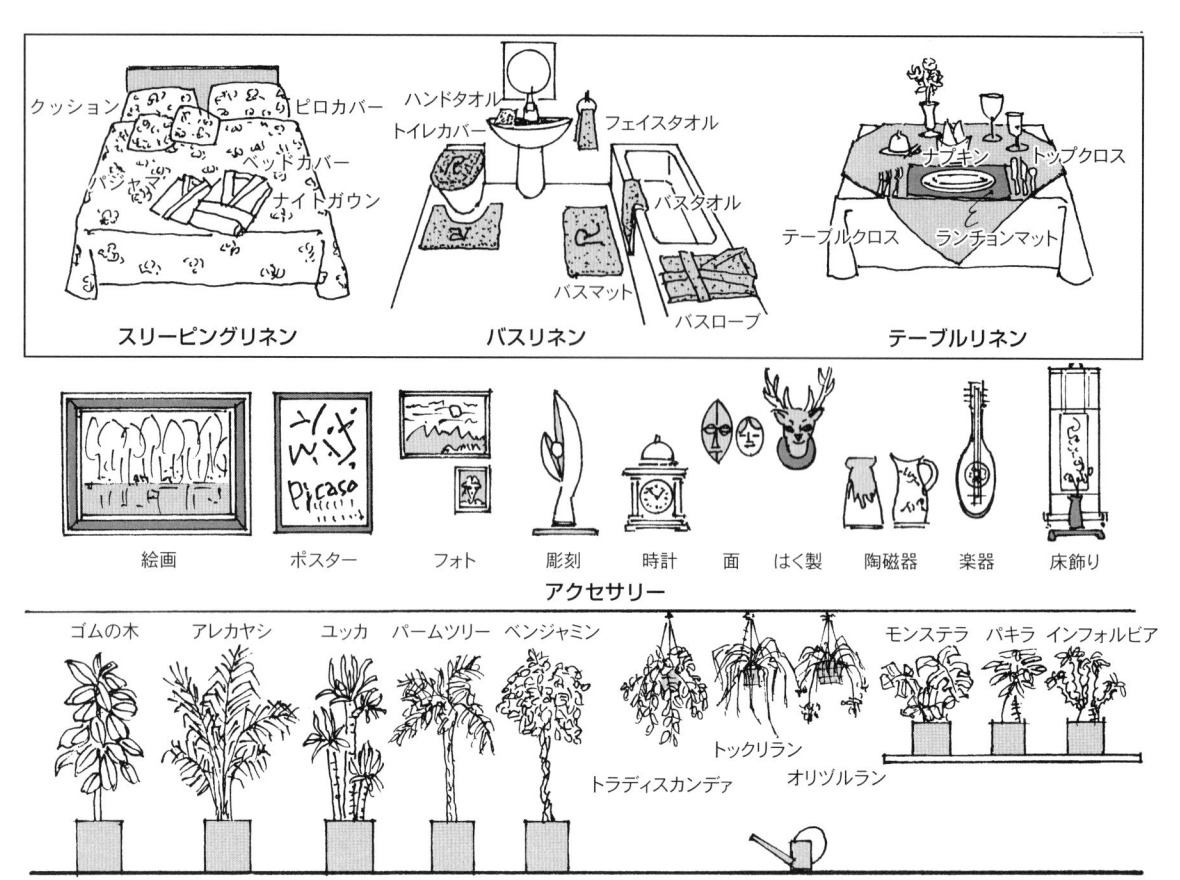

9. インテリアアクセサリーなど

インテリアアクセサリーとは，部屋を仕上げる小物を指し，生活行為に必要なリネンやテーブルウエアのほか，部屋のアクセントとして雰囲気を作り出すアートやグリーンなどがあります。

インテリアエレメントとしての**リネン**は，亜麻製品を指すのではなく，テーブルクロスやシーツ，タオルなど身近に用いる布の総称です。おもなものとして，ベッドメーキングに必要なスリーピングリネン，ダイニングテーブル用のテーブルリネン，バスルーム用のバスリネンがあります。素材と色に統一感をもたせます。

テーブルウエアは食卓用食器の総称で，テーブルリネンまで含めることもあります。食事が和・洋・中華のどの形式かを想定して，部屋との調和を考えて選択します。

アートは，絵画のような平面的なものと，彫刻のような立体的なものがあります。大きさや作品内容によっては，部屋の雰囲気に大きく作用します。アートが部屋のデザインの中心になるような場合は，早い段階で計画を始めなくてはなりません。設置方法やスケールだけでなく，アートを際立たせる照明方法についても検討します。また，時計も部屋の雰囲気に作用するインテリアアクセサリーの一つです。同じように部屋全体との調和に気を配りたいものです。

グリーンは，私たちの心と体を癒し，保湿や空気の浄化作用があり，人工的な環境において欠かせないインテリアアイテムです。植物の生育のためには，土，光，水，風が必要です。風がなく，光の乏しいインテリアでは，亜熱帯や熱帯の観葉植物が使用されます。室内の環境に合ったものから，葉の色や形状，大きさ，さらに器の素材やデザインに注意を払って決めていきます。

演習課題 03　　　　ベッドルームの開口部を計画する

■下図の部屋を夫婦のベッドルームとして，開口部（出入口，窓など）を計画し，配置してみましょう。

1. 家具の配置計画とともに，開口部を計画する（家具については，5章の家具デザインを参照）。
2. 平面にプロットする。
3. 展開図（各壁立面面）形状などを書き込んで下さい。

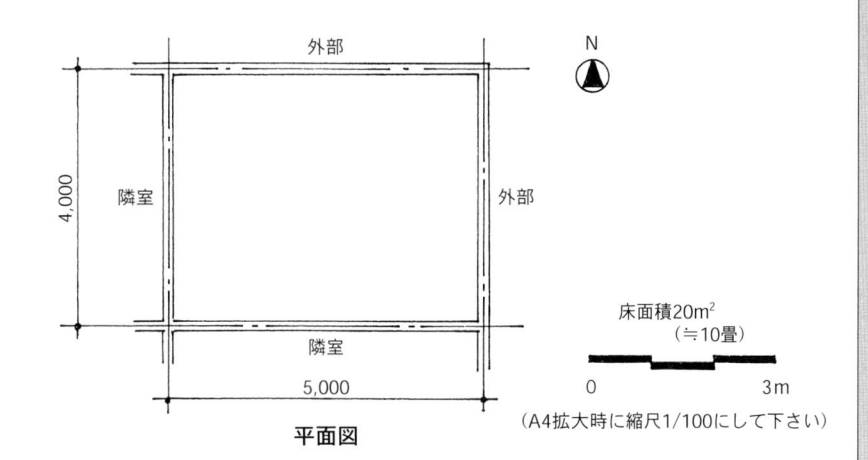

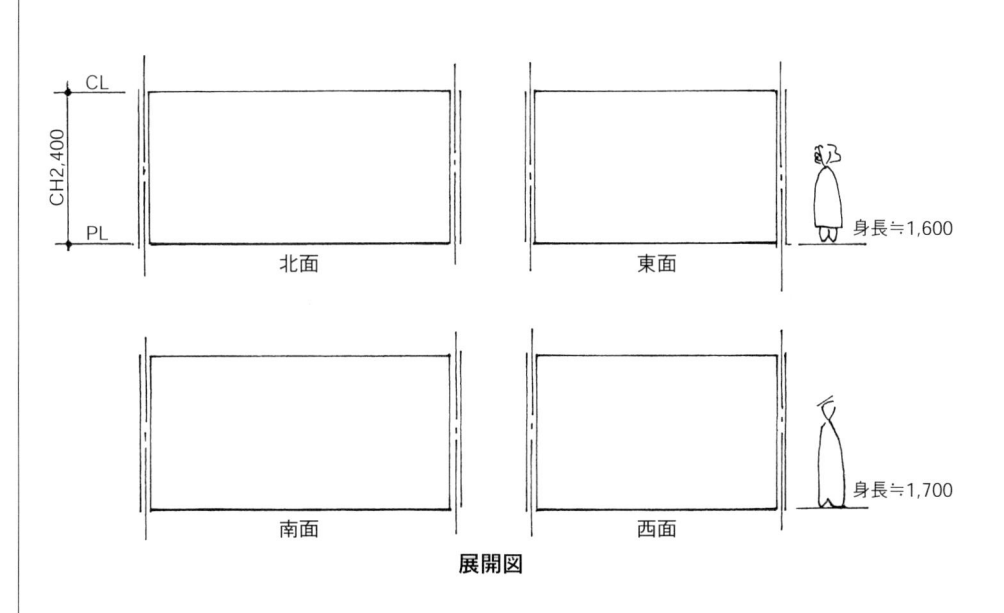

平面図
- 4,000（縦）
- 5,000（横）
- 隣室／外部
- 床面積20m² （≒10畳）
- N
- 0　　3m
- （A4拡大時に縮尺1/100にして下さい）

展開図
- CH2,400
- CL／PL
- 北面／東面／南面／西面
- 身長≒1,600
- 身長≒1,700

所属	日付	No.	氏名
	． ．		

3 インテリアエレメント

41

4 インテリアスタイル

この章では，インテリアスタイルの分類と，現在よく登場する代表例を学びます。このような分類とその内容を知っておくと，デザインのコンセプト作りやプロセスに役立ちます。

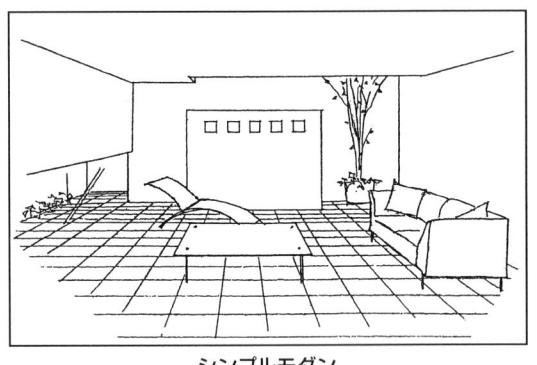

シンプルモダン　　　　　　　　　　　プレゼンテーションボード

インテリアスタイル
- ①歴史系のインテリアスタイル
  - ゴシックスタイル，バロックスタイル，ロココスタイル
  - ルイ13世スタイル，ルイ14世スタイル，ルイ15世スタイル
  - ジャコビアンスタイル，クィーンアンスタイル，ジョージアンスタイル
  - アール・ヌーボー，アール・デコ，伝統和風
- ②現代生活のインテリアスタイル（モダン）
  - シンプルモダン，ナチュラルモダン
  - アジアンモダン，和モダン
  - 北欧モダン，リュクスモダン
  - ニュートラディショナル，ミックススタイル

※①については，5章の「9.クラシック家具のデザイン」を参照して下さい。本章では，主に②を取り扱います。

1. インテリアスタイルの意義

私たちが見かけるインテリアデザインは，さまざまです。公共施設や店舗，住宅といった空間の用途や質，規模，またデザインから，受ける印象は異なります。このデザインからの印象を的確な呼称で表現したものを「**インテリアスタイル**」と言います。例えば「シンプルモダン」という名称と，それが表現する内容については，デザイン界をはじめ多くの業界で，ほぼ共通の概念となっています。

共通言語

多くの人がかかわるインテリアデザインやコーディネートのプロセスで，**共通言語**として活用されています。特に，イメージに大きくかかわる内容をもつ呼称であるだけに，デザインの方向性を決めるコンセプトづくりや，インテリアのプレゼンテーション時などには欠かすことはできません。また，世界のデザインの潮流やトレンドを知り，反映させることが求められる商空間などでは，必須の概念です。

インテリアスタイルの分類の意義

インテリアスタイルは，いくつかに分類されています。分類することで，それぞれのスタイルがもつ心理的な効果が整理でき，空間の目的に応じたスタイルを選択することができます。また，インテリアスタイルに応じて，適したデザインや素材などが，供給側によって，大枠ですでに分類されているエレメントも多く，表現の一助となる利便性もあります。

ヴィジュアルの必要性

ただ，これらのインテリアスタイル用語は，言葉による**コミュニケーション手段**であるだけに，曖昧さがつきまとい，特に一般生活者では各自の空間体験も異なり，イメージ的な用語の使用には慎重さが求められます。必ず，**ヴィジュアルの資料**を添えることが必要です。

都会的なカジュアルスタイル

ペットと暮らすリビング

住宅ワークのためのホームオフィス

縦長窓の似合うトラディショナルスタイル

2. インテリアスタイルの要素

　インテリアスタイルは，コンセプトの一環として，空間全体のイメージを決定します。各部位のデザインやカラーコーディネート，家具や照明器具など，エレメントの選択に大きくかかわります。インテリアスタイルというと，おもに感覚的な面で語られることが多いのですが，空間全体を支配するという重要性から，整理しておかねばならないポイントがあります。この章では住宅の主室，つまり LD を中心に取り上げ，ポイントをまとめています。

ライフスタイルとの整合性

　住まい手のライフスタイルと，選んだインテリアスタイルに無理がないか，確認します。カジュアルなライフスタイルなどといった把握に加えて，最近は情報機器の発達で在宅ワークやホームシアターなど，住宅の過ごし方もさまざまです。機能的には問題なくとも，選んだスタイルと，ライフスタイルの視覚的な整合性に無理がないか，確認します。

空間との整合性

　スケルトンからの空間デザイン以外では，面積や天井の高さ，既存の開口部や天井の形状，部材の位置関係などさまざまな制約を受けます。例えば「トラディショナル」の場合，高めの天井が望まれます。また連続する空間では，**視覚連続性**が一般には求められています。各スタイルの内容を把握し，対象空間との適合性を確認しておきます。

機能性の確認

　各スタイルの表現には，比較的，**記号化されたエレメント**が多用されます。例えば「シンプルモダン」ではガラステーブルやメタルフレームの家具，「和モダン」では障子，「トラディショナル」ではシャンデリアなどです。イメージが作りやすく，理解されやすい利点がありますが，採用の際には，それらの機能性をチェックし，目的に沿っているか確認します。

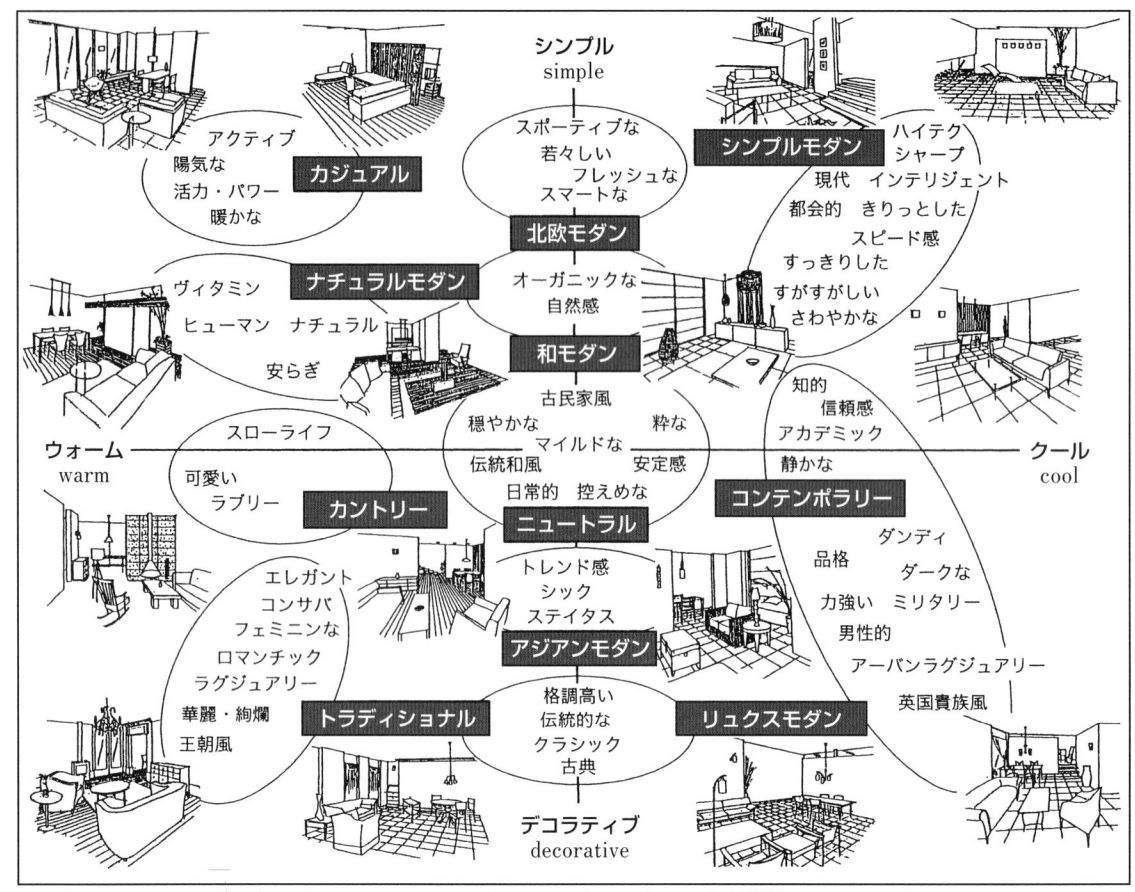

インテリアスタイル・マトリックスによる分類

3. インテリアスタイル・マトリックス

　インテリアスタイルは，さまざまに分類されています。本書では，比較的登場頻度の高いものを取り上げていますが，分類法によっては，これ以外にもあると考えられます。そのような多数のスタイルから1つを選択するに際して役立つのが，このインテリアスタイル・マトリックスです。

　インテリアスタイルとは，大きくイメージにかかわるものです。そのため，マトリックスの座標軸には，わかりやすいイメージ用語が両極に使われています。**ウォームとクール**，**ソフトとハード**，あるいは**伝統と現代**，**和と洋**など，相反する概念で構成される2次元平面の，どのあたりに位置するかでインテリアスタイルを分類するものです。このように，目的に応じ選択する指標が異なりますが，ここではウォーム・クール軸とデコラティブ・シンプル軸を用いて，この章で取り上げているインテリアスタイルを分類しています。

　このマトリックスによる分類は，住まい手側に，希望するスタイルのおおよそのイメージはあっても，的確な表現が困難なときや，整理が不十分なときなどに力を発揮します。

　例えば，「すっきりしたインテリアが好みであるが，暖かみがあり，落ち着きと安らぎも希望」というだけで，クール・ウォーム軸ではウォーム寄りの，デコラティブ・シンプル軸ではシンプル寄りのゾーンを中心に該当することがわかり，ナチュラルモダンや北欧モダン，和モダンなどが候補になり，次の段階に進められます。ヴィジュアル資料を用いて希望を確認しながら進めます。

　また，メーカーや商社などのエレメントの供給側では，製品をマトリックスと照らし合わせることで，**商品構成の見直しや商品開発**へつなげることができます。

　このように，マトリックスはインテリアのさまざまな分野で広く利用されています。

シンプルモダン	ナチュラルモダン
直線構成で都会的	自然の素材感を生かしたインテリア
生活感のないハードイメージのインテリア	木質感を生かした安らぎのインテリア

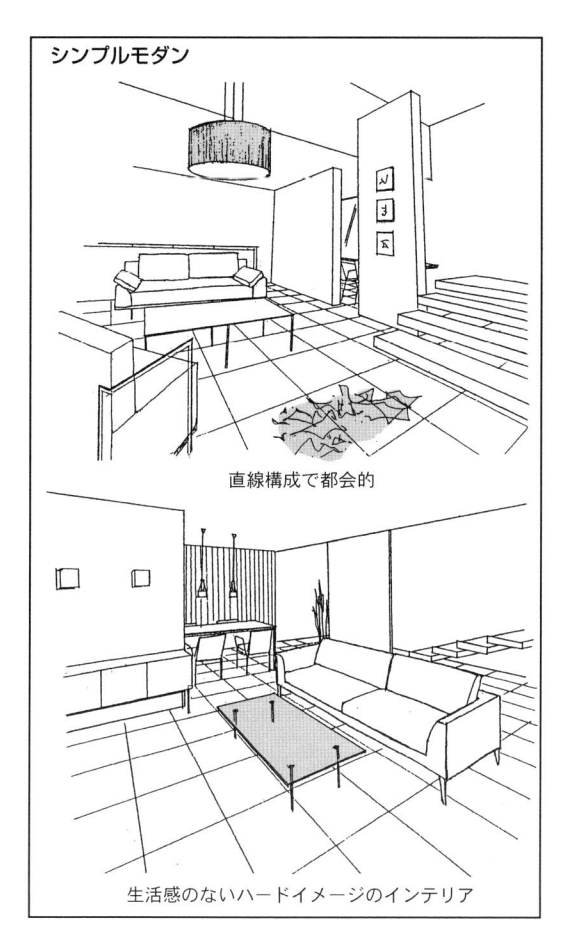

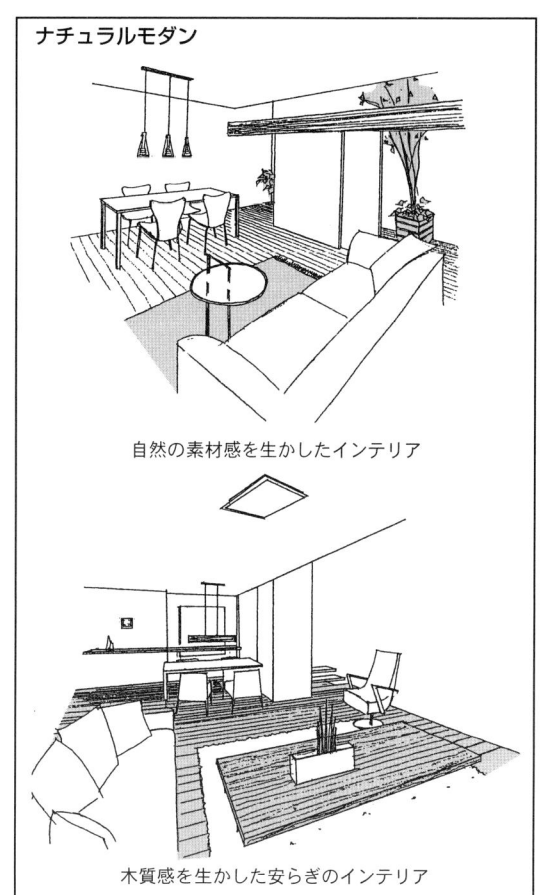

4. シンプルモダンとナチュラルモダン

シンプルモダン

部材の装飾的ディテールを排し，**シンプル，クール**で**シャープ**，**理知的な印象**を与えるインテリアです。おもに直線構成で，都会的イメージや新鮮で生活感のないイメージ，男性的ハードイメージを求める場合に適しています。

色彩計画は，多色使いを避け，すっきりした配色とします。無彩色配色が代表的ですが，アソートカラーに，ダークトーンなどの渋い寒色系の配色も一般的です。対比の強いメリハリの効いた色彩を，アクセントカラーとして用いる例もよく見られます。

エレメントは，金属やガラス使いのものが多用されます。フレームが直線的なアルミやスティールのソファや椅子は，シンプルモダンの代表です。窓装飾もドレープではなく，ブラインドやシャープシェードが中心です。装飾品も少なめで，ポイント的に用います。

ナチュラルモダン

シンプルモダンをベースに，**自然の素材感**のある部材を用いたスタイルです。装飾的ディテールの排除などは共通ですが，自然素材の使用で，暖かみに乏しいシンプルモダンの印象が和らげられています。モダンながら**安らぎ感**のあるイメージを求める場合に適し，住宅では特に好まれるスタイルです。

色彩計画は，自然素材の色調を生かすため，素材色以外の，色味の強いベースカラーやアソートカラーは避けます。住宅ではフローリングや建具・階段回りに木部が使われ，これらの色調の選択がポイントになります。ライト色やミディアム色が一般的ですが，造作家具など他の木部の色調とのバランスを取ります。

エレメントは，木質感のある家具や布張りソファなどが中心で，ざっくりした手織りのラグなどをポイントに使います。

アジアンモダン

籐製のソファがエスニック感をかもし出すインテリア

李朝の家具と床座がアジアンテイストを感じさせるインテリア

和モダン

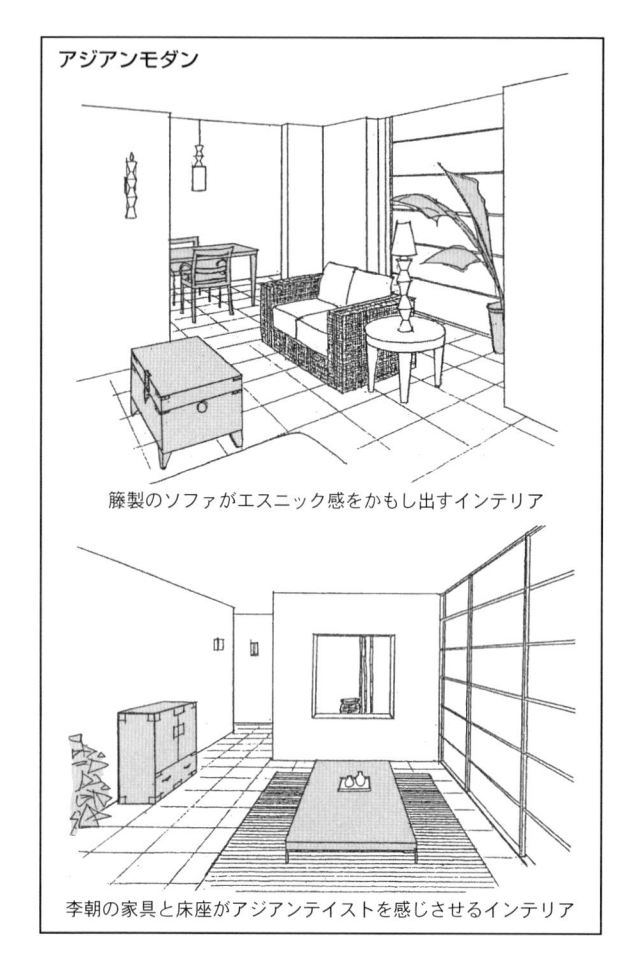

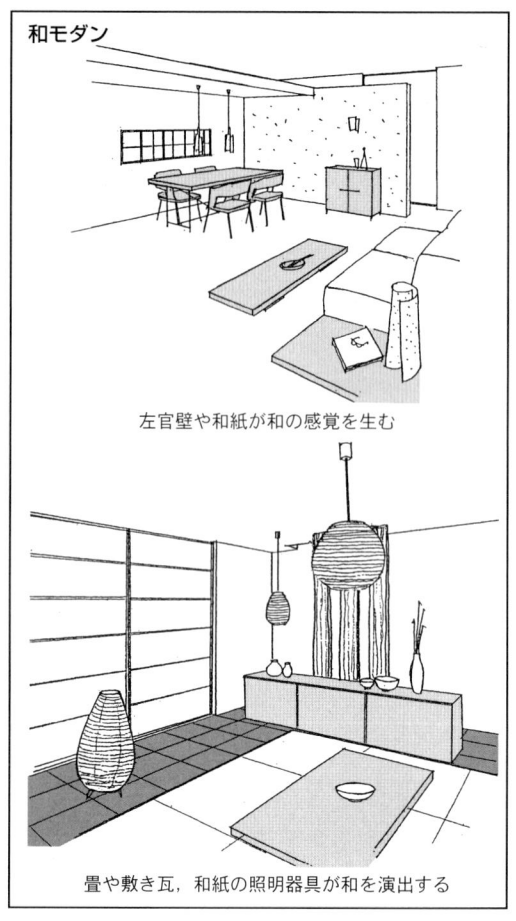

左官壁や和紙が和の感覚を生む

畳や敷き瓦，和紙の照明器具が和を演出する

5. アジアンモダンと和モダン

アジアンモダン

　シンプルモダンをベースに，アジア各地の**エスニック性**を加えたスタイルです。ポイントは，**モダンのフィルター**を通す，ということで，地域性そのままの表現ではありません。おもにバリ島などアジアンリゾートイメージが好まれますが，中国や韓国のエッセンスに静謐感（せいひつ）を与えたスタイルも注目されています。ファッショナブルな時代感覚を求める場合に適しています。

　色彩計画は，その地域特有の籐（とう）製品や竹などの素材が加わるため，色味の強い配色は避けます。床材にタイルや石も多用され，これらと木部のダーク色がアジアンモダンの定番といえます。この他，スパイスの色合いなども，アクセント色に好んで取り入れられます。

　家具のほか，ピューターやバティック，白磁などの高品質な小物でアジアンモダンを演出します。観葉植物も欠かせません。

和モダン

　シンプルモダンをベースに，和のエッセンスを取り入れたスタイルです。**床座**に由来する「低い視線」，日本の伝統の「素材色」，装飾が少なく空白に美を感じ取る「余白の美」などがポイントです。畳の有無は特に問いませんが，畳がない場合，障子や土壁調など，和をはっきり意識させるエレメントが望まれます。

　色彩計画は，「素材色」が中心です。畳や土壁調，敷き瓦など，色彩を意識させないベースに，アソートとして，木製品では無塗装調や，逆に漆（うるし）調塗装が採用されます。このほか，茶や鼠（ねず），藍（あい），小豆（あずき），抹茶（まっちゃ）などの日本の伝統色もアクセントとして使用されます。

　エレメントでは，低い視線に対応する家具に加え，和紙使いの照明器具，すだれ調ロールスクリーンなど，「和」の記号的アイテムを加えます。装飾は少なく，和の精神性を表現します。

北欧モダン

ホワイトやベージュのナチュラルカラーでまとめる

リュクスモダン

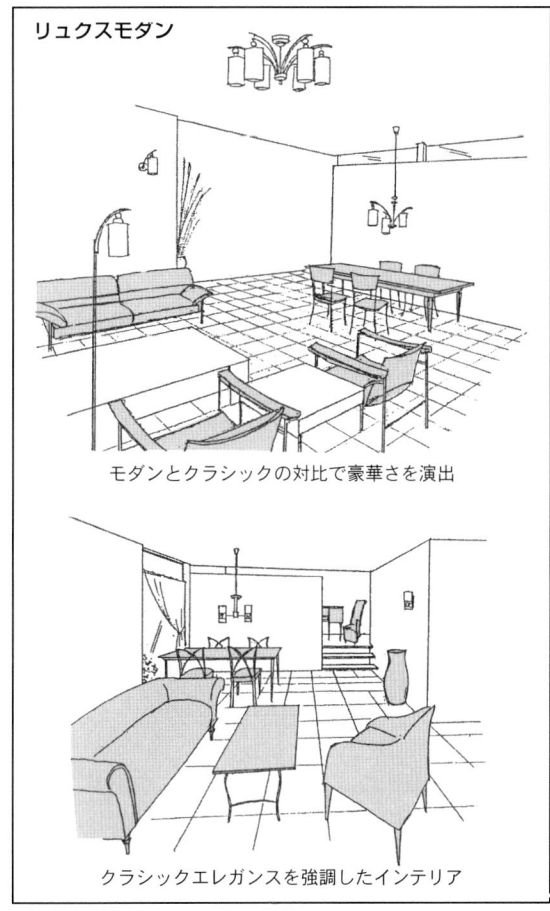

モダンとクラシックの対比で豪華さを演出

ウェグナーのYチェアをはじめ北欧製品でまとめる

クラシックエレガンスを強調したインテリア

6. 北欧モダンとリュクスモダン

北欧モダン

　シンプルモダンをベースに，木の素材感や温もりをもち，**クラフト的**で**有機的曲線の北欧製の家具**等で構成される，シンプルで温かくナチュラルなスタイルです。これらの家具は，1950年代に北米を巡回したスカンジナビアデザイン展で世界的な評価を得ましたが，ポストモダンの1980年代には忘れられた存在でした。現在，**オーガニックでヒューマン**，息の長さに再び脚光が集まっています。北欧モダンスタイルには是非取り入れたいアイテムです。

　色彩計画は，ベースにはライトなナチュラル色が多用されます。アソートカラーとして，濁りがなく明度が高い，カラフルなカーテンなども用いられ，暮らしを彩ります。

　フラットな照明計画は避け，スタンドもので温もりを演出します。このほか，北欧独自のガラス工芸品もよく登場するアイテムです。

リュクスモダン

　シンプルモダンをベースに，**デコラティブでラグジュアリーな装飾的アイテム**を取り入れたスタイルです。リュクスとは「豪華・贅沢（ぜいたく）」という意味です。怜悧（れいり）で禁欲的なシンプルモダンでは満たされない装飾欲が求めた，最新のスタイルといえます。時にクラシカルなエレメントを加え，コンテンポラリーな表情を合わせもったインテリアにまとめます。

　色彩計画は，特に定番はありません。ただ，特殊で凝った革素材のソファ，時にアニマル柄，クリスタルやゴールドやシルバーなど個性的な素材が登場します。これらを生かすためのダークな色彩計画，というのもここでは一案です。

　エレメントでは，モダンからクラシカル寄りまで，広範囲の高品質家具に加え，贅沢な照明器具がポイントになります。特にクリスタル使いのシャンデリアは人気を集めています。

4 インテリアスタイル

47

トラディショナルスタイル

窓カーテン，シャンデリア，ペンダント，家具など伝統スタイル

ルイ王朝風シャンデリアが演出

壁上部のモールディングが印象的

カントリースタイル

ロッキングチェアがカントリーを感じさせる

南仏プロヴァンス風にまとめたインテリア

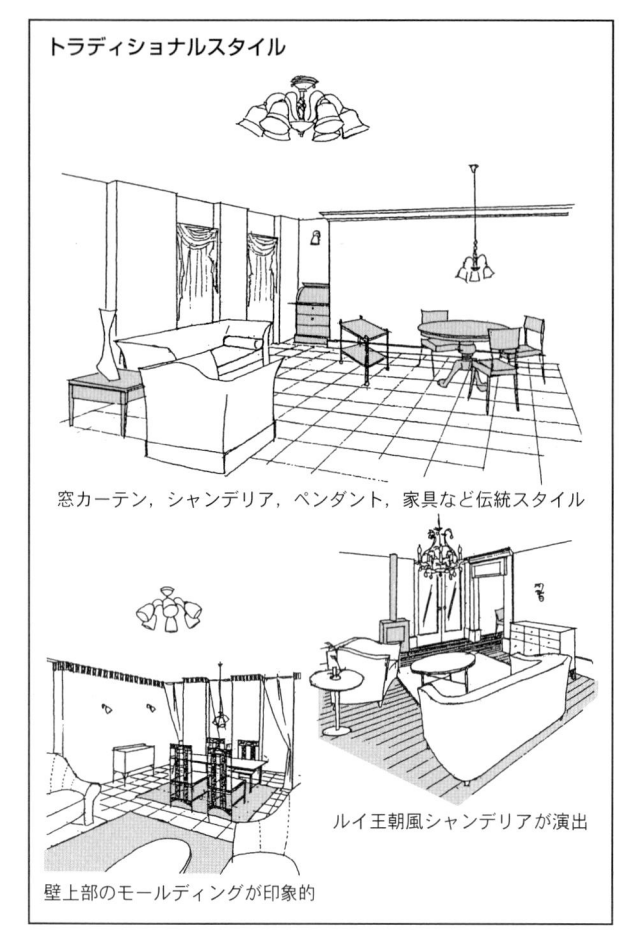

7. トラディショナルスタイルとカントリースタイル

トラディショナルスタイル

　西洋の伝統を感じさせるスタイルを，ここではトラディショナルと総称します。西洋のインテリア様式は，時代により区分されていますが，現代の日本では，市場性のある**合理的な総称**です。

　ディテールに特徴があります。モダンスタイルでは登場しなかった部材（**モールディング**）や高さのある幅木，付け柱（**ピラスター**）やパネルなどをあしらいます。いずれも本格的ではなくオリジナルで，西洋の伝統から拝借したものです。これらの存在が，トラディショナルにふさわしい品格を演出します。また縦長プロポーションの窓，開き戸もポイントです。

　色彩計画は，重厚感を出すため，壁にもダークトーンなどで色味のある色彩を用います。

　エレメントでは，レプリカ調の家具を用いることになります。時代や背景を調整・総合すると，説得力のあるデザインになります。

カントリースタイル

　田舎暮らしをイメージさせるスタイルをカントリーと言います。都会の喧噪から離れた趣味の暮らしを連想させ，人気を集めています。**南仏プロヴァンス風**や**スパニッシュ風**のほか，**シェーカー風**などバリエーションは多様です。ラブリー・ロマンチック系から，簡素なスローライフ系まで，テイストも分かれます。

　色彩計画は，その地方独特の建材色や素材色がポイントになります。また，手作りライフ感から，ペイントの採用が他のスタイルより多く，ドアや枠など木部に施します。ラブリー・ロマンチック系ではややカラフル，スローライフ系では素材色中心となります。

　エレメントでは，化粧梁や薪ストーブはカントリーを強調します。ベンチ式ダイニングチェアやロッキングチェアなど木組みを感じさせる家具は，カントリースタイルに適したアイテムです。

落ち着いた高級感のあるインテリア

床座と椅子座のミックススタイル

カジュアルで親しみやすいインテリア

'60年代と現代のミックススタイル

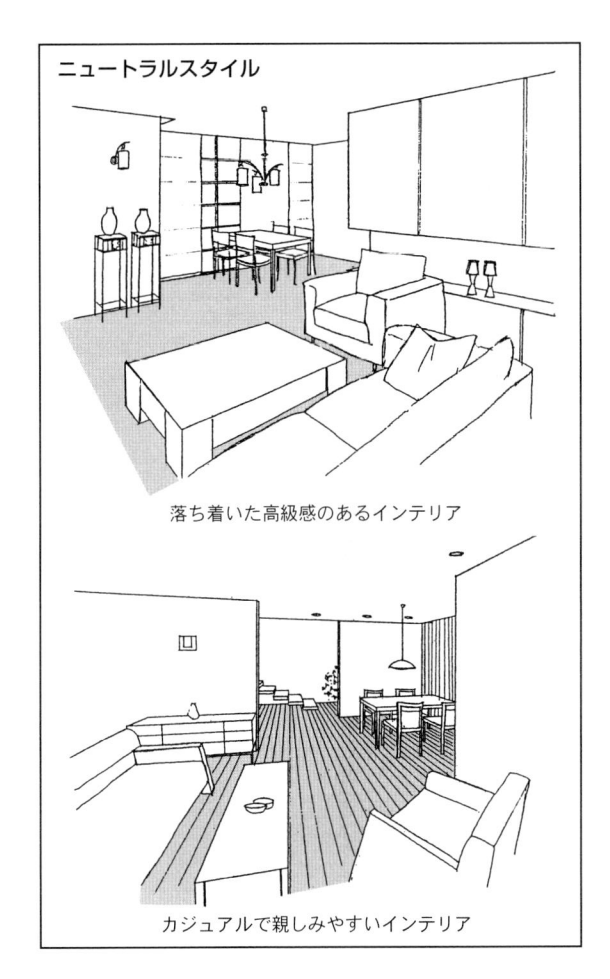

8. ニュートラルスタイルとミックススタイル

ニュートラルスタイル

　ニュートラルとは,「偏りがない」という意味です。現代の住宅ですから,モダンベースであることは否めませんが,特に色濃く表現されるテイストはなく,落ち着いたイメージでまとめることが原則です。高級感があり,洗練された味わいのものから,カジュアル寄りで親しみやすいものまで,グレードの幅は広いのが特徴です。オーソドックスな内装や家具などで,広く好まれるスタイルといえます。

　色彩計画は,全体に穏やかな調和をねらい,ベースとなる床も,木質の場合はミディアム色やライト色,カーペットではナチュラル系の色彩を選びます。無難な色彩計画だけに,どこかで変化をつけることも大切です。

　エレメントは,木質感のダイニングセットや整ったソファセットなど,安定感のある組合せが主流です。個性と変化は装飾品・インテリアアクセサリーで表現します。

ミックススタイル

　ミックススタイルとは,既存のスタイルにとらわれず,自由にコーディネートしてまとめたスタイルを指します。さまざまなテイストや時代の異なるエレメントが同居しますが,それだけに,安定感や静謐感より,ダイナミックでインパクトがあるスタイルといえます。間違うと混乱のインテリアになり,選び手の感性が問われるスタイルでもあります。

　色彩計画は,エレメントがさまざま加わるだけに,一般に,類似色配色や同一トーン配色など,調和しやすい配色が望まれます。同じ理由で,ベースはオーソドックスな配色にまとめ,エレメントの色彩をアソートカラーやアクセントカラーに生かします。

　エレメントの構成は自由ですが,グレード感をそろえることがポイントになります。家具どうしはもちろん,家具と窓装飾,家具と照明器具などにもあてはまります。

4 インテリアスタイル

書院造りの床の間

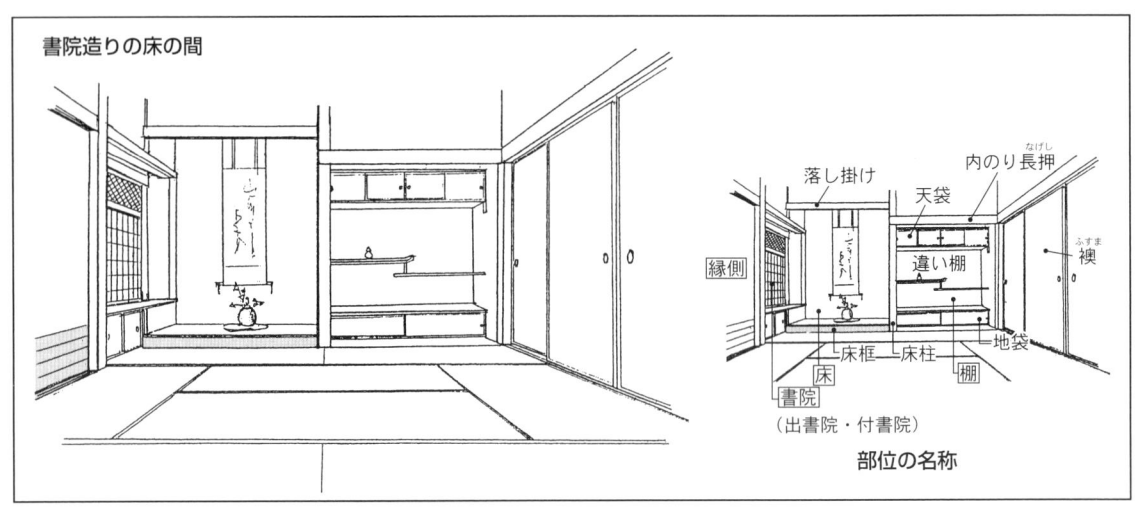

部位の名称
落し掛け／天袋／内のり長押／襖／違い棚／地袋／棚／床柱／床框／床／書院（出書院・付書院）／縁側

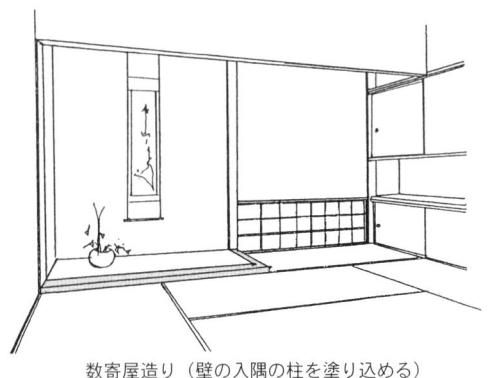

数寄屋造り（壁の入隅の柱を塗り込める）

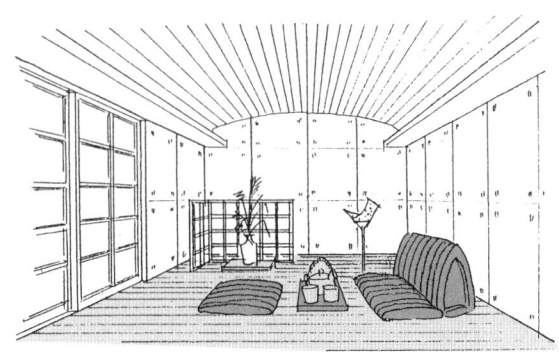

コンクリート打放し壁の現代数寄屋造り

9．伝統和風

　和風空間ではなく，伝統に則した和室を伝統和風と称します。しかし，実際に見る和室は，マンションをはじめ簡略化したものがほとんどです。現代の生活にはこのほうが適合する，という意見もありますが，簡略化のためにも，伝統的和室を学んでおくことが必要です。

　なかでも，格の高い**書院造り**には，**床の間**，**違い棚**，**付書院**といった**座敷飾り**が設けられます。これに**床柱**，**落し掛け**がともない，**掛け軸や生け花**，**香炉**など床の間飾りの美術工芸品が，格調の高さを演出します。装飾を排除した空間にあって，床の間が唯一の装飾鑑賞空間になります。おもに来客の接遇空間であるため，来客に合わせた床の間飾りや季節に合わせるなど，住まい手の精神性が込められるスペースになります。

　和室では視線が低くなることから，天井も大きなポイントになります。書院造りでは，伝統的な**格天井**，**竿縁天井**，**中杢・板・柾**などの**板天井**などが採用されています。

　格式の書院造りに対し，洗練され洒落た印象，軽快でくだけた造りの和室を，慣習的に**数寄屋造り**と称しています。日本の建築史での扱いは，書院造りの系統とされますが，インテリアデザインの世界では，数寄屋造りとして，上記の概念で広く認識されています。

　もともと「数寄」とは，和歌や茶の湯，生け花など風流を好むことで，数寄屋造りとは好みに任せて造った和室を指します。特に風流を競う料亭や，住宅でも風雅な和室に採用されます。書院造りの要素が減少し，床の間回りが簡略化・小型化され，表現が自由で多彩になります。また，長押も省略されるなど，さまざまに格式が排除されていきます。天井も船底天井，勾配天井，照明埋込み天井など自由な表現で，仕上材も，板材のほか，竹や草木，網代など多岐にわたります。

演習課題 04　　写真からインテリアスタイルを分析する

■インテリアスタイルを読み取り，要素を分析しましょう。各自が持参したインテリア写真のスタイルシートを作成し，スタイルマトリックスに配置しましょう。

1．枠内にインテリア写真を貼る。
2．ベースカラーやアソートカラー，アクセントカラーの中で，スタイルに関連する色彩を抽出する。
3．本書で取り上げたインテリアスタイルの中から，当てはまるスタイル名を選び，記入する。
4．文章で解説する（箇条書きでよい）。
5．スタイルマトリックス（44頁／教員が大きく板書したもの）の上に配置する。

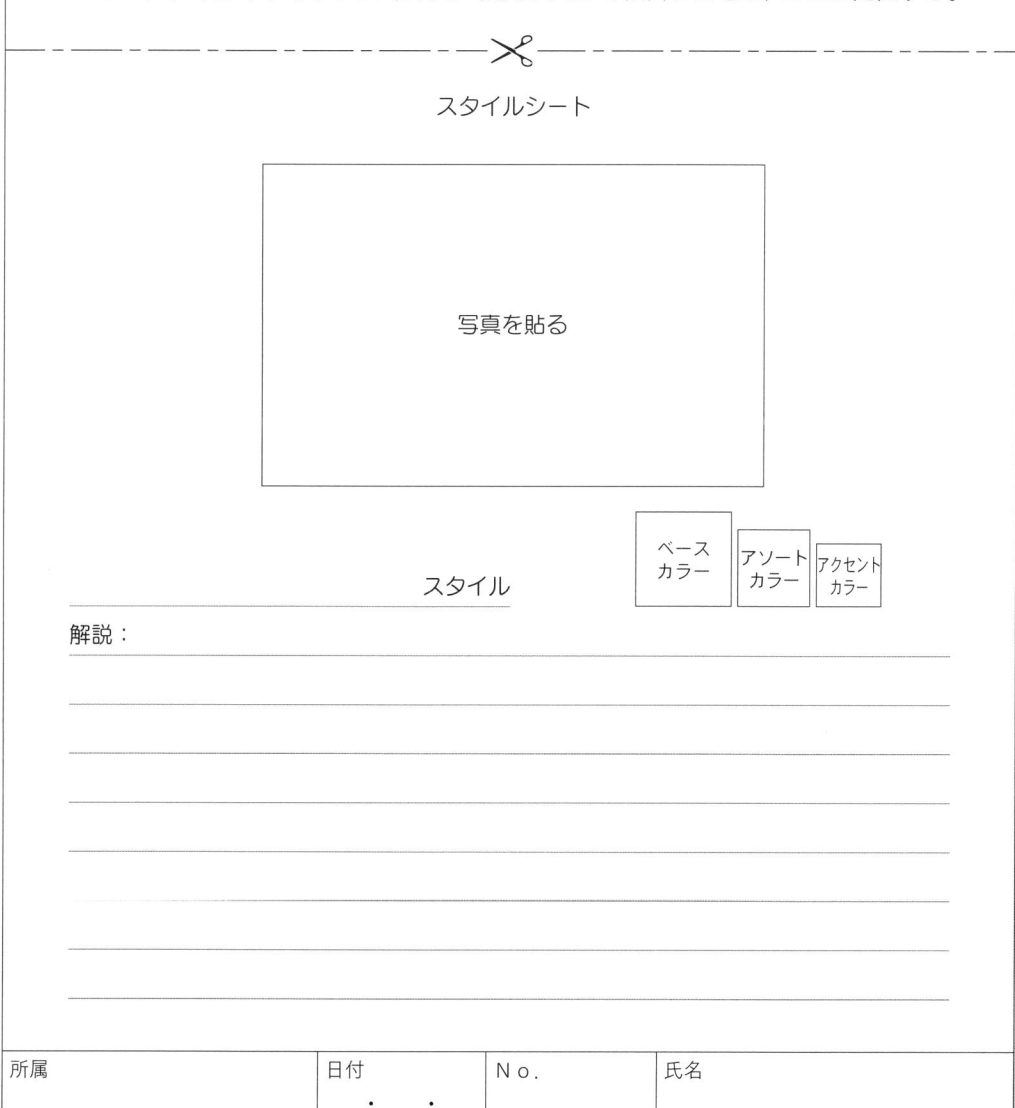

---------------------------✂---------------------------

スタイルシート

写真を貼る

スタイル　　　　　ベースカラー　アソートカラー　アクセントカラー

解説：

| 所属 | 日付 ． ． | No. | 氏名 |

5 家具デザイン

ここでは，家具デザインのために必要な基礎的知識について学びます。家具の種類とその基本構造，そしてレイアウトについて学びます。名作家具についても，簡単に説明を加えました。

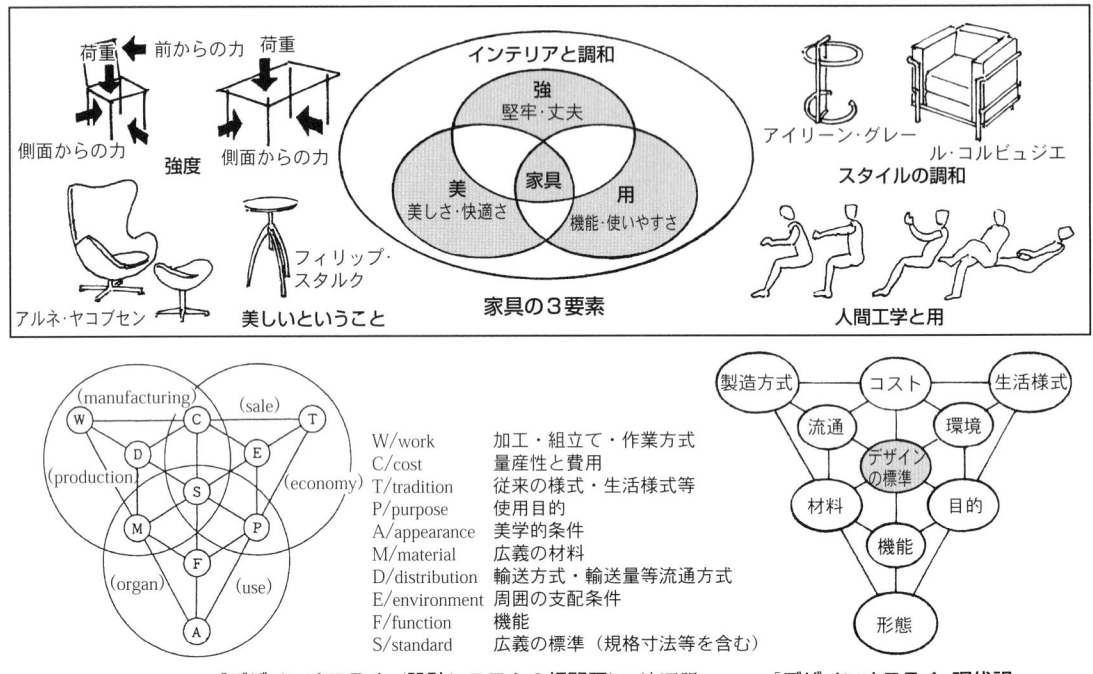

図：強度（荷重・前からの力・側面からの力）／美しいということ（アルネ・ヤコブセン、フィリップ・スタルク）／家具の3要素（インテリアと調和：強＝堅牢・丈夫、美＝美しさ・快適さ、用＝機能・使いやすさ）／スタイルの調和（アイリーン・グレー、ル・コルビュジエ）／人間工学と用

「デザインすごろく」（設計システムの相関図）：池辺陽

W/work　　　　加工・組立て・作業方式
C/cost　　　　量産性と費用
T/tradition　　従来の様式・生活様式等
P/purpose　　使用目的
A/appearance　美学的条件
M/material　　広義の材料
D/distribution　輸送方式・輸送量等流通方式
E/environment　周囲の支配条件
F/function　　機能
S/standard　　広義の標準（規格寸法等を含む）

「デザインすごろく」現代訳：製造方式、コスト、生活様式、流通、環境、デザインの標準、材料、目的、機能、形態

1. 家具デザインの要点

家具は，私たちが日々の生活のなかで使用する暮らしのための道具です。ですから，①丈夫で使用に耐えること，②使いやすく用途に適していること，さらに，③生活に快適性をもたらす美しさを備えていなければなりません。いわゆる「強・用・美」の3要素です。

第1要素の「強」は堅牢性のことで，家具の場合は素材や構造，工法と関連します。これについては，この章で扱っていきます。第2要素の「用」は機能性のことで，人間工学や経験が必要です。人間工学に関しては11章を参考にして下さい。第3要素の「美」は，これまで多くのデザイナーが考えてきた蓄積があります。過去の作品が参考になるでしょう。できるだけ多くの名品を見て，審美眼を養うことが必要です。

そのほか，無視できないのがコストです。これは，材料価格，製造価格，流通価格によって変わってきます。

ここでは，こうしたさまざまな要点の関連性がわかるように，「デザインすごろく」と呼ばれる図を掲載しました。参考にして下さい。図は，デザインには9項目が関連しており，これを満たせばよいものができるということを示しています。

それでは，家具と他のプロダクト製品のデザインの違いはいったい何でしょうか。

家具は，家具店で購入できる量産品だけでなく，特注品もあれば，有名デザイナーの名作家具もあります。他のモノと違うのは，置かれる場所との関係が非常に強く，インテリア全体としての調和が必要だということです。全体を統一感をもってデザインすると，スタイルが生まれます。インテリアスタイルについては，4章を参照して下さい。

家具の場合，単独では良いモノでも，置かれる場所との調和がとれていなければ，良さは半減してしまいます。場所との調和が重要という点では，ファッションデザインと似ています。

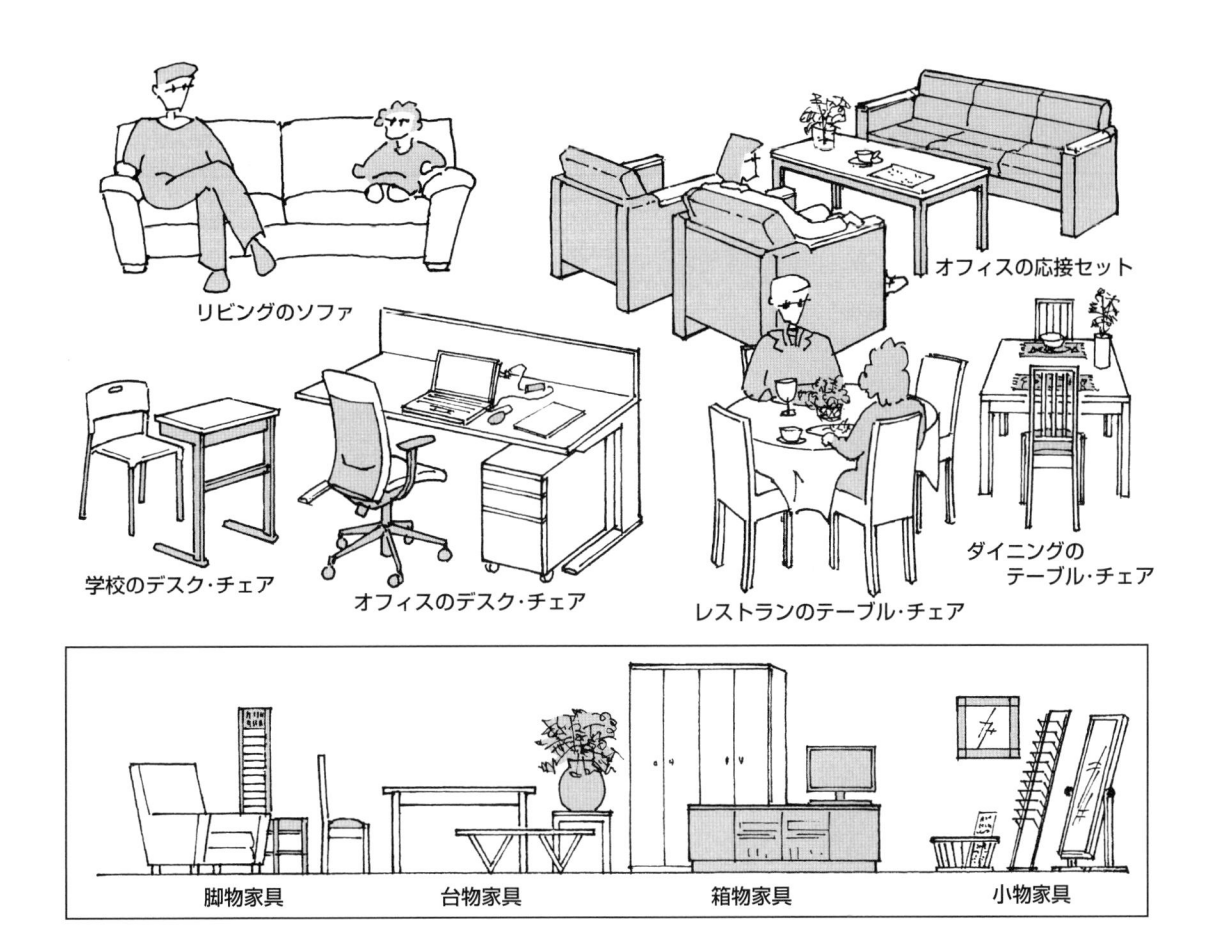

リビングのソファ　　　オフィスの応接セット

学校のデスク・チェア　オフィスのデスク・チェア　レストランのテーブル・チェア　ダイニングのテーブル・チェア

脚物家具　　台物家具　　箱物家具　　小物家具

2. 家具の分類

　一般に，家具はオフィス用，家庭用，店舗用，学校用というように，建物の種別による分類があります。さらに使用空間別の分類で呼びます。例えば，住宅ならば，リビングルーム用，ダイニングルーム用，寝室用，子ども部屋用といった具合です。これは，空間と用途に応じて家具に求められる内容が違うからです。パブリックスペース用とプライベートスペース用で大きく区分することもあります。

　身近な家具を見てみましょう。通常，オフィス用は金属が，家庭用は木製が多いことに気づくでしょう。これは，オフィス用は靴を履いたままのオフィスの床で，不特定多数が使うのに対して，家庭用は，靴を脱いだ住宅の床の上に置いて，家族が使うことを想定しているからです。

　家庭用ダイニングセットとオフィス用デスクとチェアを比べてみましょう。ダイニングセットは，住宅で食事を食べやすいように寸法や形が決められているだけでなく，手触りが良く，落ち着きと愛着のあるデザインになっています。

　一方，オフィス用は，使う人の体形に合わせられるよう，また作業効率が上がるように，チェアにさまざまな機構が組み込まれ，大量生産できる生産性と丈夫さを考慮したデザインになっています。建物別・空間別の分類は，ユーザーやデザイナーが家具を選択しやすい分類といえます。

　従来型の家具の分類法として，形態による分類があります。**脚物家具**，**台物家具**，**箱物家具**の3種類で，**小物家具**を加えて4種類とすることもあります。この呼び名は，おもに業界用語として生産現場や流通現場で使用され，一般に流布しているものです。

　このほかに，人間工学に基づく機能による分類があります。これについては11章を参照して下さい。

5　家具デザイン

53

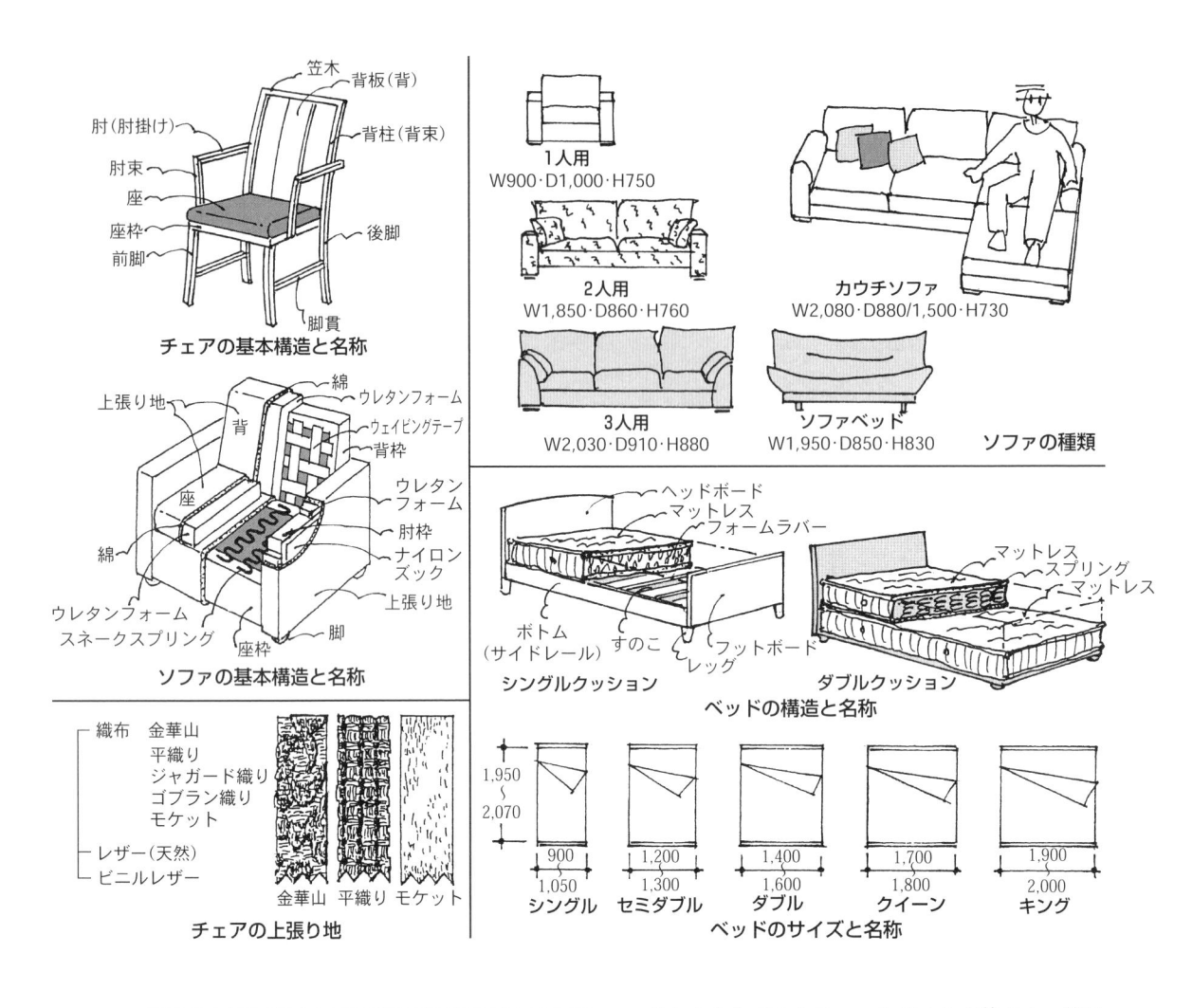

3. チェア・ソファ・ベッド

チェアの基本構造は、身体を支える座、背とそれらを支える脚部からなります。肘掛けタイプの場合は、これに肘と肘束（肘木）がつきます。座は、座枠を組んで張り込みをするか、合板に張り込みをするのが一般的です。張り込みをしないで、皮革や布、籐をそのまま座に使用することもあります。

背部は、貼り加工のない場合、笠木や背束、背貫などからなります。縦方向のラインの背をスポークバック、横方向のラインの背をラダーバックと呼びます。脚には、強度を増すために脚貫をつけることがあります。脚貫どうしをつなぐ貫は、トンボ貫と呼びます。

チェアには、さまざまな機構が考案されています。例えば、背部の傾斜角度を付けるリクライニング、回転位置を戻すオートリターン、前後に揺れるロッキング、積み重ねできるスタッキング、折りたたみできるフォールディング等です。特に、事務作業用の椅子にはさまざまな機構が組み込まれています。パソコンを使うVDT（ヴィジュアル・ディスプレー・ターミナル）作業のための座面の前傾機能などです。

ソファの構造は、下部のスプリング材とその上のクッション材で構成されています。座り心地を良くするために、見えないところにいろいろな工夫がされています。

ベッドの寝心地を左右するのは、マットレスです。マットレスとは、スプリングやフォームラバーの入った厚手マットのことです。ベッドの形式には、ダブルクッションとシングルクッションがあります。スタイルは、ヘッドボードとフットボードがあるヨーロピアンスタイルと、ヘッドボードのみのハリウッド（アメリカン）スタイルがあります。大きさは、シングル、セミダブル、ダブル、クイーン、キングサイズがあります。

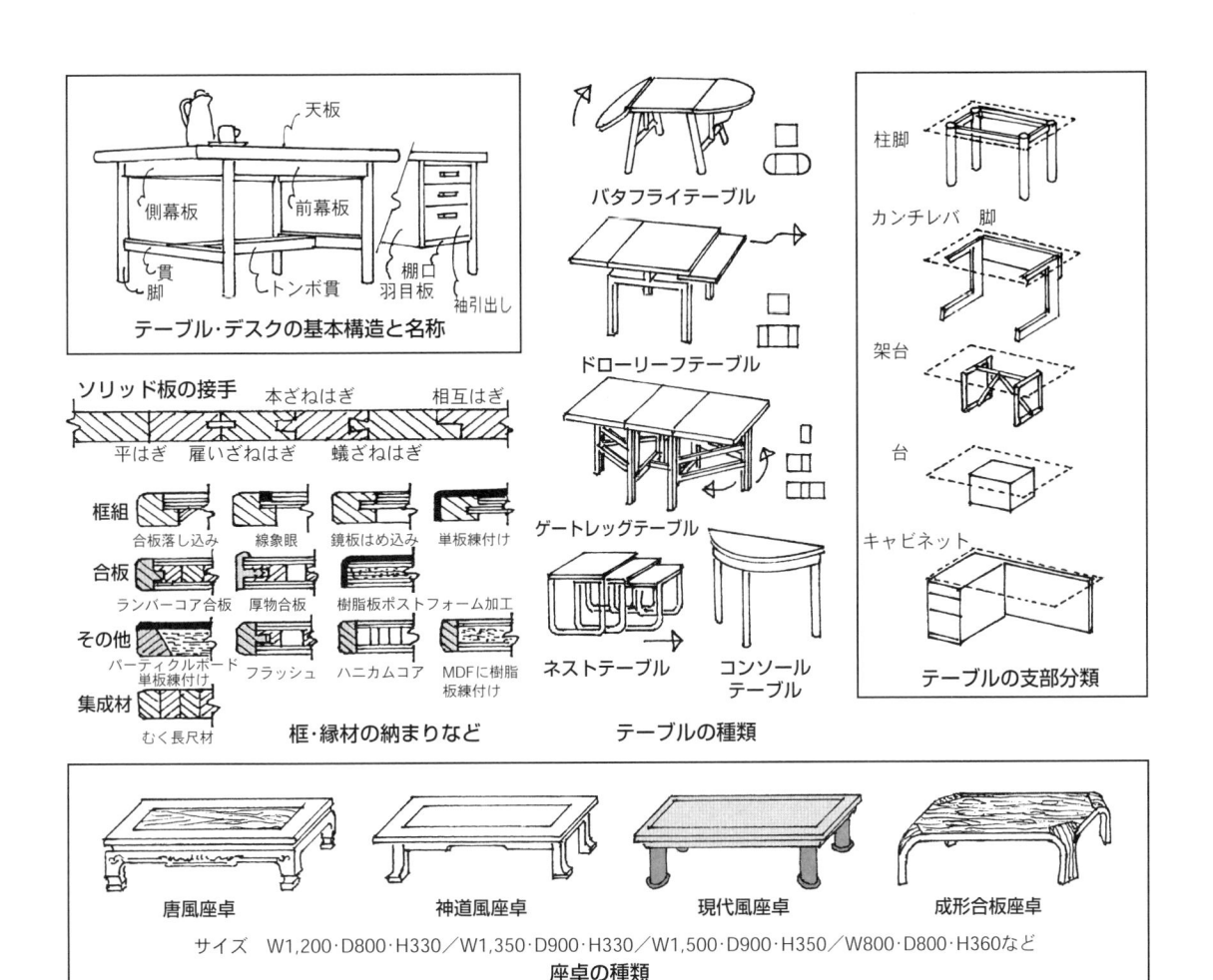

4. デスク・テーブル

　デスクとテーブルの違いは，テーブルが二方向以上から使用できるようになっているのに対して，デスクは，引き出しなどの収納部分がつき，作業性から一方向の使用に限定される点です。

　デスクやテーブル類は，使い勝手によって大きさと素材を決定します。高さについては，使用する人の姿勢で決まります。立って使用する立位の場合は作業点が，椅子に座る場合は，座面とテーブルトップとの寸法関係が重要です。これについては，11章の人間工学の説明を参照して下さい。和室で使う座卓の場合は，30～35cmの高さが一般的です。

　デスクやテーブルで特に重要なのは，モノをのせる上部の天板（甲板）です。天板には，無垢（ソリッド）材や框組，合板などが使われます。無垢板を何枚か接いで天板を作る場合，反りや割れを防ぐために，継手が必要になります。框組は，四周枠である框に板をはめ込んだ構造です。合板の場合は，表面を薄い仕上材で覆って，小口を縁材で納めます。小口は，丈夫であることが必要ですが，エッジの素材と厚みでずいぶん印象が異なります。

　テーブルの種類はいろいろあります。天板の長さが伸縮できるエクステンションテーブルには，天板の折りたたみ部分を出して使用するバタフライテーブル，天板の下から伸縮部分を引き出して使うドローリーフテーブルがあります。天板の折りたたみ部分を補助脚で支えるテーブルは，橋の形に似ていることからゲートレッグテーブルと呼ばれます。

　このほか，大中小重ねられる入れ子状になったネストテーブル，壁付けに装飾用に使うコンソールテーブル，補助テーブルとして横に置いて使うサイドテーブルなどがあります。

　デスクやテーブルを支える台や脚にも，図のようなさまざまな形があります。

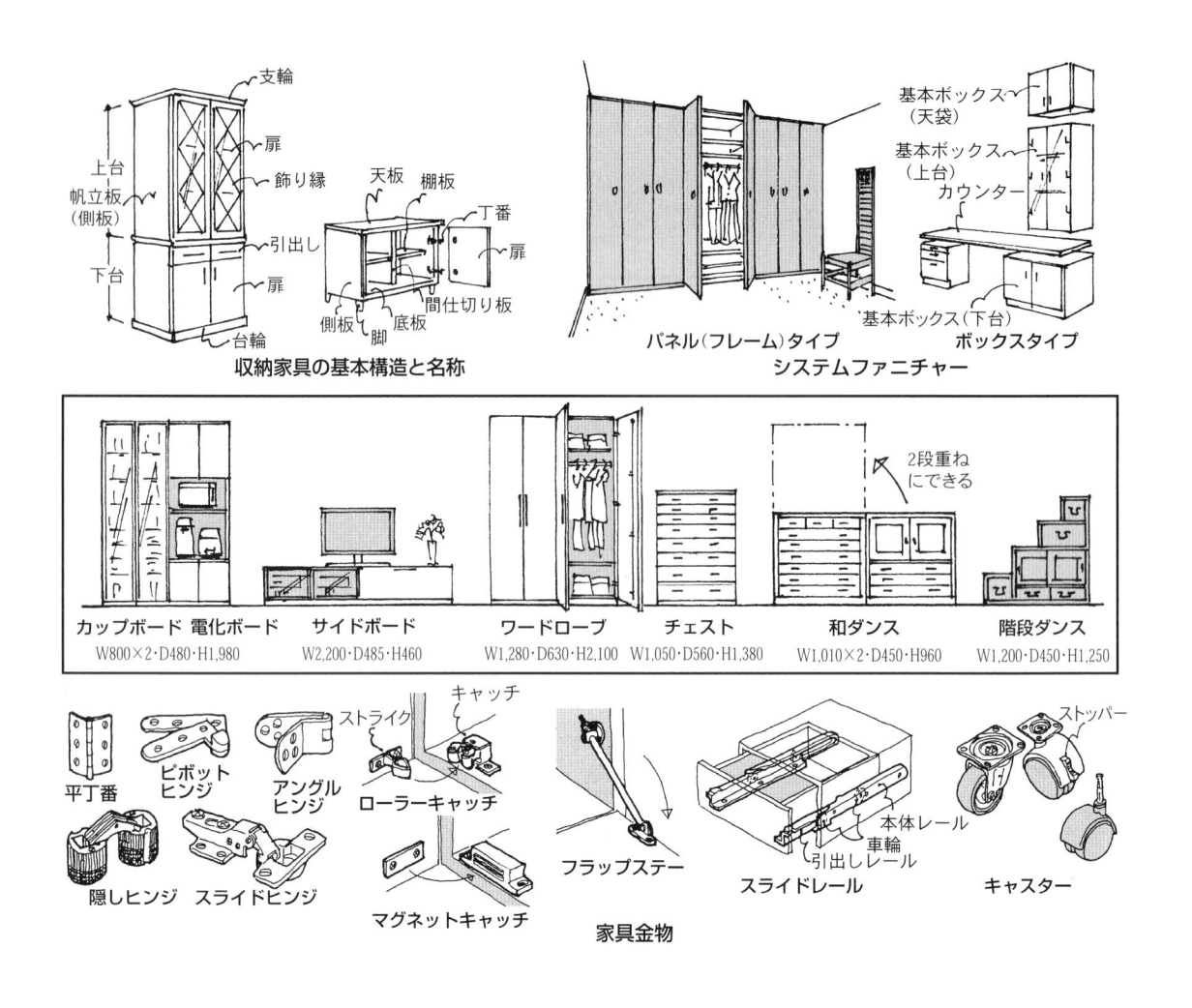

5. 収納家具と家具金物

収納家具

単品家具の構造は，床との取り合いの土台部分の台輪と天板部分の支輪，箱体の下台・上台などからなります。壁面に納めるビルトインタイプの場合，上部は幕板で納めます。

システム家具（ユニット家具）とは，ボックスやパネルを組み合わせて作る家具をいいます。箱状のものを組み合わせるボックスタイプと，パネル状のものを組み合わせて作るパネルタイプがあります。ボックスタイプを「ユニット家具」，パネルタイプを「ビルトイン家具」と呼ぶこともあります。

特徴的な収納家具として，食器を飾るカップボード，リビングで用いるサイドボード，洋服を吊るして収納するワードローブがあります。日本の伝統的な和家具では，階段状の階段ダンスや車のついた車ダンス，和服を入れる和ダンスなど，特徴的なものがあります。

家具金物

開き扉を取り付けるための丁番（蝶番，ヒンジ）には，一般的な平丁番のほか，扉の調節のできるスライドヒンジ，外観を重視した隠しヒンジなど，さまざまな種類があります。また，扉を止めるためのキャッチには，マグネットキャッチ，ローラーキャッチなどがあります。

扉を90°開いた位置で支えるには，ステーが使われます。引出しのスライドをスムーズにするために，スライドレールが使われます。

脚部の金物としては，椅子やワゴンの移動を容易にするために付ける車輪をキャスターといいます。また，収納家具の設置を調整するためのアジャスターや，床に傷をつけにくくするための金物のグライド（ドメス）があります。この他，現場で組み立てるノックダウン家具のためには，組立て用のさまざまな金物があります。

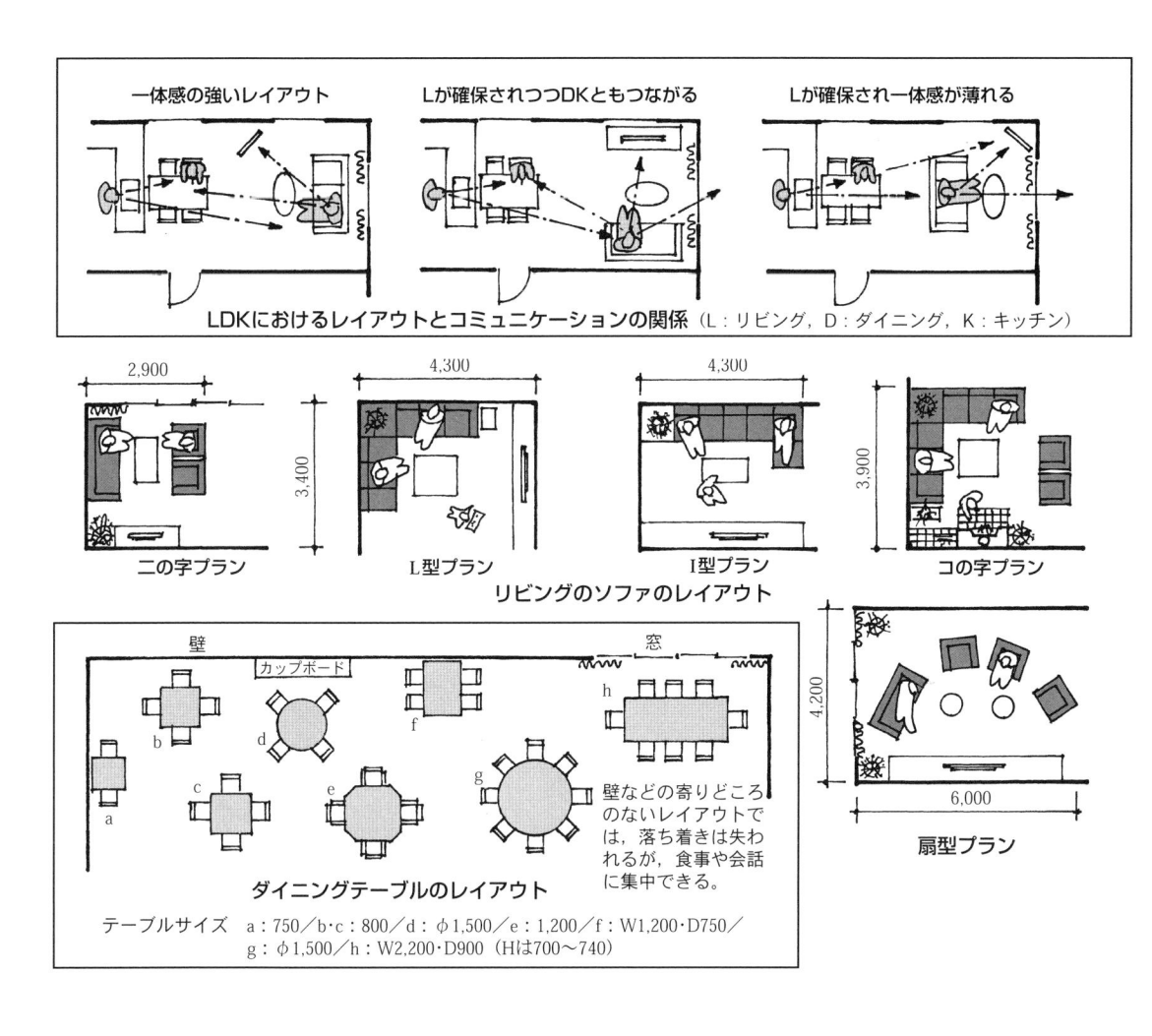

LDKにおけるレイアウトとコミュニケーションの関係（L：リビング，D：ダイニング，K：キッチン）

- 一体感の強いレイアウト
- Lが確保されつつDKともつながる
- Lが確保され一体感が薄れる

リビングのソファのレイアウト
- 二の字プラン
- L型プラン
- I型プラン
- コの字プラン
- 扇型プラン

ダイニングテーブルのレイアウト

壁などの寄りどころのないレイアウトでは、落ち着きは失われるが，食事や会話に集中できる。

テーブルサイズ　a：750／b・c：800／d：φ1,500／e：1,200／f：W1,200・D750／g：φ1,500／h：W2,200・D900（Hは700～740）

6. 家具のレイアウト—住宅

　部屋に家具をレイアウトすることで、部屋の使い方が定まり、部屋の雰囲気が形づくられます。レイアウトの基本は、人の動線を考え、動作のために必要なスペースを考慮することです。しかし、これだけでは使いやすくても気持ちの良い空間にはなりません。さらに、適切な大きさ、適切な距離、適切な方向が必要です。人と人、人とモノの関係を作り出し、落ち着きや格調といったものを引き出します。

　ここでは、食事とくつろぎの場であるLD空間を取り上げてみましょう。なお、動作空間については、11章の人間工学を参照して下さい。

　リビングとダイニングのそれぞれの位置は、キッチンの位置によっておおよそ決まります。問題はその関係です。リビングとダイニングをそれぞれ落ち着いた場所にしたければ、キャビネット類で区切ります。スペースの余裕がないときには、それぞれの椅子の背もたれを向ければ、スペース間の視線が交わらず、別の空間として認識されて落ち着きが生まれます。逆に、一体感やつながりを作り出したいときは、視線が交わるようにレイアウトします。

　リビングのソファのレイアウトだけを取り上げれば、対面型は改まった感じですが、L型に配置すれば親密感が増します。ダイニングスペースの場合、変化はつけにくいですが、一端を壁付きにすると落ち着きがでます。また、テーブルを長方形から楕円や円形に変更すれば、より求心性が生まれ親密度が増します。

　この他、西洋には伝統的な家具配置があります。例えば、部屋の中心軸にシンメトリーにキャビネットやテーブルを配置する方法、窓間壁（ピア）の中央に装飾用のコンソールテーブルなどを飾る方法などです。

　ベッドのレイアウトでは、ベッドとベッド、壁、家具との間隔・距離が重要です。

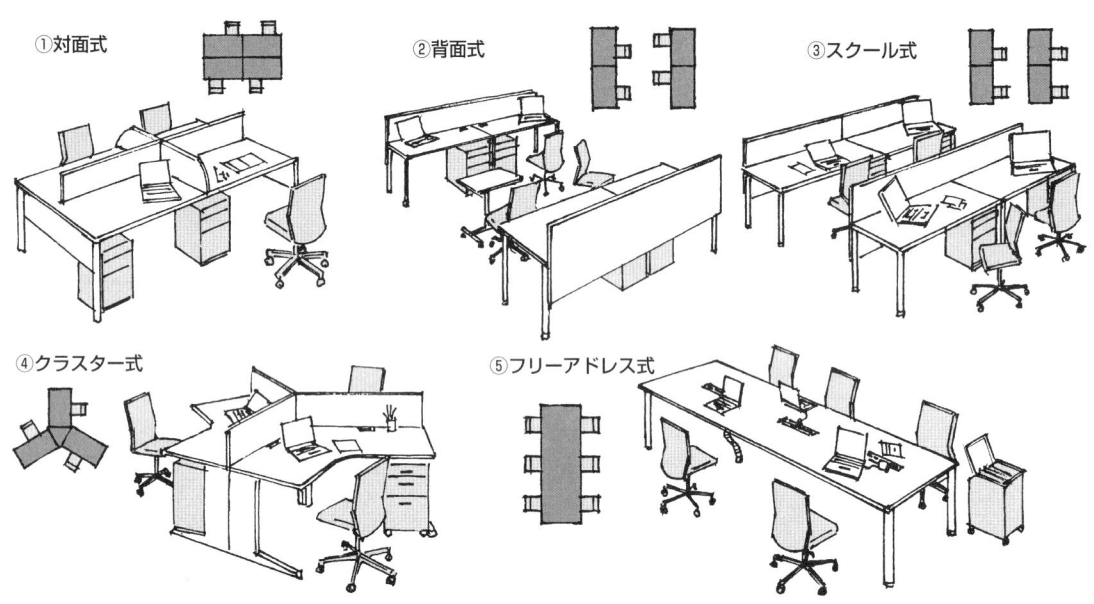

レコードマネジメントのキャビネット方式

執務スペースのデスクレイアウト

7. 家具のレイアウト―オフィス

オフィスの中にも，さまざまなスペースがあります。ここでは，オフィスの中心である執務スペースの家具レイアウトについて取り上げます。

執務スペースでは，パソコンやその周辺機器との関連とレコードマネジメントを考慮してレイアウトを考えなくてはなりません。レコードマネジメントとは，文書情報・電子情報を発生から保管・廃棄までコントロールすることです。収納物の大きさや分量を把握し，保管方法を計画します。収納庫としてのキャビネットは通常，壁付け型，間仕切り型，カウンター型などの処理があります。

執務スペースでは，ワーカーたちは個人の業務とチームでの業務をひとつのフロアで遂行できる環境を求めています。家具レイアウトによって，集中とコミュニケーションのしかたが変わります。代表的なタイプを図示して説明しましょう。

対面式（対向式，島型）は，従来型のレイアウトです。対面しているため集中しにくいのですが，常に全体の状況を把握することができます。

背面式は，個人の業務は集中してでき，しかも向きを変えることでコミュニケーションがとれるレイアウトです。

スクール式は，同一方向を向くため，ある程度のプライバシーが守られます。銀行など客に対面する必要がある場合に使用されます。

クラスター式は，集中とグループ間のコミュニケーションの両方を効率よく図れ，プロジェクトチームなどに使用されます。欠点は，スペース効率が悪いことです。

フリーアドレス式は，個人専用の場所を作らず，各自がノートパソコンと携帯電話を持ち，空いた席を使って仕事をする方法です。在室率が低い職種に使用することで，床面積を増やさずに実質的な机上面積を増やすことができます。

この他，収納やOA機器，打合せエリアのレイアウトも執務スペースの重要な要素です。

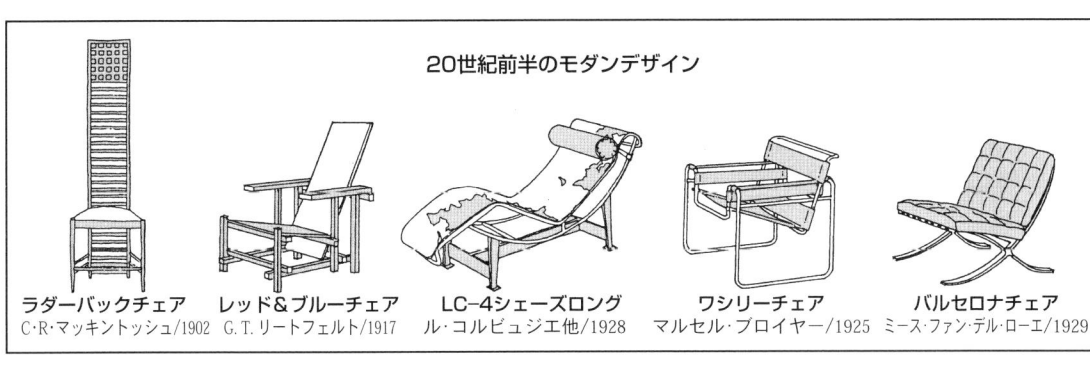

20世紀前半のモダンデザイン

ラダーバックチェア	レッド&ブルーチェア	LC-4シェーズロング	ワシリーチェア	バルセロナチェア
C・R・マッキントッシュ/1902	G.T.リートフェルト/1917	ル・コルビュジエ他/1928	マルセル・ブロイヤー/1925	ミース・ファン・デル・ローエ/1929

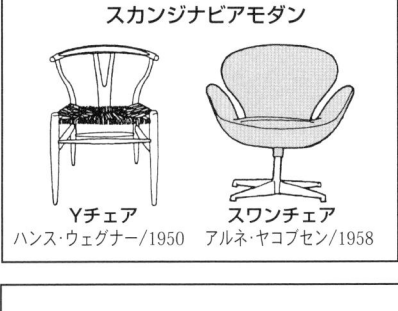

スカンジナビアモダン

Yチェア	スワンチェア
ハンス・ウェグナー/1950	アルネ・ヤコブセン/1958

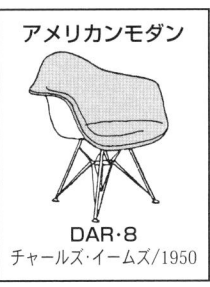

アメリカンモダン

DAR・8
チャールズ・イームズ/1950

イタリア

ファースト
ミケーレ・デ・ルッキ/1983

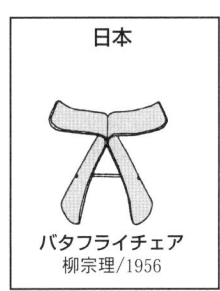

日本

バタフライチェア
柳宗理/1956

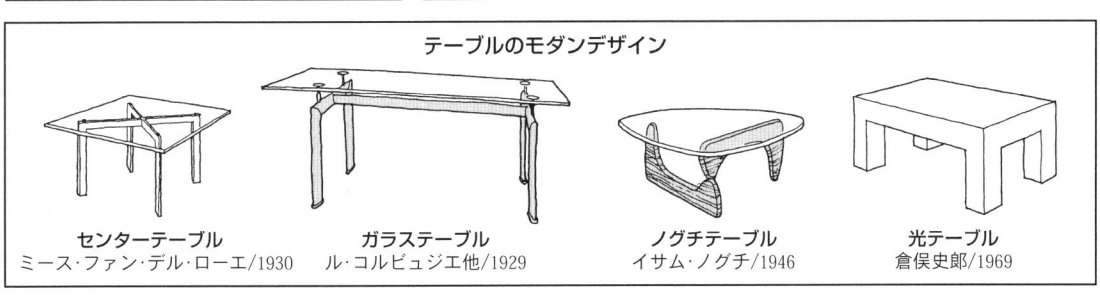

テーブルのモダンデザイン

センターテーブル	ガラステーブル	ノグチテーブル	光テーブル
ミース・ファン・デル・ローエ/1930	ル・コルビュジエ他/1929	イサム・ノグチ/1946	倉俣史郎/1969

8. モダン家具のデザイン

19世紀後半から20世紀にかけて、新しい時代に適合したデザインを模索する活動が興りました。新しい試みの中では、これまでになかった特徴的な家具デザインが生まれました。特に、イギリス人建築家チャールズ・レニー・マッキントッシュや、「デ・スティル」のメンバーだったG.T.リートフェルト、フランス人建築家ル・コルビュジエ、バウハウスのメンバーだったマルセル・ブロイヤーやミース・ファン・デル・ローエの家具は、記念碑的作品として有名です。

第二次世界大戦後のデザインの流れは、北欧（スカンジナビア）、アメリカ、イタリアに分けて考えることができます。

スカンジナビアデザインは、木の温もりのある工芸的手法や有機的な形態が特徴です。特にデンマークのアルネ・ヤコブセン、ハンス・ウェグナーの家具は、今も親しまれています。

これに対し、アメリカのデザインは、バウハウスの流れをくんだ機能主義的デザインで、大量生産できる工業生産品です。チャールズ・イームズの家具は特に有名です。

アメリカの機能主義的デザインと対照的なのがイタリアのデザインです。遊び心のあるユニークな形と色彩が特徴で、1980年代には前衛的なポストモダニズムの家具も発表されました。

また1980年には、オフィスのOA化に対応した前傾機能をもつ事務用椅子が、西ドイツから発表されました。これら、新しい家具デザインには、金属や成型合板、FRP（強化プラスチック）、発泡ウレタンなど、新しい素材が使用されており、シンプルで素材の特性を生かした特徴的な形態が可能になりました。

日本人では、ジャパニーズモダンを提唱した剣持勇、FRPや成型合板に挑戦した柳宗理、前衛的作品を作った倉俣史郎などが有名です。

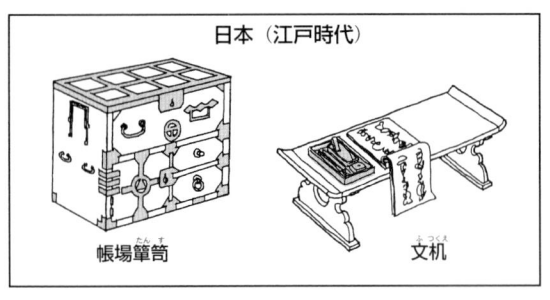

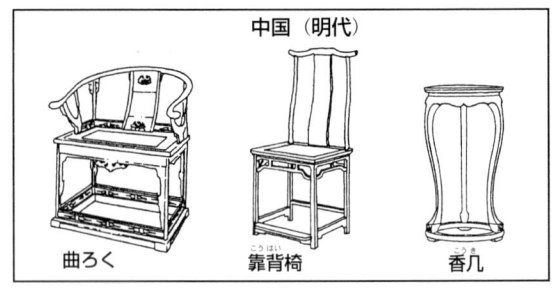

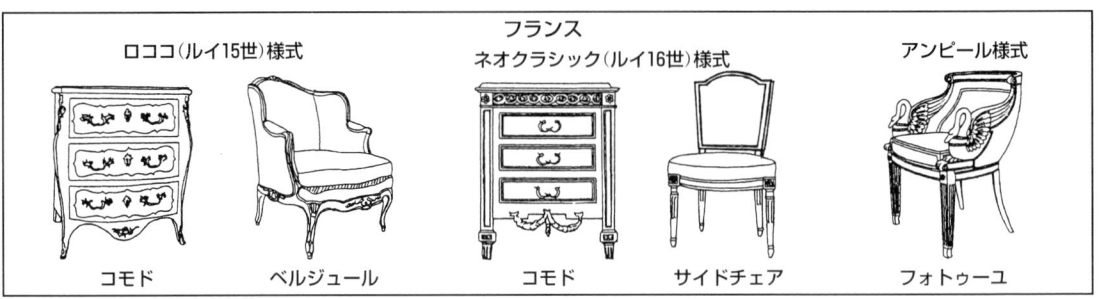

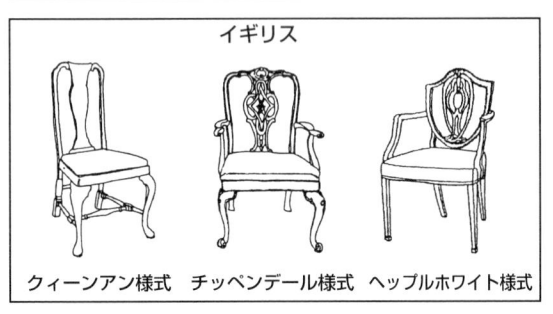

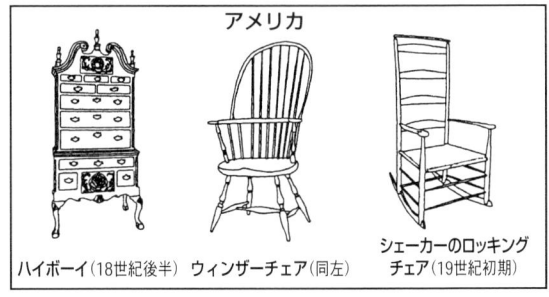

9. クラシック家具のデザイン

現代でも使われる伝統的な家具デザインには、和家具のほか、中国と西洋の家具があります。

日本では、歴史的に椅子が普及しなかったため、和家具では、卓や収納家具が中心です。デザイン的には、割れ止めの役目を果たす千切りや金具が、強調的・装飾的なのが特徴です。

中国の家具では、黒檀など珍しい堅木を使ったものが多く、「曲ろく」といわれる背もたれと肘掛けが、1本の棒でつながった椅子は特徴的です。明代のレプリカで明式家具も人気があります。

フランスの代表的デザインとしては、ロココ（ルイ15世）様式とネオクラシック（ルイ16世）様式、アンピール（ナポレオン）様式があります。家具だけではなく、部屋全体まで統一されたインテリアスタイルです。ロココ様式は曲線的な形態が特徴なのに対して、ネオクラシック様式は直線的なデザインが特徴です。アンピール様式は、サーベル型の脚や渦巻き状の肘掛けなど、シンボリックな形態が特徴です。いずれも上流階級を中心に広まったデザインで、現代ではホテルやレストランなど高級感が要求される場所で使われています。

イギリスの代表的デザインは、18世紀の家具デザインで、クィーンアン様式、チッペンデール様式、ヘップルホワイト様式、シェラトン様式などがあります。オープンワークの背もたれが特徴的な形をしています。重厚でありながら高級感を備えているので、現代ではホテルやバー、ショップのインテリアに使われています。

アメリカの家具では、植民地時代のコロニアル様式と呼ばれるデザインが特徴的です。なかでも、イギリスのウィンザー地方で生まれたウィンザーチェアは、丈夫で美しく製作しやすいことから、アメリカで発達しました。日本では、喫茶店でよく見かける家具デザインです。シェーカー教団の家具は、自給自足の生活から生まれた素朴な形が特徴です。

演習課題 05　　　　　　　レッド＆ブルーチェアを作る

■G.T.リートフェルト（1888～1962 オランダ生まれ）のレッド＆ブルーチェアを作ってみましょう。

1．部品を作る（縮尺 1/5）。
2．色をつける（水性ペイントまたはラッカー）。
3．組み立てる（接着剤）。

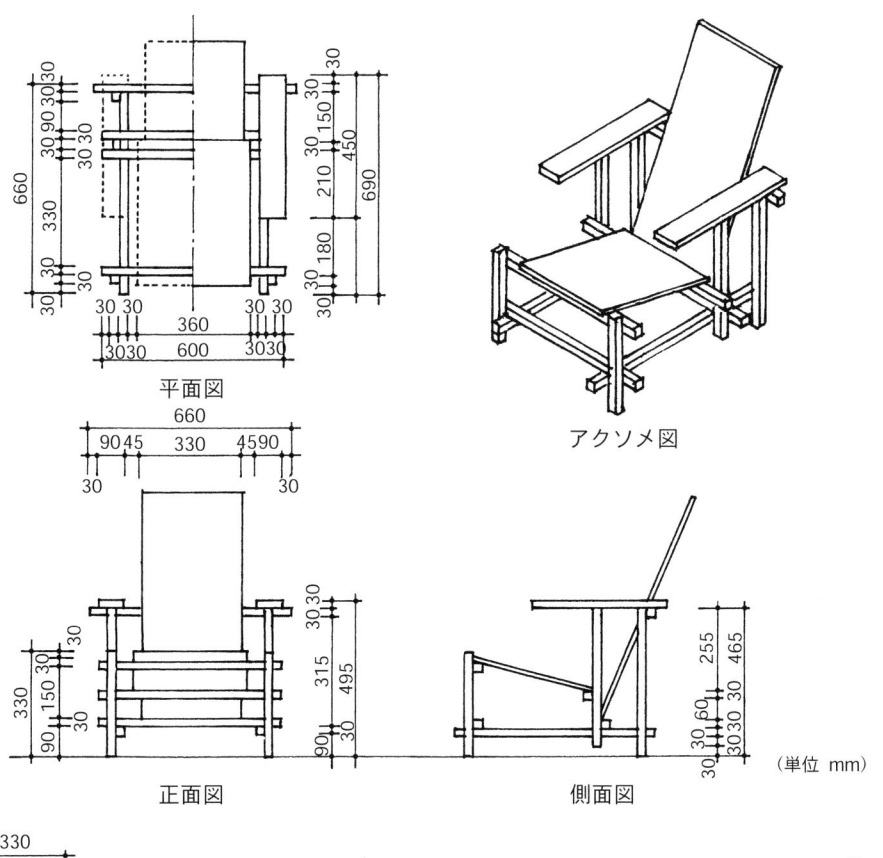

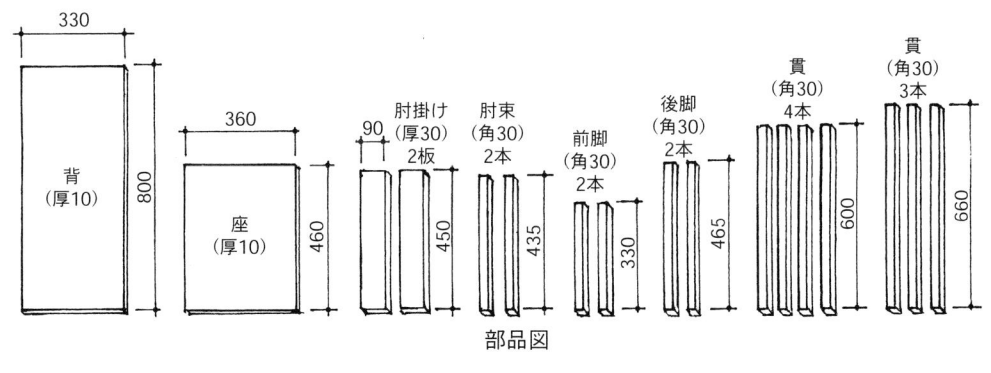

平面図

アクソメ図

正面図

側面図

（単位 mm）

部品図

背（厚10） 800×330
座（厚10） 360×460
肘掛け（厚30） 2板 450×90
肘束（角30） 2本 435
前脚（角30） 2本 330
後脚（角30） 2本 465
貫（角30） 4本 600
貫（角30） 3本 660

| 所属 | 日付 | No. | 氏名 |

5 家具デザイン

6 ウインドートリートメント

この章では、ウインドートリートメントについて、その伝統や種類、デザインなどを解説しています。インテリアの仕上げに、色彩や表情を加えて、効果的なインテリアをつくりだすエレメントです。

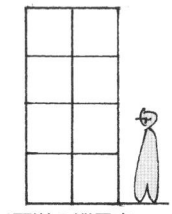

◀西洋の縦長窓

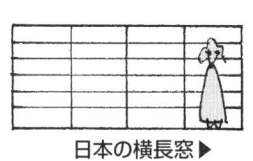

日本の横長窓▶

1. ウインドートリートメントの伝統

カーテン、ブラインド、シェードなど、窓や開口部に掛けるものを総称してウインドートリートメントといいます。日本の簾も含まれますが、西洋起源のカーテンとは由来が異なります。知識を学び、確かな視点をもってデザインできるようになりましょう。

西洋の伝統：縦長窓

カーテンのルーツは西洋です。その文化の中心は、長い間イタリアやフランスでした。そこでは、建築の中心は石造で、必然的に窓や開口部は限られ、幅狭く、縦長となります。また石の冷たさや寒さを補うため、壁にはタペストリー、ベッドの周囲には天蓋など、布をあしらう習慣がありました。また壁面には、常に装飾が必須とされた背景もあり、時代や様式とともに変化した窓枠・窓型のデザインに合わせ、装飾性の高いカーテンが使われるようになり、スタイルをつくりました。

日本の伝統：横長の開口

日本の建築は、柱と梁の軸組構造です。これに壁や建具が建て込まれますが、横長のワイドな開口が可能です。また、高温多湿な気候・風土からも、大きく開口を設け、風を通し、自然と一体化した住まいを理想として、伝統的和室空間がつくられてきました。簾や座敷簾、御簾、暖簾などの開口部への室礼は、装飾目的より、むしろ、遮蔽（目隠し）や遮光、間仕切りなど機能性が求められたのです。

日本にカーテンが入って来たのは、明治時代と推察されます。欧化思想のもと、洋館の生活が始まって以降で、インテリア全般も海外の模倣からスタートしました。戦後、昭和30年代、公団住宅による集合住宅の供給以降、カーテンは急速に一般家庭に浸透し、他の窓装飾、シェードやブラインドへと広がっていきます。

▲上方からの直射光をカットする

▲寝室では音と光のコントロール

▲外の景色を柔らかく遮断する

▲ダイニングでは、一日の光のコントロール

光・音・視線のコントロール

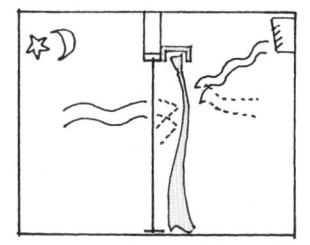

空調効果

風・通気のコントロール

ウインドートリートメントの機能

2. ウインドートリートメントとは

　ウインドートリートメントの素材は、一般に布地が中心です（ブラインドはアルミ合金やガラス繊維が中心ですが）。そのため表現の自由度が高く、多彩な表情が演出できます。それだけに、装飾性を中心にイメージしがちですが、ここでは、機能をまとめてみます。

光をコントロール

　光を遮断し暗幕効果をもつ**遮光性能**から、適度な光の採り入れまで、その段階はウインドートリートメントの種類や素材で変わります。光のコントロールは開閉の調節で行い、状況に合わせ、上下や左右の開閉方向を検討します。

視線をコントロール

　プライバシーの確保のため、内部を見せない機能と、逆に見たくない外の景色を遮断する両方の機能があります。これも素材の選択や開閉の程度、開閉方向で調節することができます。間仕切りの場合も同じです。

音をコントロール

　厚手の布地には、**吸音性能**があります。室内で発生する音を吸音することで、結果的に外漏れを軽減し、逆に外部の騒音の室内への透過を軽減することになります。

空調効果を高める

　ペアガラスなどを除いて、一般の板ガラスには、**断熱性**はありません。そのため**空調効果**を高めるには、環境問題対策からも、何らかのウインドートリートメントの装備が望まれます。今後ますます注目される機能です。

操作性能

　容易な開閉性や調節性など操作の良さが、結果的に機能性を向上させます。使用場面に応じ、適切な操作機構のトリートメントの選択が望まれます。

シェード

カーテン

スクリーン

シェード

ブラインド

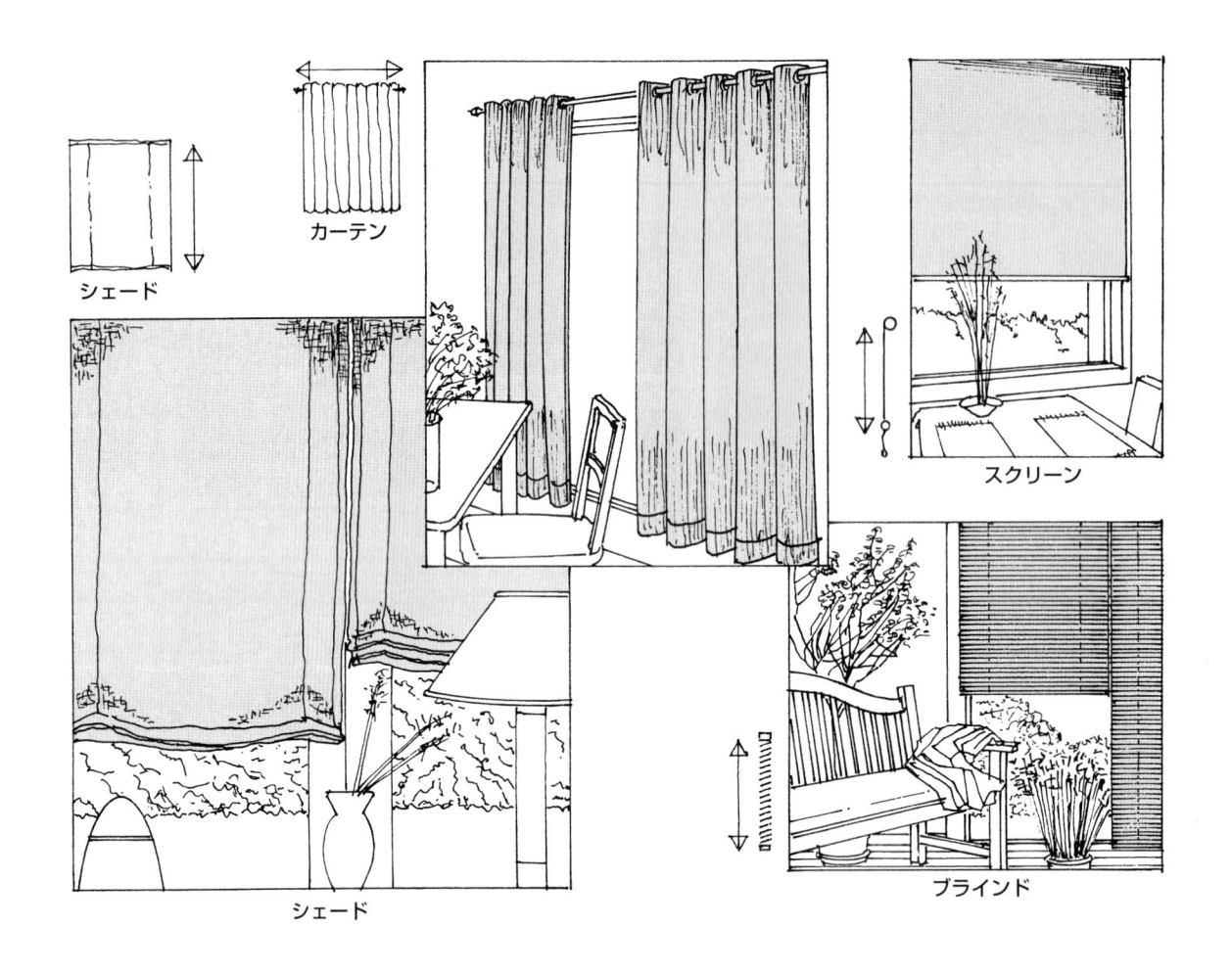

3. ウインドートリートメントの種類

カーテン：素材から，**ドレープカーテン**（以下「カーテン」省略），**プリント**，**ケースメント**，**レース**，**シアー**，**遮光**に分類されます。厚い織り地から，非常に薄手で透過性の高いものまで多種多様です。全般に操作は簡単です。遮光性や吸音性，断熱性などは，布地の種類と厚みにより異なります。単独での使用，ドレープとレースのセット使用，また他の種類との併用など手法も多彩です。そのためデザインと機能を補完する可能性も広がり，自由度の高い窓装飾といえます。

シェード：ローマンシェードと総称し，**プレーンシェード**，**シャープシェード**，**バルーンシェード**など，デザインで細分され，固有の名称を用います。いずれも上下方向に開閉し，布地の風合いを生かしたファブリクス製品ですが，カーテンに比べ操作性はやや劣ります。デザイン上，ほどよい開閉位置が保てる空間が効果的です。

スクリーン：上下方向に開閉する**ロールスクリーン**と**すだれ**，水平にスライドする**パネルスクリーン**に分類されます。ロールスクリーンには，ポリエステル以外に自然素材（竹や葦(よし)など）も用いられ，フラットでプレーンながら表情も多彩です。開閉の操作性が良く，出入りの多い開口にも適しています。また，間仕切りとしても使用します。

ブラインド：横型のベネシャンブラインドと縦型のバーチカルブラインドの2種で，**スラット**（横型）や**ルーバー**（縦型）の角度調節で，日射や視線をコントロールします。角度調節は容易ですが，昇降や開閉の操作性はやや劣り，出入りの多い開口には不向きです。シャープなラインが，モダンな窓装飾として好まれており，水回りや変形窓，傾斜窓など特殊な用途にも適合します。

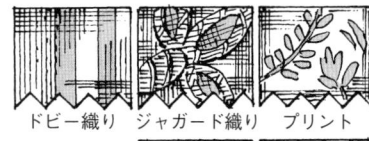

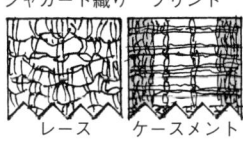

```
厚手のもの ─┬─ 無地 ─── ドビー織機 ──── ドビーカーテン
ドレープカーテン │  ストライプ
              │  柄物 ─┬─ ジャガード織機 ── ジャガードカーテン
              │       └─ プリント ──────── プリントカーテン

薄手のもの ──┬── レースカーテン ──────── 編み機,手編みなどの編みカーテン
シアーカーテン │── ボイル,オーガンジー ──── 強撚糸を使った透明感のある平織り
            │── エンブロイダリー ─────── ボイル地などに刺繍を施したもの
            └── ケースメント ─────────── ドレープとレースの中間的なからみ織り
```

カーテンの種類

特徴\素材	アクリル	ポリエステル	レーヨン
特性	軽く,かさ高で暖かい。しわになりにくい。	レースも含め,カーテンの主素材。型くずれしない。反発力が大きい。	古典的な伝統柄が多く,色使いも多い。ドレープ性がよく,しわになりにくい。
丈夫さと使いやすさ	摩擦には強いが,毛羽立ちがする。	摩擦には強いが,汚れやすい。	耐久性がない。
弾力性	ポリエステルよりはある。	普通。	あまりない。
糸	もつれたり,毛羽立ちすることがある。	もつれたり,毛羽立ちすることがある。	あまり強力ではない。
汚れ落ち	比較的落ちやすい。	汚れ落ちは普通だが,帯電しやすく,汚れやすい。	やや落ちにくい。
シミ抜き	容易。	シミがつきにくい。	容易。
燃焼性	収縮・溶融しながら燃えるものもある。	炎に溶ける。	燃えやすい。
帯電性	あまりない。	しやすい。	ない。
防虫性	虫がつかない。	虫がつかない。	虫がつかない。
防カビ性	侵されない。	侵されない。	侵されやすい。
染め上がり	染色の鮮明さ・堅牢さに優れている。	染料により,染まる,染まらないものがある。堅牢さに優れている。	染色性が良い。
おもな原料	石灰,石油,石灰石,天然ガス	石灰,石油	パルプ

カーテン主要素材の特徴

(イ)ラベル
消防庁認定 認定番号 AFE-⑬-0012
防炎
財団法人 日本防災協会
ドライクリーニング,水洗い洗濯のいずれでも防炎性能は低下せず,洗濯しても防炎加工(再処理)の必要がないもの。

(ロ)ラベル
消防庁認定 認定番号 AFE-⑬-0012
防炎
水洗い洗濯以外の洗濯後は再処理して下さい
財団法人 日本防災協会
水洗い洗濯では防災性能は低下しないが,ドライクリーニングでは低下するもの。ドライクリーニング後は防炎加工(再処理)する必要があるもの。

防炎ラベル

4. ウインドートリートメントの布地

ブラインドにも樹脂加工の布地製があるなど,ウインドートリートメントの布地素材はさまざまです。選ぶ際,ブラインドはメーカー独自の見本群から,専用の素材や色柄を選択しオーダーします。カーテンやシェードは,既製品の利用以外は,カーテンメーカーの見本群やショールームで選択します。ロールスクリーンは,専業メーカーで選択の場合と,カーテンメーカーで布を選び,新たに樹脂加工を施す方法があります。

シェードやロールスクリーン地は,開閉操作の制約を受け,布地の強度や厚み,寸法と織りの安定性などから,メーカーが製作可能と表示した布地から選択します。カーテンは,これらに比べ自由度は高く,布地の表情も多種多様です。カーテンボックスの奥行や,束ねたときのボリュームも考慮して選択します。

主要な素材は,ポリエステル,レーヨン,アクリル,コットン,麻,シルクなどです。化学繊維は一般に扱いやすく,しわになりにくく,**堅牢性**に優れています。**ウォッシャブル**なポリエステルやアクリル,**ドレープ性**が優れたレーヨンが多用されます。コットンや麻は,特に自然な質感が好まれ,シルクは風合いが良い反面,日光に対する堅牢度が低く,裏地が必要です。

織りの種類では,多様な色や柄に向く**ジャガード織り**の高級品と,無地やストライプに向く**ドビー織り**の普及品があります。薄手では,**レース**,**ボイル**,**オーガンジー**,**エンブロイダリー**,**ケースメント**,**プリント**に分類されます。

布地に特別な性能を付与する後加工として,**防炎加工**,**防汚加工**,遮光効果を加える**金属蒸着加工やコーティング加工**などがあります。

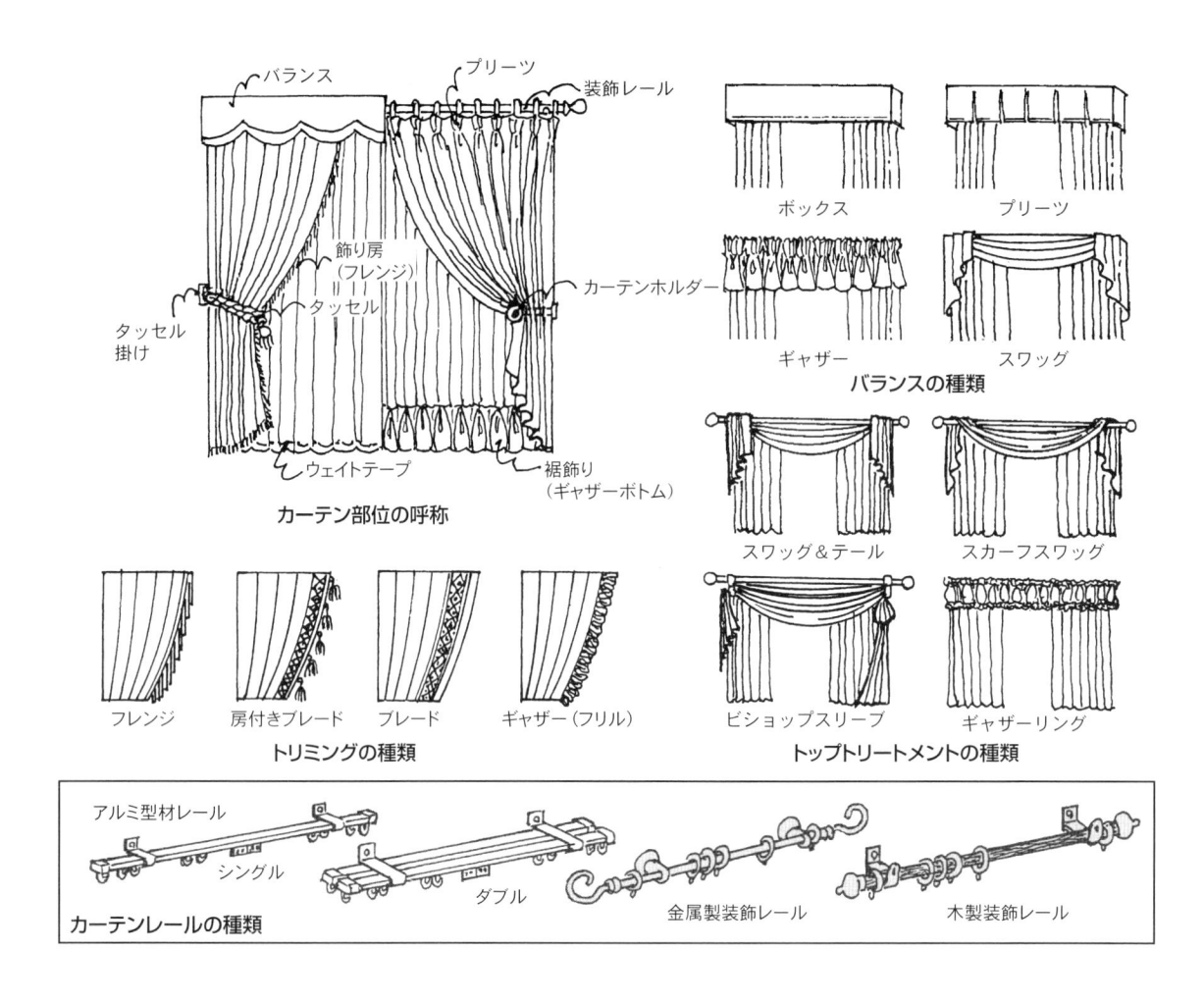

5. カーテンとは

　カーテンを前述3.の種類に従って見ていきます。**ドレープカーテン**は厚手カーテンの総称で、断熱性、吸音性、遮光性に優れ、一般に重厚で豪華な雰囲気です。**プリントカーテン**は発色性の良いポリエステルやコットンに、プリントを施したカーテンで、多色使いの英国風伝統花柄からモダンで軽快なものまでイメージも多様です。遮光性は劣り、光が透過します。

　ケースメントカーテンは粗い織り目で、レースと無地ドレープの中間的存在で、透過性はレース的、雰囲気は薄手ドレープ的なカーテンです。遮蔽への要望が低く、ドレープとレースの二重吊りを避ける空間に用います。

　透過性の高い**レースカーテン**は、編み地のレース製のカーテンで、ボイル地に刺繍したエンブロイダリーレースという高級品もあります。ドレープカーテンとの併用が多く、また**スタイルカー**テンにも使用されます。シアーカーテンは透過性の高い平織りのボイルやジョーゼット、オーガンジーを用い、レースに代わりドレープとの併用のほか、スタイルカーテン地として好まれます。

　雨戸のない住宅も多い現在、要望の増す**遮光カーテン**は、布地の裏面加工やラミネート加工で遮光性をもたせながら、インテリア性を損なわず効果を発揮します。

　カーテンはさまざまな要素で構成されます。カーテンを束ねる**タッセル**、上飾りとなる**バランス**、スワッグやテールなどの**トップトリートメント**、裾や縁を飾る**トリミング**などがあります。裾に**ウェイトテープ**を組み込み、ドレープを安定させます。**裏地**付きで豪華さを出すこともあります。

　器具類では、**カーテンレール**、各種の**ランナー類**、**カーテンホルダー**、タッセルを掛ける**房掛け**などです。カーテンレールには、装飾を兼ねた木製や真鍮製などの**装飾レール**以外に、用途に応じ多様なタイプがあります。

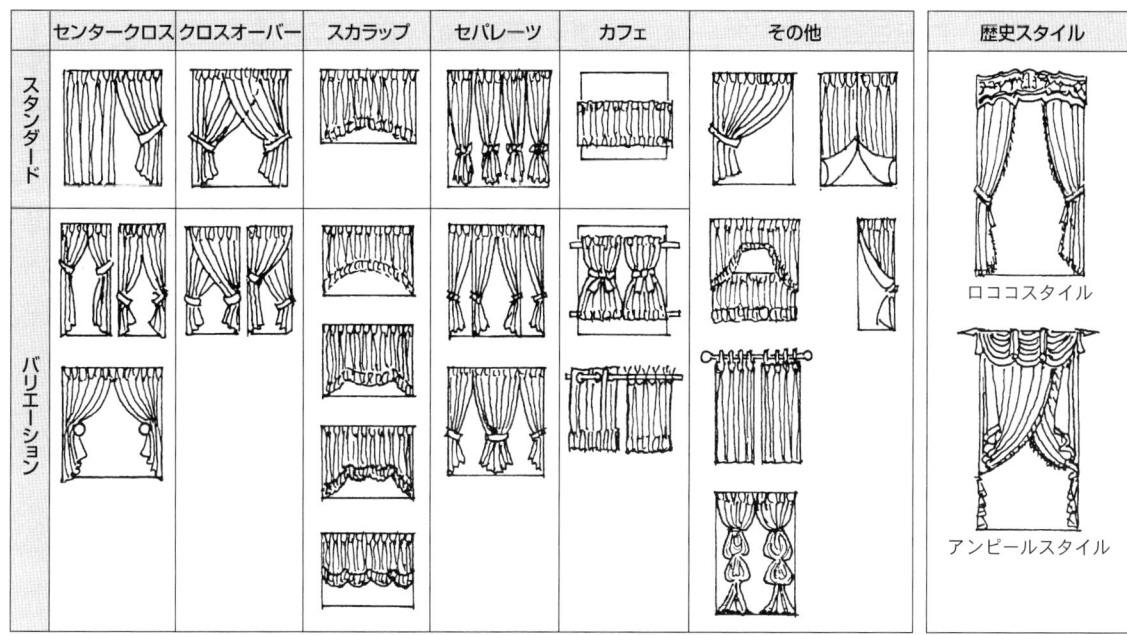

	センタークロス	クロスオーバー	スカラップ	セパレーツ	カフェ	その他	歴史スタイル
スタンダード							
バリエーション							ロココスタイル アンピールスタイル

カーテンスタイル

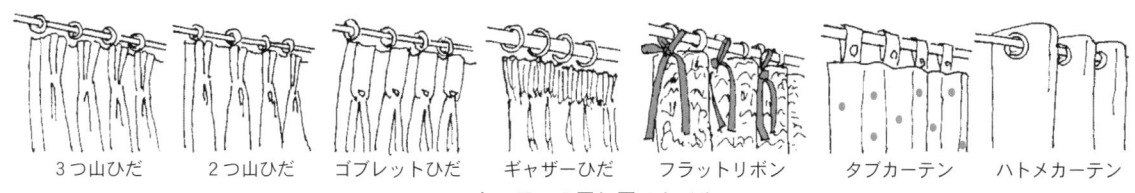

3つ山ひだ　2つ山ひだ　ゴブレットひだ　ギャザーひだ　フラットリボン　タブカーテン　ハトメカーテン

カーテンの吊り元スタイル

6. カーテンのスタイル

　カーテンはデザインの自由度が高く，さまざまなスタイルがあります。また，**スタイルカーテン**とされる範疇以外にも，特殊なデザインが可能です。インテリアスタイルやイメージに合わせてデザインします。

　最も使用頻度の高いのが**標準縫製**で，一般にひだ倍率2倍で3つひだ仕様，共地のタッセルが付きます。テラス窓には左右に引き分ける両開きスタイルが一般的で，豪華な雰囲気には**センタークロス**や**クロスオーバー**，バルーンシェードで左右に開く**スライドバルーンシェード**も採用されます。クロスオーバーは出入りにやや難があります。

　標準的なカーテンでも，**トップトリートメント**や**タッセル**の位置・素材，また裾の**フリル**や**トリミング**，**裏地付き**で大きく表情を変えることができます。また，吊り元の表情を変えた**ギャザーひだ**，布地のボリューム感をおさえた**タブカーテン**，**ハトメカーテン**のほか，ドレープのない**フラットカーテン**などがカジュアル感を演出します。

　出入りが発生しない**腰窓**や**出窓**は，さらにバリエーション豊富に選択できます。出窓にとても向いた，裾が緩やかに弧を描く**スカラップ**などがあります。連窓には，フリルやリボンタッセル付きの**セパレーツカーテン**がラブリーな雰囲気をかもします。また，**カフェカーテン**もカフェなどの目隠しを兼ねた窓に好まれます。スカラップ以下はいずれも，デザイン上，開閉すると持ち味が損なわれます。

　吊り元の上にバランスやトップトリートメントを採用することで，格調高く豪華な空間を演出したり，逆にカジュアルで陽気なイメージを演出するなど，布地やデザインによりさまざまな表情をかもし出します。また開口部を高く見せ，伝統的な洋室の雰囲気を高める効果や，断熱性などカーテンのさまざまな機能アップも期待できます。

呼称	プレーン	シャープ	ソフト	バルーン	オーストリアン	ピーコック	タック	プリーツ
スタイル	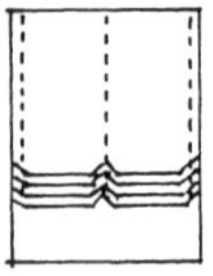	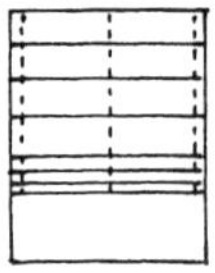	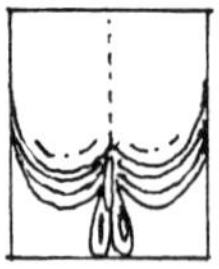	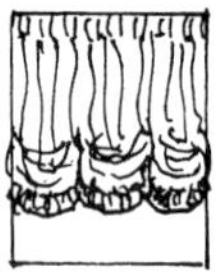	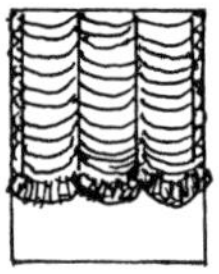	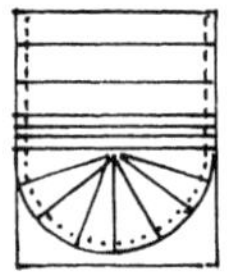	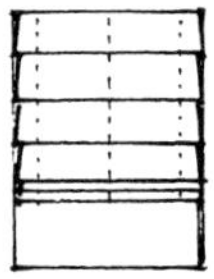	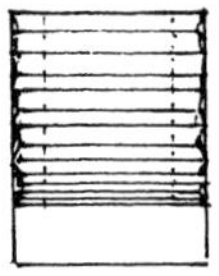
特徴	一定の間隔でフラットなひだをたたみ上げていく、ローマンシェードの最もシンプルでベーシックなスタイル。幅広いファブリクスを選べる。	生地とバーを組み合わせたシャープで規則正しいラインが特徴。	中央を1本のひもで引き上げて作り出されるスタイルが特徴。引き上げて止める位置によっても、微妙にスタイルが変化する。	たくし上げると、両端から中央に向かってカーブを描くタイプ。スタイルカーテンのような雰囲気。	ウェーブをたっぷりとった最もゴージャスなタイプ。ホテルのロビーや劇場などにも用いられる。	引き上げたときにボトム部分が半円形になる。孔雀が羽を広げたような形から、ピーコックタイプといわれる。	タックを交互にとり、草原のさざ波を思わせる細い起伏が特徴。ボトムにフリルが付く。	山折り谷折りのプリーツの繰り返しで、折りたたみながら引き上げる。

シェード(ローマンシェード)のスタイル

ロールスクリーン 　　　　すだれ 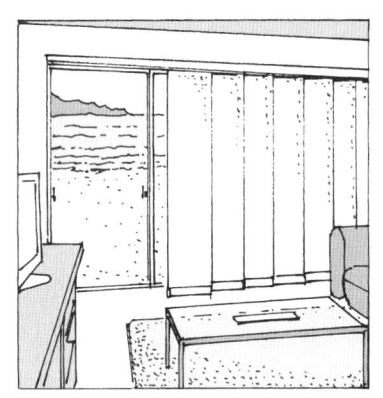　　　　パネルスクリーン

スクリーンの種類

7. シェードとスクリーン

　おもに上下に開閉するウインドートリートメントの代表として、**シェード**と**スクリーン**があります。同じく前述の3.の種類に沿って見てみます。
　プレーンシェードは、一定の間隔でフラットなひだをたたみ上げたもので、これに水平バーを組み込んだものが**シャープシェード**です。昨今のシンプルモダンブームでは、シャープシェードが大流行を見せました。カーブを描きながらたくし上がるのが**バルーンシェード**で、やや装飾的です。**オーストリアンシェード**はさらに豪華で、ホテルや公共空間のホールなどで用いられます。
　いずれも、上がるにつれ表情の変化が魅力で、ほどよい位置で保持し、美しいバランスを楽しみます。全閉するとフラットになるものや、ドレープカーテンと大差ないシェードが大半です。全開や全閉が中心の空間では、シェードの味わいが十分に発揮されません。また、フラットなプレーンシェードやシャープシェードには、**トリミング**を別布であしらうなども効果的です。
　スクリーンは、上下方向に開閉する**ロールスクリーン**と**すだれ**、左右にスライドする**パネルスクリーン**に分類できます。ロールスクリーンの布地は、専業メーカーのものは、プライバシー確保の程度を4段階にあらかじめ分類されており、選択の一助となります。操作性や機能性が優先された感のロールスクリーンですが、フラットな布地以外にも、ポリエステルを自然素材風に加工し、すだれ的な表情をもたせたものなど多彩で、和室や和モダン的な空間にも多用されています。
　端正なプリーツをたたみながら上がる**プリーツスクリーン**は、和紙調の不織布製で、同じく和洋の融合空間などで用いられます。この他、水平方向にスライドするパネルスクリーンも、引き戸感覚で間仕切りとしても活用できます。

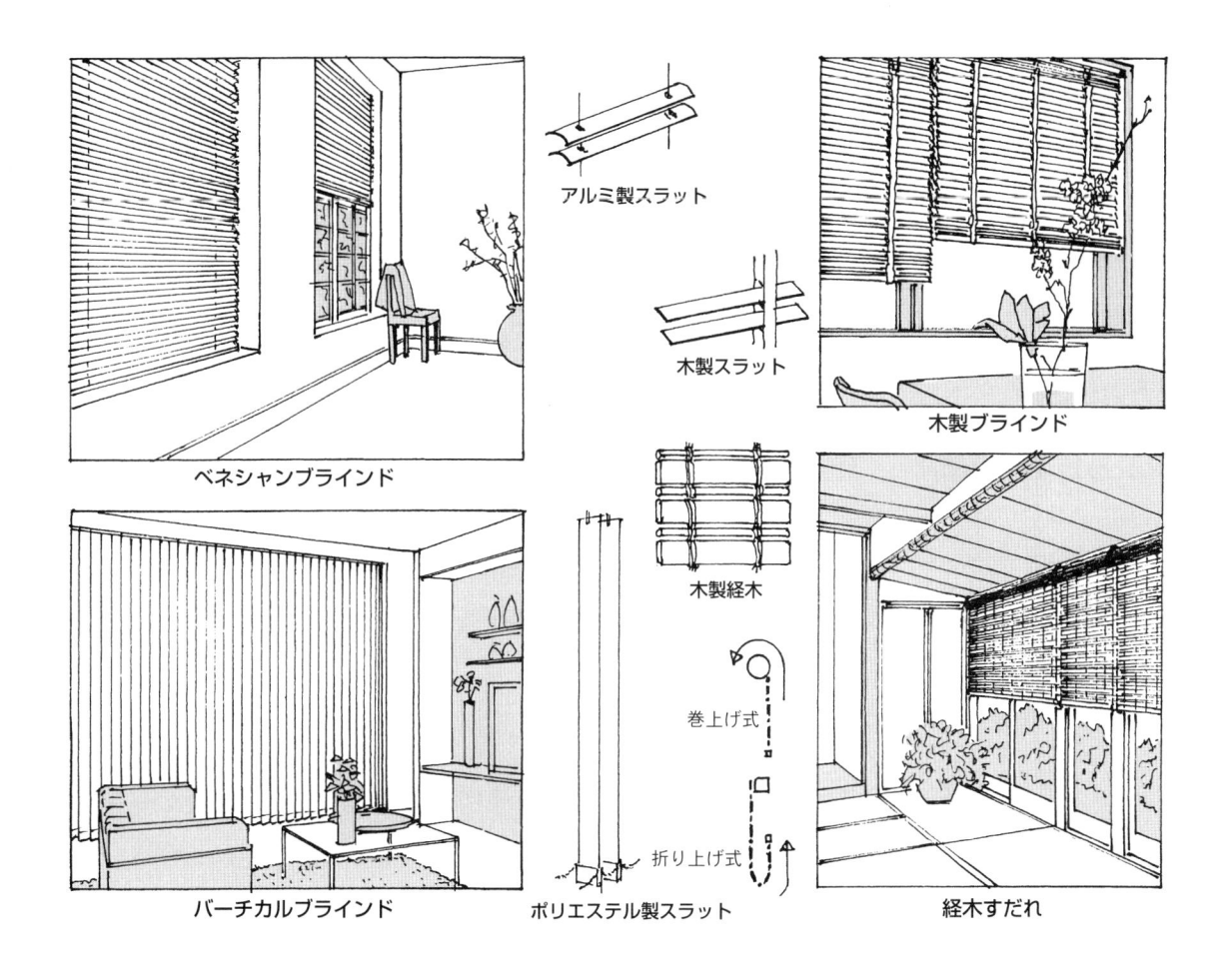

図中ラベル:
- アルミ製スラット
- ベネシャンブラインド
- 木製スラット
- 木製ブラインド
- 木製経木
- 巻上げ式
- 折り上げ式
- バーチカルブラインド
- ポリエステル製スラット
- 経木すだれ

8. ブラインドとすだれ

　シャープな印象のブラインドです。従来の不燃性のアルミ合金やガラス繊維に加え、布地感のあるポリエステル100％の製品も登場、また室内を見えにくくするミラー効果や暗幕効果なども加わり、選択の幅が広がっています。

　ベネシャンブラインドは、**横型スラット**の角度で遮光や遮へいの程度を調節し、昇降操作はコードや操作棒で行います。採用場面は多様で、水に強く錆びにくいため浴室に、フッ素塗布による汚れ防止の付加でキッチンに、遠隔操作の容易性から**天窓**や**水平窓**、**傾斜窓**、また**変形窓**など、他の種類では対応しにくい開口にも適しています。また、建物の外側に取り付け、ふく射熱を80％以上カット、冷房負荷を軽減するブラインドが注目されています。

　バーチカルブラインドは、**縦型スラット**の角度で遮光や遮蔽の程度を調節します。スラットは、幅80・100 mmの幅広はゆったり感、幅50 mmはシャープなイメージです。角度調節は操作バトンで、開閉操作はいったん角度操作の後、コードを下方に引くこととなります。

　木製ブラインドは、幅50 mmの**木製スラット**を使用した高級な製品で、ナチュラル感やモダン感、ダーク色では重厚感が感じられ、落ち着いた雰囲気をかもしだす窓装飾です。カラーコーディネートされたテープ使用の装飾的なタイプと、シンプルなコードタイプがあります。

　すだれは、座敷すだれなど間仕切りとしても用いられてきました。そのため、風雅なものから実用まで幅広く、一般的な竹や葦(よし)以外に蒲心(がましん)、焼き杉など素材もさまざまです。伝統のすだれに加えて、現代感覚のチークやオーク、ウォルナットなどの**経木すだれ**もあります。透過性は素材や組成により異なり、実物の確認が必要です。

6 ウインドートリートメント

69

ドレープとシェードの二重吊り 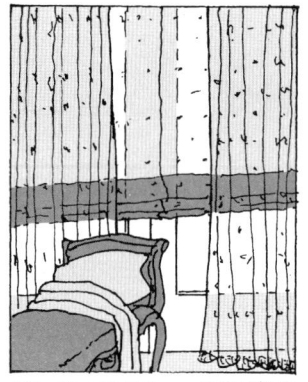　　シアーカーテンとシェードの二重吊り

▲経木すだれとケースメントの二重吊り

シェードとベネシャンブラインドの二重吊り 　　▲ドレープとオーストリアンシェードの二重吊り

9. 窓装飾のコーディネート

　ウインドートリートメントの選択は、デザインと機能がポイントになりますが、組合せや**二重吊り**により、デザインと機能を補完しあい、より満足度の高い窓装飾となります。

　腰窓や**出窓**では、**スカラップ型やセパレーツ型**カーテンなど、開閉を前提としないスタイルカーテンが窓辺を演出します。また縦長窓には、**ファンシェードやソフトシェードなど**エレガントなシェードも、プロポーションよく納まります。

　このような例からも、小窓や比較的小型の**縦長窓**には、上下開閉のものがデザイン上、効果的であることがわかります。これらは薄手の布地で縫製されることが多く、プライバシー確保のためには、ロールスクリーンやブラインドを奥側に仕込むなどの対策が必要です。このような組合せには、一つのメカにセットできるシェードの二重吊りのほか、手前にシェード+奥にブラインド、手前にシェード+奥にプリーツスクリーンなどが考えられます。

　テラス窓には、出入りが容易な両開きカーテンが、奥側にレース、手前にドレープと二重吊りされるケースが一般的です。それとは逆の手前レース、奥ドレープ吊りも可能です。室内からレースを透過したドレープの風合いが楽しめます。また操作性に優れ、光や視線の調節が容易なロールスクリーンとドレープの併用も機能的に優れ、一般によく見られる組合せです。

　布地製のウインドートリートメントは、デザインの自由度が高く、アイディア次第でさまざまな展開が可能です。そのような際、**アイデアソース**として有効なのが、欧米のガイドブックです。西欧由来だけに、この種の書籍は種類が豊富で、日本の書店でも取扱いがあります。手に取って見る機会をもちましょう。

演習課題 06　　　　　窓装飾をコーディネートする

■空間イメージにあった窓装飾をコーディネートし，パースに描きましょう。

A. モダンリビングのテラス窓に

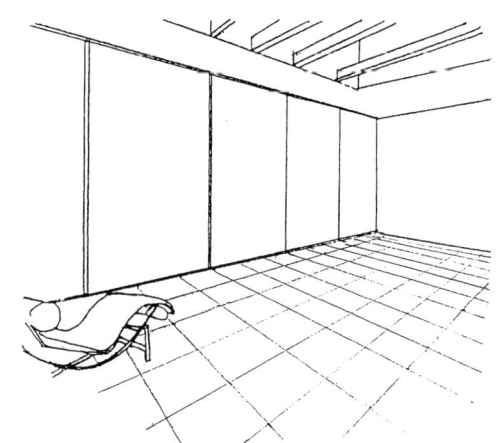

B. 大空間のワイドな開口に

C. 豪華な天井を持つレストランのテラス窓に

D. トラディショナルなサロンの縦長連窓に

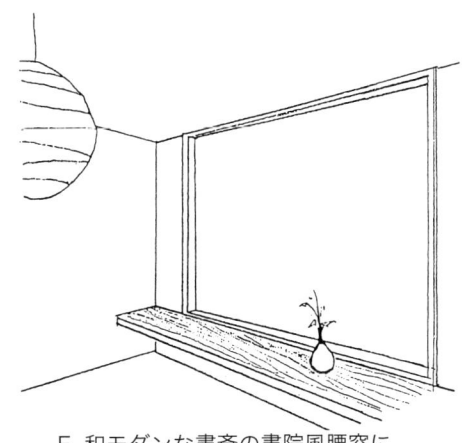

E. 和モダンな書斎の書院風腰窓に

F. ベーシックな寝室の腰窓に

所属	日付　・　・	No.	氏名

6 ウインドートリートメント

7 ライティングデザイン

人工光による照明によって、どのようにインテリアを演出するかがライティングデザインです。ここでは、光源の種類やライティングデザインの方法について学びます。

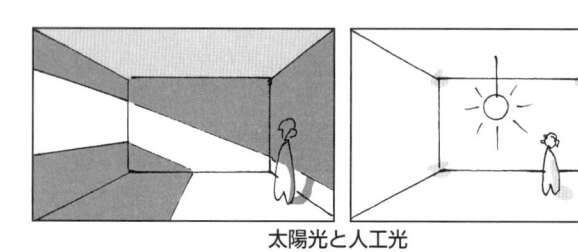

太陽光と人工光

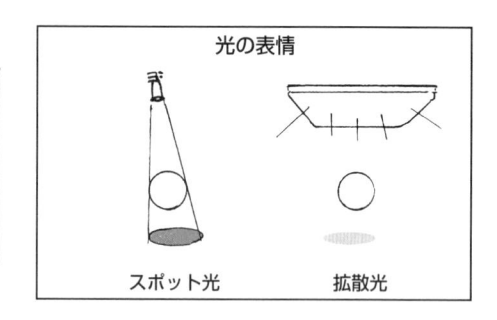

光の表情
スポット光　拡散光

パブリックスペースの全般照明 　　プライベートスペースを作る局部照明
全般照明と局部照明

1. ライティングデザインの考え方

　インテリアに明るさを得る方法は、太陽光を取り入れる採光と、人工光による照明の2種類です。光には実体がなく透明であるため、デザインといってもとかく照明器具の選択になりがちですが、そうではありません。ライティングデザインとは、光と影による演出を考えることです。必要な明るさを得るだけでなく、空間やモノに光を照射することによって、素敵なインテリア空間をつくり出します。

　光にはさまざまな表情があります。例えば、障子を通した光は、ぼんやりと部屋全体を照らす拡散光です。それに対し、スポットライトは、コントラストの強い光で、対象物を周囲の暗闇から明るく浮き出たせます。さらに人工光は、光の方向を自由に設定できます。足下から照らすことも、部屋の一部だけを照らすこともできます。

　光には、質と量と方向性があります。これを、一般的には色温度、照度、配光などで示します。しかし大切なのは、まず、どのような空間にしたいかということです。

　照明の区分として、部屋全体をまんべんなく照らす**全般照明**と、部分的に照らす**局部照明**に分けられます。1室1灯のみの全般照明ではなく、複数の照明器具を組み合わせることで、同じ部屋でも場面に応じて、雰囲気を変化させることができます。

　例えば、たくさんの人が集うときには、全体照明も点けて明るく、でも親しい人とのゆったりとした語らいの時間には、落ち着いたほんのりした明かりを楽しみましょう。部屋で行われる情景を想定して、可変的なライティングデザインを考えることがポイントです。

　なお、照度（単位[lx]ルクス）など光環境については、12章を参考にしてください。

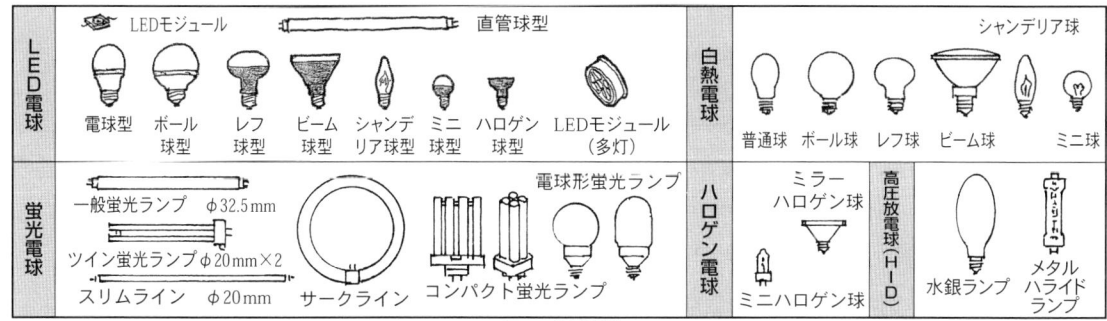

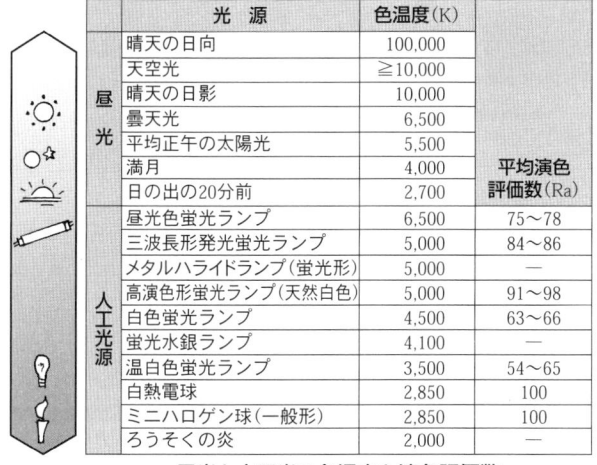

		光　源	色温度(K)
昼光		晴天の日向	100,000
		天空光	≧10,000
		晴天の日影	10,000
		曇天光	6,500
		平均正午の太陽光	5,500
		満月	4,000
		日の出の20分前	2,700

		光　源	色温度(K)	平均演色評価数(Ra)
人工光源		昼光色蛍光ランプ	6,500	75〜78
		三波長形発光蛍光ランプ	5,000	84〜86
		メタルハライドランプ(蛍光形)	5,000	—
		高演色形蛍光ランプ(天然白色)	5,000	91〜98
		白色蛍光ランプ	4,500	63〜66
		蛍光水銀ランプ	4,100	—
		温白色蛍光ランプ	3,500	54〜65
		白熱電球	2,850	100
		ミニハロゲン球(一般形)	2,850	100
		ろうそくの炎	2,000	

昼光と人工光の色温度と演色評価数

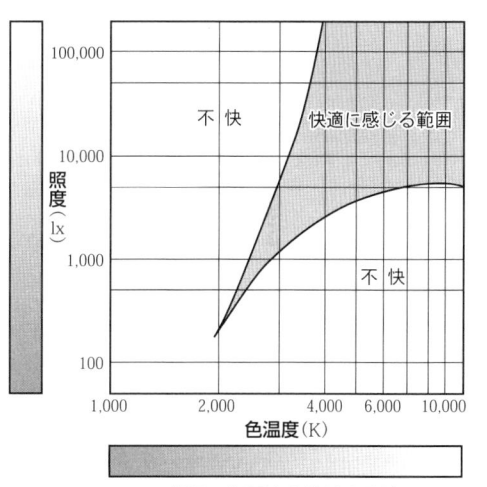

光源の色温度と快適な照度

2. 光源

　光源とは，光を放射する物体を指すので，電球やろうそくのほか，太陽や月の光などの自然光源もあります。人工光源には，**白熱電球**，**蛍光電球**，**ハロゲン電球**，**LED電球(発光ダイオード)**，**水銀ランプ**，**メタルハライドランプ**などがあります。

　白熱電球は立体感のある光で暖かい雰囲気を，蛍光電球は陰影のないクールな光で清潔感のある雰囲気を作ります。ハロゲン電球は光色が多彩で，きりっとした光に特徴があり，ショップや展示に使われます。水銀ランプは緑を美しく見せ，メタルハライドランプは高出力で自然光に近いランプです。近年注目されているLED電球は，省エネ，高輝度で長寿命なうえに，紫外線や赤外線を含まない光を得られます。

　光源の光色を光源色といい，その性質は**色温度**(単位[K]ケルビン)で表します。色温度が高くなるにつれ，赤みを帯びた光から次第に白く，そして青みを帯びた色になります。色温度が低い暖かみのある光は，比較的照度の低い憩いの場に適します。色温度が高いクールな光は，高い照度を必要とする作業スペースに使われます。照度と色温度が不自然だと人に不快感を与えますので，場所に応じた選択が必要です。

　光源によって，色の見え方が異なることがあります。例えば，青みがかった光の下では，赤みがかった色は黒ずんで見えるので，料理や肌はくすんで見えます。こうした性質を**演色性**といい，演色評価数(単位[Ra]ラジアン)で比較します。

　昼光で見る場合と色のずれがある場合，演色評価数が低くなります。演色性に最も気をつけないといけないのは，食卓の照明です。料理をおいしく見せるために，演色性の高いランプを選ぶのは，ライティングデザインの基本です。

光のコンセプトの3要素

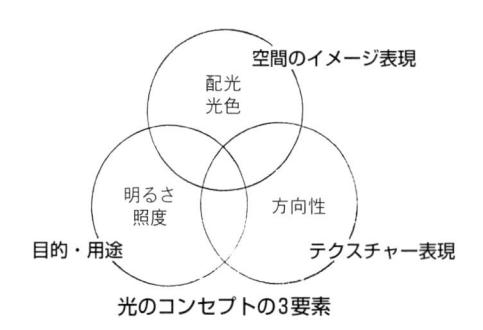

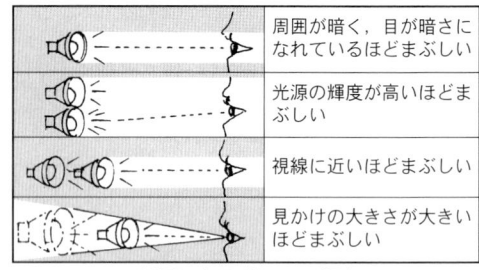

光源によるグレアの程度

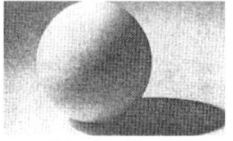

	周囲が暗く，目が暗さになれているほどまぶしい
	光源の輝度が高いほどまぶしい
	視線に近いほどまぶしい
	見かけの大きさが大きいほどまぶしい

柔らかい光で柔らかい影　少し強めの光で立体感が出る　強い光で強い影
光と表情Ⅰ　光の強さ

正面から　側面から　上方から　下方から
光と表情Ⅱ　光の方向性

パースによる光のレイアウト

3. ライティングデザインの進め方

　ライティングデザインに当たって，まず空間の色や素材を把握し，そこでの行為や目的から空間イメージを明確にし，それらを踏まえて光のコンセプトを作り上げていきます。

　例えば，どの辺りに，どのような質の光を配置するか，その色や配光，明るさといったイメージを明確にしていきます。明るさは照度を，色味は色温度を目安にして考えます。配光とは，どの方向にどれだけの量の光を発しているかです。光による雰囲気の演出には，この配光の影響が大きく作用します。

　光の方向性が強いと陰影がつき，立体感が出て重厚感のある仕上がりになります。光の方向性が弱い場合は，柔らかい雰囲気が出ますが，平たんに見えます。壁面にレンガなど凹凸のある材料を使用している場合は，斜めから光を当てることでテクスチャーを強調し，重厚感が出て効果的です。

一方，金属等のつるつるした平滑な面に斜めの光を当てると，反射してグレアでぎらついてしまいます。

　グレアとは，モノの見えずらさを生じさせるような眩しさのことです。グレアは，不快感を生じさせるだけでなく，疲労の原因になるので避けなければなりません。特にオフィス空間では，机面やコンピュータのディスプレイ面などへの反射に注意が必要です。

　光のイメージを明確にするために，照明デザインでは，図面やパースに光のイメージを落としていきます。CGも可能ですが，色付きの紙に光の色を書き込み，場面ごとの光の変化について確認するとよいでしょう。

　イメージが固まれば，光源そして照明器具を選択します。その時，照度や安全性，経済性，メンテナンスについて確認します。操作のためのスイッチ類についても，場所と方式を決めます。

建築化照明例

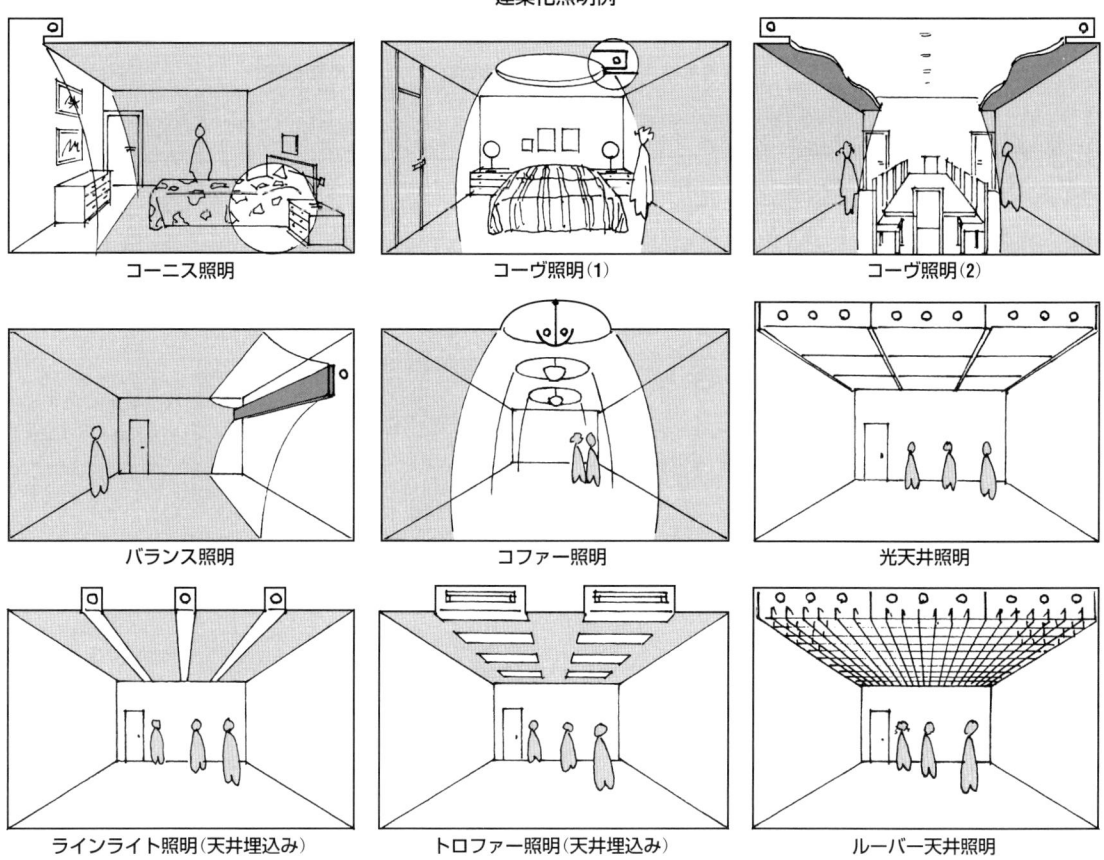

コーニス照明　　コーヴ照明(1)　　コーヴ照明(2)

バランス照明　　コファー照明　　光天井照明

ラインライト照明(天井埋込み)　　トロファー照明(天井埋込み)　　ルーバー天井照明

4. 建築化照明

　建築化照明とは，光源を天井や壁などに組み込み，建築構造と一体化させた照明方式のことです。スポットライトによる照明は，はっきりとした陰影を生んでモノの立体感を表現しますが，建築化照明は陰影の少ない照明法で，部屋全体に柔らかい雰囲気を作り出します。種類としては，次のものがあります。

コーニス照明：天井と壁との隅に，下方に光を出すよう取り付けた照明方法です。上部から下方にかけてなだらかに照らし，広がり感が出ます。エレベーターホールで用いられたり，壁面の棚やカーテンの照明に使用されます。

コーヴ照明：光源を天井や壁面に隠して反射光で照らす方法です。柔らかい光で空間全体を包み，ダウンライトによる陰影を和らげるので，ベース照明として使われます。天井を高く感じさせる効果があります。

光天井照明：天井面から影の少ない均一な光で照らす方法です。高く広く見え，明るく軽快な雰囲気が得られます。

ルーバー天井照明：天井全面などをルーバー(羽根)で構成して，光源からの眩しさを和らげる方法です。光天井に比べると，光の拡散が少ないので壁が暗くなります。

バランス照明：壁面に付け，上下を照らす方法です。まぶしさがなく壁面を明るくするので，くつろぎの空間に適しています。吊・半間接照明は，空間に境界を与え，間接光が陰影を和らげ，天井を高く感じさせます。

　部屋の明るさ感は，視野に入る光を総合的にとらえて感じるので，特定部分の照度だけでは計れません。例えば，同じ光源でも，床面を照らすよりも壁面を照らしたほうが明るく感じます。コーニス照明，コファー照明，コープ照明，バランス照明は，こうした特質を生かすことのできる照明方法といえるでしょう。

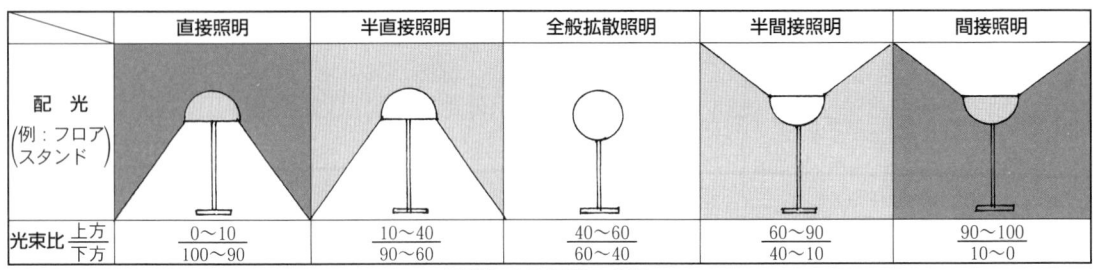

配光 (例：フロア スタンド)	直接照明	半直接照明	全般拡散照明	半間接照明	間接照明
光束比 上方/下方	0〜10 / 100〜90	10〜40 / 90〜60	40〜60 / 60〜40	60〜90 / 40〜10	90〜100 / 10〜0

配光による照明の分類

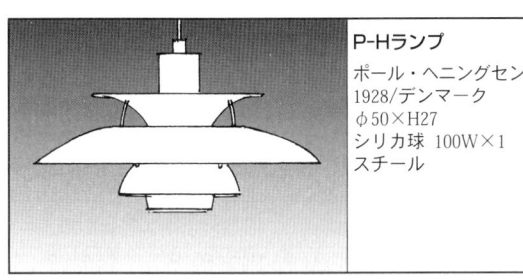

P-Hランプ
ポール・ヘニングセン
1928／デンマーク
φ50×H27
シリカ球 100W×1
スチール

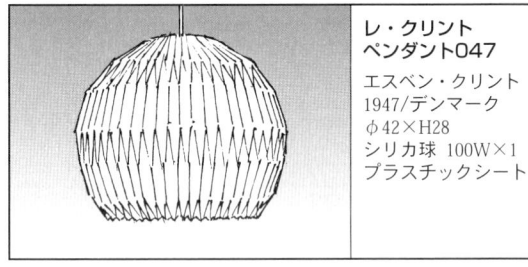

レ・クリント ペンダント047
エスベン・クリント
1947／デンマーク
φ42×H28
シリカ球 100W×1
プラスチックシート

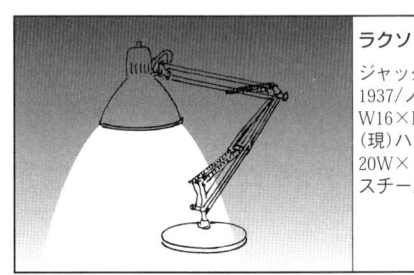

ラクソ
ジャック・ヤコブセン
1937／ノルウェー
W16×H$_{max}$55×D$_{max}$70
(現)ハロゲン球
20W×1
スチール・アルミ

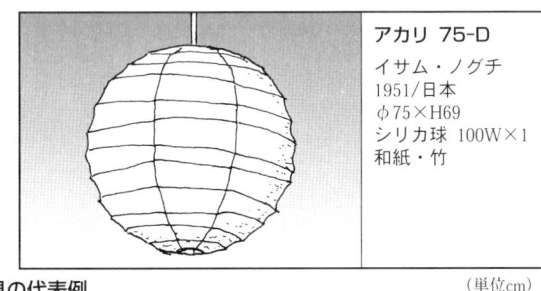

アカリ 75-D
イサム・ノグチ
1951／日本
φ75×H69
シリカ球 100W×1
和紙・竹

照明器具の代表例

(単位cm)

5. 照明器具

　照明器具の場合，取付け形態による名称がよく使われます（36頁参照）。しかし，実際には，取付け形態が同じでも，光が照らす方向性によってずいぶん雰囲気が変わります。そこで，配光方式による分類の方法があります。上部と下部の光束の比率によって分類し，**直接照明**，**半直接照明**，**全般拡散照明**，**半間接照明**，**間接照明**に分類できます。

　直接照明とは光を直接モノに当てる方法で，間接照明とは光を一度反射させて明るくする方法です。直接照明では高い照度を得られ，はっきりとした空間を作り，全般拡散や半間接照明では穏やかな雰囲気を作り出します。ダウンライトやスポットライト，金属シェードのペンダントなどの直接照明は，高い照度で明るく照らし出すのに対して，布や和紙，ガラス製の間接照明では，柔らかいソフトな雰囲気を作ります。建築化照明も，壁や天井を照らす間接照明です。照明は，光源ランプの種類によっても光の質が異なります。

　優れた照明器具として，ポール・ヘニングセン（1894-1967）のデザインした作品があります。代表作のP-Hランプは，反射板の組合せによるシリーズで，木漏れ日のような光を演出します。レ・クリントは，プラスチックシートを手で織り上げたランプシェードに特徴があります。デスクランプのラクソは，現代のアームスタンドの基本形です。

　これら北欧の優しいデザインと対照的なのが，イタリアのユニークな照明器具です。また，日系アメリカ人のイサム・ノグチ（1904-1988）の作品は，和紙を使用して提灯の光を今に伝える作品です。これらの名作は，思いのほか暗いことや，色合いや配光がイメージと異なることがあります。事前に確認が必要です。

器具の組合せと調光によるライティングデザイン

(食事中心の光環境) 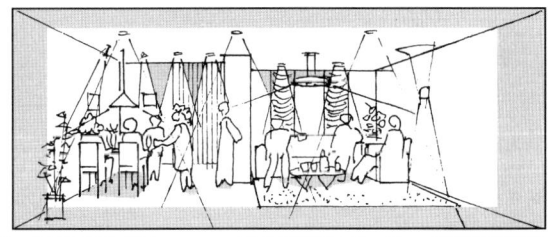 （全体に明るいパーティー感覚の光環境）

玄関(顔を照らす) 　階段(ステップを照らす) 　ダイニング(テーブルを照らす) 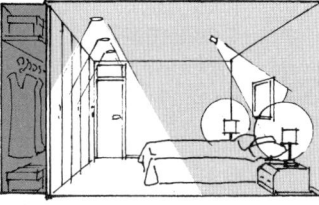　寝室(枕元とクローゼットを照らす) 　洗面(顔を照らす)

▲ダイニングはペンダント，リビングはコープ照明 　　▲寝室：小壁のコーニス照明，額のスポット，テーブルスタンド

6. 住宅の照明

　住まいでは，そこに住む人にとって快適なライティングにすることが重要です。安らぎ感を出すには，演色性の高い照明が適していますが，明るさ感は年齢や生活環境によって違います。年齢が高くなると視力が衰えるので，照度を高くしてグレアを避けることが必要になります。

　くつろぎの場である居間は，人が集い，さまざまな行為を行います。複数の照明器具を使い，さらに調光できるようにしておくと，場面に応じた演出が可能です。光の方向性によって雰囲気が異なり，昼間とは違う変化が楽しめます。特に，下からの光は天井に影を映し幻想的な雰囲気を味わえます。またカーテンに光を当てると，反射によって柔らかい雰囲気がかもし出されます。

　玄関は，顔合せの場所です。顔が影にならないよう光の方向性に注意が必要です。

　食堂では，料理がおいしく見えるように，赤みのある光を選択します。調光器で食卓の光を落とすと，住まいでも改まった食空間を演出することができます。

　寝室では，柔らかい光で落ち着き感を出します。横たわったときに光が直接目を射さないように，枕元の照明には注意を払いましょう。夜間の光についても，計画が必要です。

　書斎や子ども部屋，家事室など作業性の高い部屋は，照度を高くしなければなりません。ただし，落ち着き感が必要な場合は，照明器具の組合せによって作業性とくつろぎ感を演出できるようにするといいでしょう。

　洗面所や脱衣室では，肌がくすんで見えないように，演色性の高い光源を選びます。

　階段や玄関のように段差のあるところは，足下が暗くならないように，照明器具の場所と光の方向性に注意します。

7 ライティングデザイン

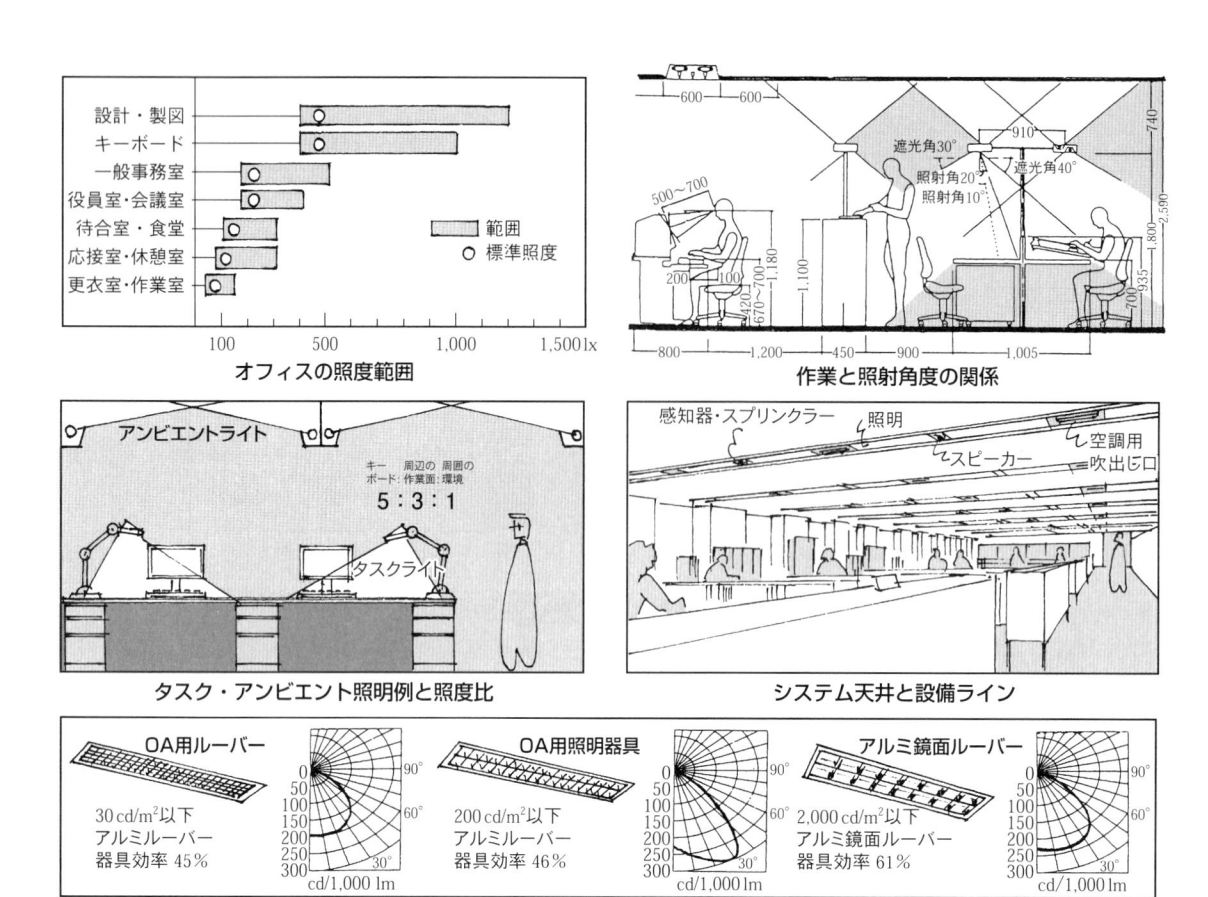

7. オフィスの照明

　オフィスは，仕事場としてだけでなく，長時間生活する場ですので，機能性とともに快適性や環境への配慮が必要です。エリアによって目的に応じた照明が求められます。

　執務空間では，作業に適した作業面照度を確保することと，パソコンを使用するので，疲労感が出ないように，グレアを防止する必要があります。パーティションを用いる場合は，照度が落ちるので注意しましょう。また，昼光が入る執務空間では，不快感が出ないように色温度の高い光源を使用します。大規模空間やレイアウト変更への対応が求められる場合は，システム天井で対応します。設備と天井が一体となっているので，デザイン性に優れ，施工の省力化が図れます。

　会議室は，コミュニケーションの場所であり，資料を見るための明るさが必要です。また，プロジェクターによるプレゼンテーションのときは，部屋を暗くして使います。そのため，演色性の良さと明るさの調節ができるような照明にする必要があります。

　この他，リフレッシュコーナーや食堂，カフェテリアでは，仕事疲れを癒す暖かみのある光でくつろぎ感を演出します。

　環境への配慮から近年では，オフィスの昼光利用が求められています。例えば，ライトシェルフと呼ばれる反射板によって直射日光を室内に導く方法，あかりセンサーによって窓際の光をコントロールする方法，人感センサーによって無人時に消灯する方法などがあります。

　この他，光源にもさまざまな省エネタイプが開発されています。省エネルギーを目的とした，局部照明と全般照明を組み合わせたタスク・アンビエント照明が注目されています。

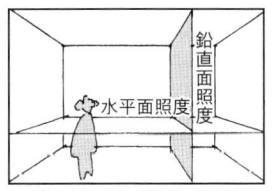

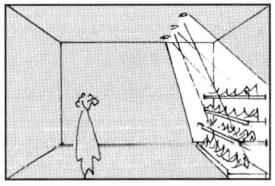

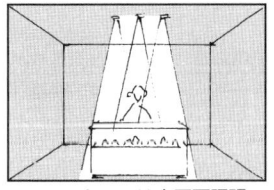

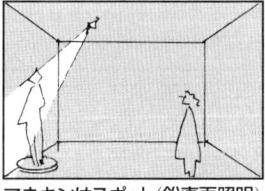

照度　　(1x)	3,000	2,000	1,500	1,000	750	500	300	200	150	100	50
商店の一般 共通事項	陳列の最重点	—	重点陳列部 レジ	エスカレーター エレベーターホール	一般陳列商品	応接室	洗面所,便所 階段,廊下	—	店内全般 休憩室
日用品店 (雑貨・食品等)	—	重点陳列	重点部分 店頭	店内全般	—
スーパー マーケット	特別陳列部	店内全般 (都心店)	店内全般 (郊外店)	—
大型店 (デパート,量販店)	飾窓の重点 店内重点陳列	店内陳列 案内コーナー	重点階全般 特売階全般	一般階全般	高層階全般	—
ファッション店 (衣料装身具,メガネ等)	飾窓の重点	重点陳列 着装コーナー	スペシャル部陳列 店内全般	—	スペシャル 部の全般	—
高級専門店 (貴金属,衣服等)	飾窓の重点	店内重点 陳列	一般陳列	コンサルコーナー 装着コーナー	接客コーナー	店内全般	—

物販店舗の照度基準 (抜粋)　JIS Z 9110 - 1929

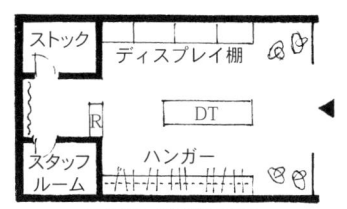

ファッションショップの照明デザイン例

8. ショップの照明 ― 物販店

　ショップは，自然光を利用できる場合が少ないので，ライティングが空間演出を作用します。なかでも物販品では商品を照らすだけではなく，魅力的な空間を演出するための照明が求められます。そのため，他の空間に比べて複数の光源を用います。

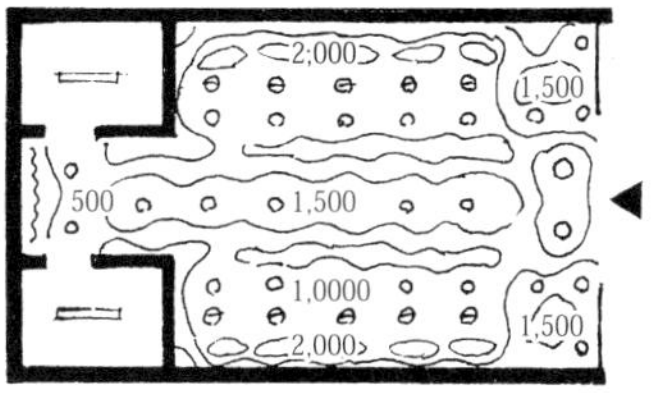

　光源の選択では，演色性や色温度への注意が必要です。例えば，ブティックでは商品の色を正しく見せるために，演色性の高いメタルハライドランプを使用し，ハロゲン電球で商品を目立たせます。そのほか赤みがかったものは色温度の低い光源を，青みがかったものには色温度の高い光源を当てると美しく見えます。さらに，スポットライトで商品の立体感を出し効果的に見せます。

　明るさは，水平面（水平面照度）より，商品を陳列している鉛直面（鉛直面照度）のほうが重要

になります。また，規模や種類によって求められる明るさが異なります。例えば，商品を手早く探せる必要のあるコンビニやスーパーでは，全体的に照度を高くする必要がありますが，商品をじっくりと見て選択するブティックでは，照度はあまり必要ではなく，店の雰囲気や商品の見せ方を演出する光が必要です。そして，導入部分から通路，ショーケース，ショーウィンドーといったゾーニングによって明るさを変え，リズム感のある光環境で魅力的な空間を演出し，商品を引き立たせます。

　物販店では，全体の明るさを確保するベース照明と環境や商品の演出のための照明，そして照明器具自体のデザイン性を生かした装飾照明に分類して考えます。演出のための照明は，壁面や天井面を照らすなど空間を演出して視線を誘導するための照明と，商品自身を際立たせるための照明に分けられます。

7 ライティングデザイン

79

照度 (lx)	1,500	1,000	750	500	300	200	150	100	75	50	30	20	10	5
食堂・レストラン 軽飲食店	サンプルケース			食卓, レジ 調理室, 受渡し台		玄関, 待合室, 客室 洗面所, 便所		廊下・階段		—				
遊興飲食店	—			食卓, レジ 調理室, 受渡し台		客室内の調理台 洗面所, 便所		座敷全般, 玄関 廊下, 階段		—		雰囲気を主とする バー, 喫茶店の客室		キャバレーの 客席, 廊下

飲食店舗の照度基準（抜粋） JIS Z 9110-1979

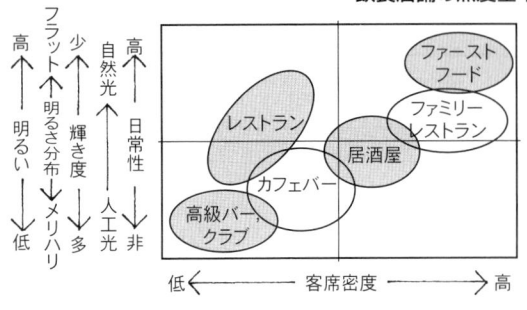

照明要素等と客席密度による飲食店舗業態分類

ランプ		色温度(K)	平均演色評価(Ra)	特殊演色評価
				R9 赤	R10 黄	R11 緑	R12 青	R13 肌色 欧米人	R14 木の葉	R12 肌色 日本人
白熱電球	シリカ電球	2,800	100	100	100	100	100	100	100	100
	ミニクリプトン電球	2,750	100	100	100	100	100	100	100	100
	ネオピュア電球	2,800	86	24	82	75	80	77	92	69
	ミニハロゲン電球	2,850	100	100	100	100	100	100	100	100
蛍光灯	昼光色	6,500	74	−61	56	63	71	70	95	56
	白色	4,200	61	−105	36	40	43	56	94	41
	温白色	3,500	61	−100	38	32	39	53	95	40

各種光源と演出評価数

▲足元はフットライト，カウンターにはスポットの寿司店

▲配線ダクトとスポットライトによるライブバー

9. ショップの照明 — 飲食店

　飲食店では，食事の提供だけでなく，くつろぎの場としての要素が求められます。食品をおいしく見せる工夫とともに，光がつくり出すくつろぎの雰囲気づくりが重要なポイントとなります。

　くつろぎ感の演出のためには，昼の太陽光のような明るく白い光よりも，赤みを帯びた夕日のような光のほうが落ち着くので適しています。また間接光を使うと，空間に広がりが出て効果的です。さらに，部屋全体を均一に照らすのではなく，明るさと暗さの濃淡をつけると，プライベート感を演出できます。

　例えば，テーブル間を暗くすると距離感が生まれ，明るく灯されている部分の親密感が増します。明るさの濃淡は，水平方向だけでなく，鉛直方向にもつけると，より効果的です。ペンダントランプやテーブルスタンドを用いると，テーブルを中心とした世界が生まれます。バーやレストランでは効果的な方法で，日常とは異なる光の世界をつくり出します。

　料理をおいしく見せるためには，色温度と輝度を考慮します。例えば，赤みがかった光は，肉料理やトマトの赤みを引き立たせます。そして，光源が小さく輝度が高いと，光が器やソースなどに反射して艶やかな光沢が生まれて，料理を立体的に演出します。

　飲食店の明るさは，店の種類によって異なります。一般に，ファミリーレストランは通常よりも明るさのあるにぎやかな雰囲気が，バーは暗くプライベート感が求められます。ですから，時間帯によって料理や客層が変わる場合は，ライティングも切り替えます。また，イベントがある場合やテーブル位置が固定していない場合などは，配線ダクトの使用が有効です。

　料理や器も考慮しましょう。一般に，和食には柔らかい光が，洋食にはきらめく光が効果的です。

演習課題 07　　　　　画用紙で照明器具を作る

■画用紙等を用いて，照明器具（フロアライト，ペンダントなど）を作ってみましょう。

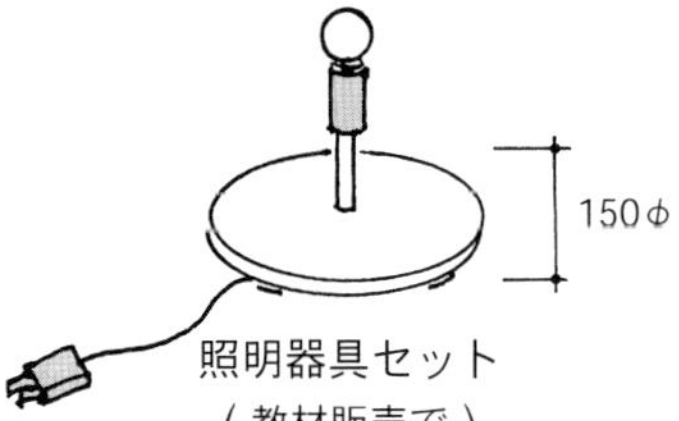

1．作例：フロアライト
　①画用紙からベースを作る。

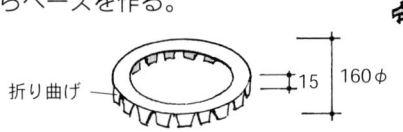

　　折り曲げ　　15　160φ

　　　　　　　　　　　　150φ
　　　　　　　　　　照明器具セット
　　　　　　　　　　（教材販売で購入可）

　②シェードの形状を考え，部品を作る。

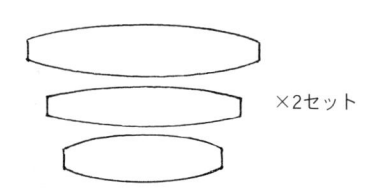

　　　×2セット

　③ホッチキスやセロテープ，接着剤を用いて組み立てる。

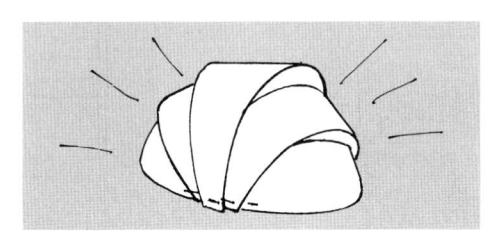

　④部屋を暗くして，ライトを点灯し，評価について話し合う（評価を記入）。

造形：

照明効果（ムード）：

他者の評価：

スケッチまたは写真

2．折紙による器具にも挑戦してみよう。

所属　　　日付　．．　No.　氏名

8 インテリア設備

ここでは，インテリアデザイン上必要な設備に関する内容を学びます。設備は，時代とともに変化し，発達する分野です。常に新しい情報をキャッチできるように心がけましょう。

各種建物の使用水量（ℓ/日）

建物の種類	使用時間(h/日)	使用水量(ℓ/日)	備考
住宅・共同住宅	24	200〜400	居住者1人
事務所	8	50〜100	在勤者1人
小・中学校	5〜6	40〜50	生徒1人
病院	10	250〜1,000	1病床
ホテル	10	250〜300	客1人
劇場	3	10〜15	客1人
百貨店	8	3	客1人

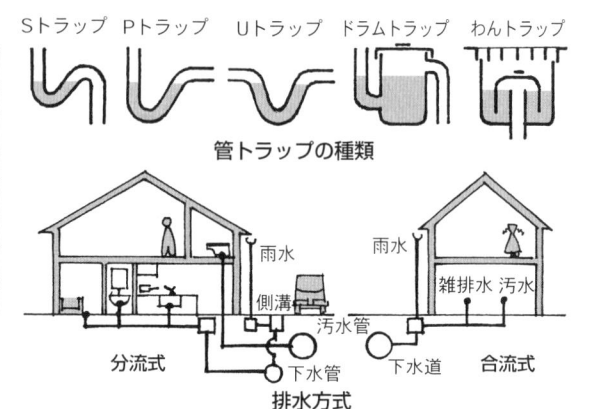

管トラップの種類：Sトラップ　Pトラップ　Uトラップ　ドラムトラップ　わんトラップ

排水方式：分流式／合流式

給水方式の種類：水道直結方式，高置水槽方式，圧力水槽方式，ポンプ圧送方式，蓄圧水槽方式

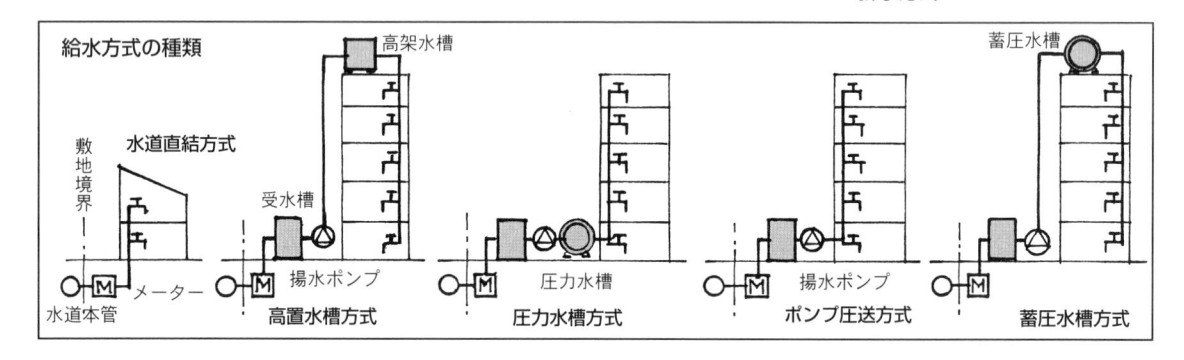

1. 給排水設備

建物への給水は，人が生活していくうえで欠かすことができません。1人当たり，住宅では200〜400ℓ，事務所では50〜100ℓ程度を使用しています。

給水方式は，水道直結方式，高置（高架）水槽方式，圧力水槽方式，ポンプ圧送方式，蓄圧水槽方式，給水塔方式などがあります。

給湯方式は，局所給湯と中央給湯（セントラル）方式があります。中央給湯方式は，機械室に加熱装置，貯湯タンク，ポンプなどを設置し，給湯配管によって必要箇所に供給する方式で，大規模建築物で採用されます。局所給湯方式は，瞬間湯沸し器のように使うたびに加熱する瞬間式と，電気温水器のような貯湯式があります。

オフィスビルなどでは，公共の上水道から供給される**上水**に対して，雑排水や雨水を浄化した**中水**を利用して，植栽の散水等に使用するなどの方式があります。

排水は，汚水，雑排水，雨水，特殊排水に大別できます。汚水は大小便器や汚物流しなどから排出される屎尿を含んだ排水のことです。雑排水は厨房，手洗い，浴室，洗濯機などからの排水です。特殊排水は，工場や病院からの有害物質を含む排水で，浄化処理した後でなければ下水道への直接放流が禁じられています。

排水方式には，合流式と分流式があり，建物内では汚水と雑排水を一緒に流すかどうかで区別します。

屋内の排水設備としておもなものは，配水管，トラップ，通気管です。トラップは悪臭や害虫が内部に侵入するのを防いでいます。トラップの種類としては，サイホン式と非サイホン式に大別できます。通気管は，配水管内の空気循環をよくして，細菌類の発生を防いでいます。

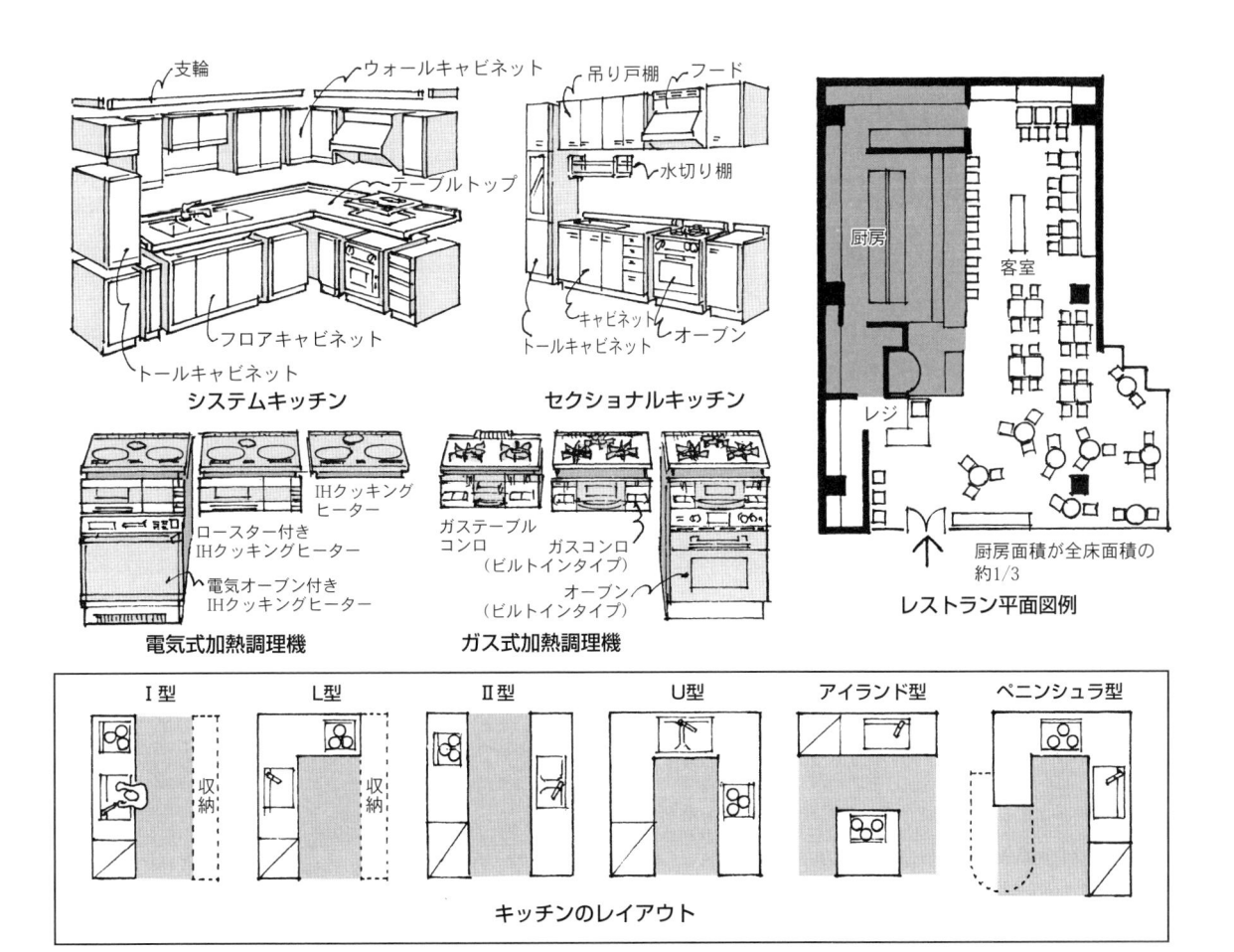

2. 調理設備

住まいの**キッチンレイアウト**には，Ｉ型，Ⅱ型，Ｌ型，Ｕ型，アイランド型，ペニンシュラ型などの種類があります。ペニンシュラ型とは，調理台の一部がペニンシュラ（半島）型に居室に張り出したレイアウトです。

キッチンの種類は，セクショナルキッチンとシステムキッチンとに大別されます。セクショナルキッチンは，流し台，調理台，コンロ台，収納庫などの部材を配置して構成されたキッチンで，安価で取替えも簡単ですが，テーブルトップに継目ができます。

システムキッチンは，部材をパーツとして組み合わせ，一枚板のテーブルトップを載せた一体構成のキッチンです。選択の幅が広く，意匠的な統一感が得られます。

システムキッチンの種類には，部材型と簡易施工型があります。部材型は，選択の幅が広いので専門知識や技術が必要です。簡易施工型は，あらかじめ完成状態に規格化されたもので，自由度は劣りますが，部材が少ないので施工が容易で，価格も低くなります。

飲食店の厨房の場合は，業務用の調理設備が使われます。厨房面積は，営業形態によって異なりますが，全体の床面積の1/3〜1/4程度です。調理設備だけでなく，換気設備・排水設備に注意を払う必要があります。

オフィスでは，湯沸し室に幅900〜1,500 mm程度のミニキッチンが設置されるのが一般的です。

加熱調理機器は，従来はガスコンロが主流でしたが，最近は電気式の人気が高く，ニクロム線ヒーターによるシーズヒーター式，ハロゲンヒーター式，電子レンジと同様の電磁波によるIH式などがあります。配電により使えない調理器具があるので注意が必要です。

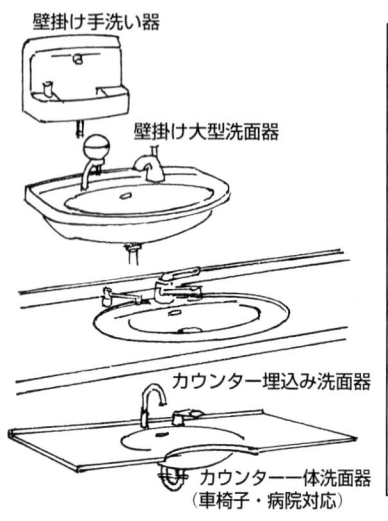

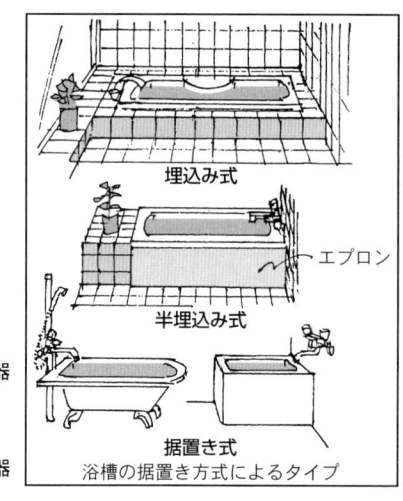

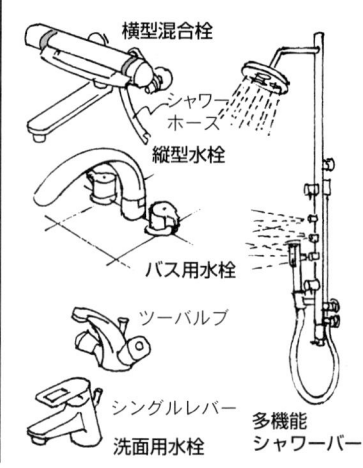

方式	洗い出し式	洗い落し式	サイホン式	サイホンゼット式	サイホンボルテックス式	ブローアウト式
特徴	洗浄水の水勢のみで押し流す方法。使用中，臭気が発散する。	汚物を留水中にため洗浄水の水勢のみで押し流す。汚物の付着がある。	洗浄時に器部を満水させ，サイホン作用を起こさせる方式。排出力は大きい。	ゼット穴から水を噴出させ，強くサイホン作用を起こさせる。臭気の発散，汚物の付着を防ぐ。	タンクより便器内に洗浄水を強力に噴出させる。空気混入が少なく，洗浄音が小さい。	サイホン作用に渦巻作用を加えた方式。洗浄音がやや大きい。

3. 衛生設備機器

便器：大便器の洗浄方式には，フラッシュバルブ式とフラッシュタンク式があります。フラッシュバルブとは，水洗便器の洗浄水を吐出するための弁で，給水管に直結して使用するため，タンクが不要で連続して使用することができます。ただし，洗浄音が大きく，水圧が必要なので，一般家庭ではあまり使用されません。フラッシュタンクは，ハイタンクとロータンクがあります。家庭用は，ほとんどロータンク式です。

洗浄方法は，洗い出し式，洗い落し式，サイホン式，サイホンゼット式，サイホンボルテックス式，ブローアウト式などがあります。小便器は，壁掛け型と床置き型があります。床置き型は，汚水の跳ね返りがありますが，子どもには使いやすい形です。

手洗い器・洗面器：形や大きさはさまざまで，カウンターに組み込むタイプもあります。車椅子使用の場合は，脚が当たらないように，下部にあき空間を取ります。

浴槽：入浴時の姿勢により形が異なり，和風浴槽，洋風浴槽，和洋折衷浴槽に分けられます。また，給湯方式によって，内焚き式，外焚き式，給湯式に分けられ，据付け方法によって，据置き式，半埋込み式，埋込み式に分けられます。

シャワー：給水給湯調節弁，湯水混合弁，止水栓，シャワーヘッドを備えています。湯水混合弁では，温度を一定に保つサーモスタットを備えたものが一般的です。

水栓：給水（給湯）設備の末端に取り付け，開閉操作を行うものの総称で，「蛇口」や「カラン」ともいいます。最も基本的なものは，ハンドルを回してゴムパッキンにて給水管をふさぐ構造です。横水栓，縦水栓，自在水栓，混合水栓（ツーバルブ式，シングルレバー式，サーモスタット式），定量止水式，カップリング付き横水栓，散水栓等の種類があります。

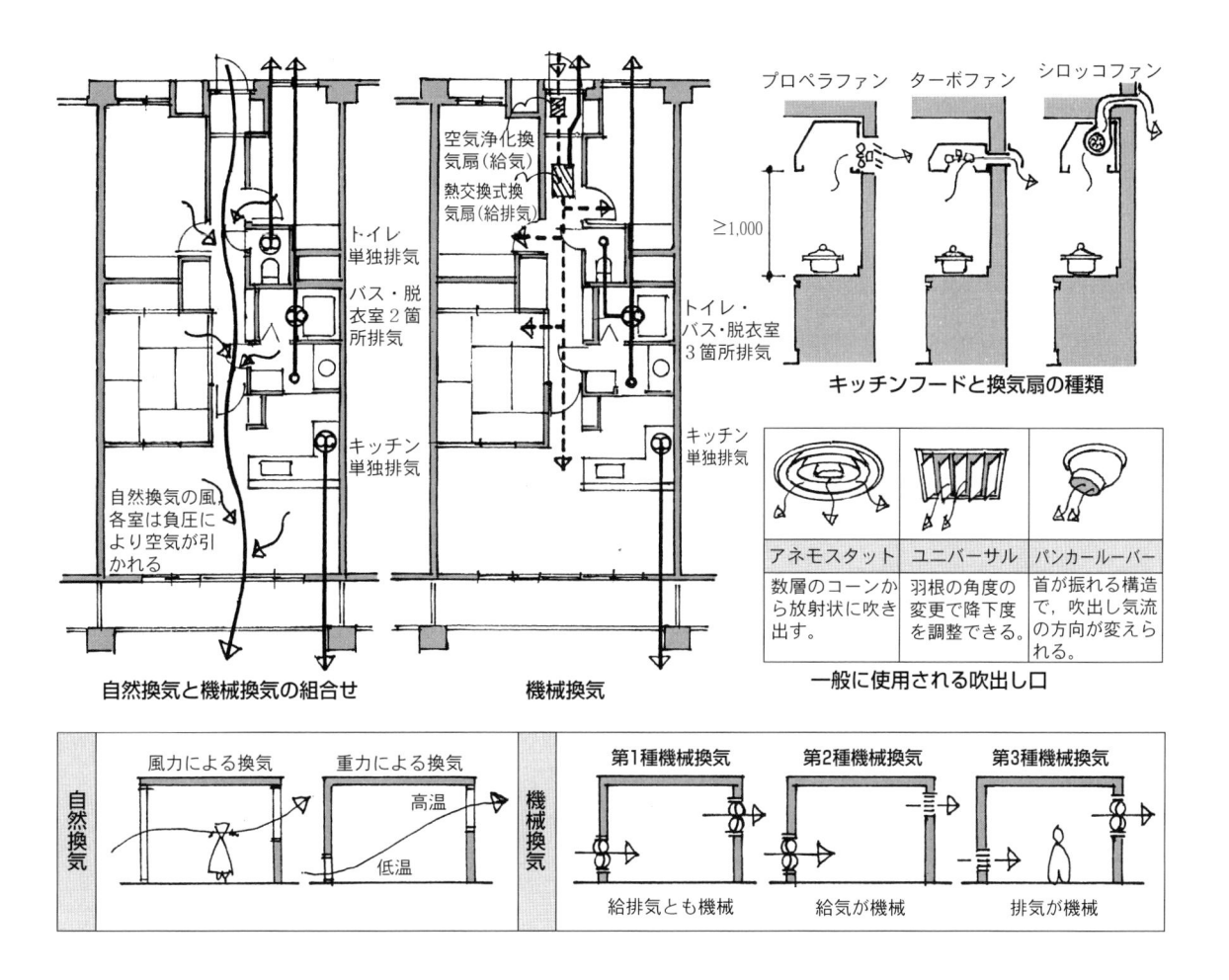

4. 給排気設備

建物の構造や生活様式の変化によって，生活空間は閉鎖的になってきましたが，インテリアには新しい建築・内装材料や各種機器・器具の使用が増加しています。そこで，有害ガスや臭気，熱気などを排出し，新鮮な空気を取り入れて，インテリアを良好な状態に保つ換気の必要が出てきました。シックハウス（室内空気汚染）対策として，平成15年の建築基準法の改正により，換気回数0.5回/h以上の機械換気設備（いわゆる24時間換気システム）の設置が義務付けられました。換気回数に関しては，12章を参照して下さい。

換気方法には，**自然換気**と**機械換気**があります。風や温度差を利用する自然換気の場合，開口部の高低差が大きいほど，室内外の温度差が大きいほど換気量は大きくなります。換気量が一定ではないので，換気口，フード，ベンチレーター（換気塔），モニタ（小屋根）等の補助的器具を用います。

機械換気は，ファンによって生じる圧力差による換気法で，給気と排気のいずれを機械的に行うかによって，図のように3種類の方法があります。飲食店の厨房の換気では，臭いや水蒸気を漏らさないために，排気ダクトの風量が給気ダクトの風量より大きいことが望まれます。

換気には，室内環境の改善を行う**全体換気**と，汚染物質の排除を目的とする**局所換気**があります。換気扇は，羽根の種類によって，プロペラファン，ターボファン，シロッコファンなどがあります。冷暖房時の換気にともなう熱損失を低減させるようにした換気設備に，**熱交換式換気扇**があります。これは換気排熱量の約60%を回収し，第1種機械換気に分類され，湿気も回収する全熱式と回収しない顕熱式があります。

給気や空調のための吹出し口には，一般にアネモスタット型，ユニバーサル型，パンカールーバー型などが使われています。

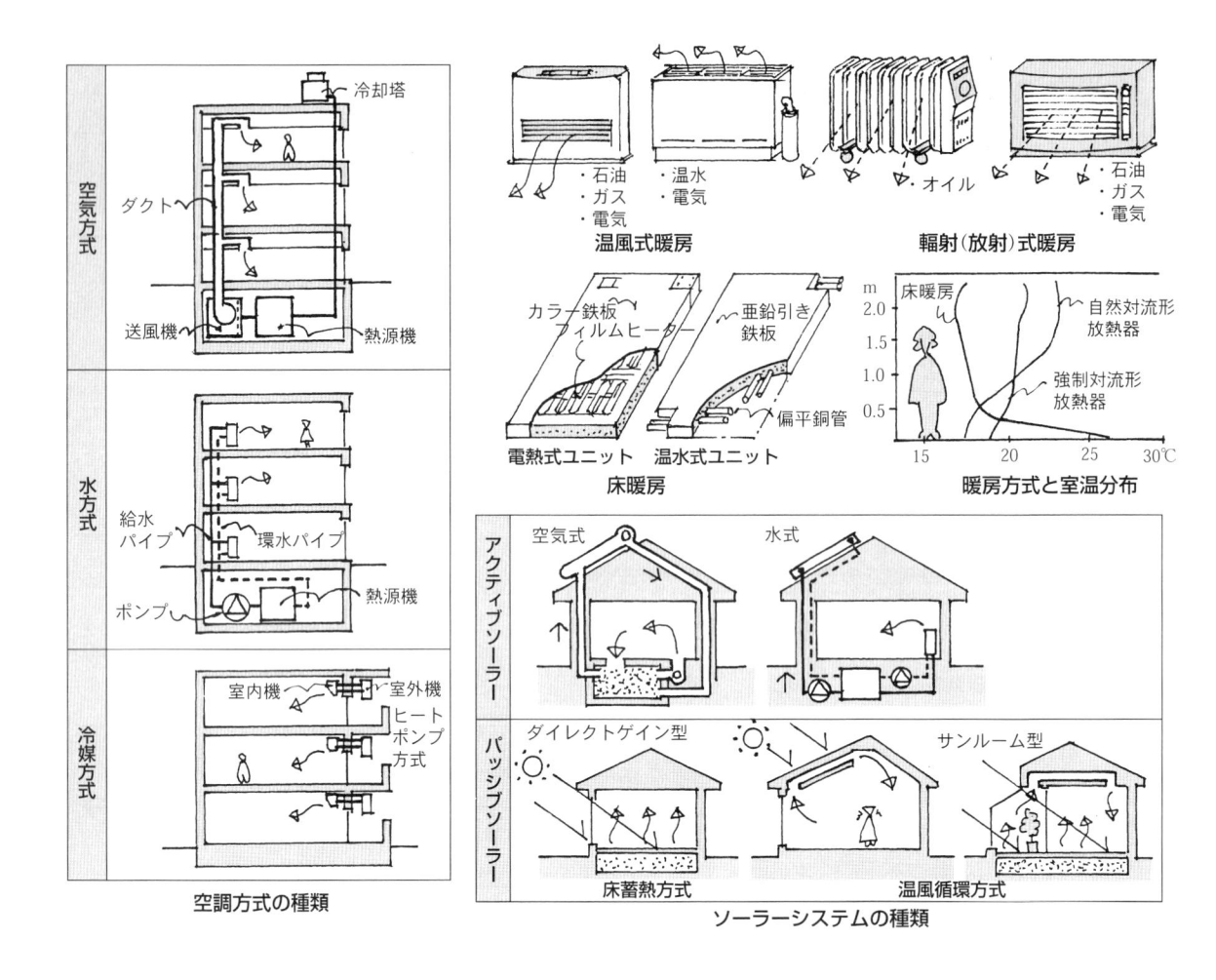

5. 冷暖房設備

空調方式には，熱媒によって，空気方式，水方式，冷媒方式に大別できます。空気方式は，機械室の空調機で冷風や温風をつくり，ダクトで供給する方式です。水方式は，機械室で冷水・温水をつくって，循環ポンプで室内ユニットに供給する方式で，ファンコイルユニット方式や輻射暖房方式などがあります。ファンコイルユニットとは，送風機・熱交換器・エアフィルター等を一つのケーシング内にまとめたものです。冷媒方式は，冷凍機からの液冷媒を直接供給する，いわゆるヒートポンプ式で，家庭用のエアコンはこれに当たります。室内外の空気を汚さず，エネルギー効率は電気ヒーターの3倍程度あります。

暖房設備は，熱の搬送方法により温風暖房，蒸気暖房，温水暖房，輻射暖房（放射暖房）があります。蒸気暖房（スチーム暖房）は，ボイラーで発生させた蒸気を放熱器に送る方式です。設備費が安いため，学校など大規模施設で用いられますが，騒音や温度変動が大きいのが欠点です。温水暖房は，放熱器に温水を送り放熱する方式です。住宅のセントラルヒーティングに使われます。輻射暖房は，床，壁，天井などを直接加熱し，そこからの輻射熱による暖房で，温度のムラや音もなく快適な暖かさを得られます。床暖房，パネルヒーターはこれに分類できます。

この他，自然エネルギーを利用する**ソーラーシステム**があります。その一つは，太陽熱温水器や太陽光発電パネルによって，太陽エネルギーを積極的に利用するアクティブソーラーといわれるものです。これに対して，パッシブソーラーは，機械設備の使用を前提とせず，太陽や風などの自然エネルギーを建築内に取り入れ生かす省エネルギー手法です。

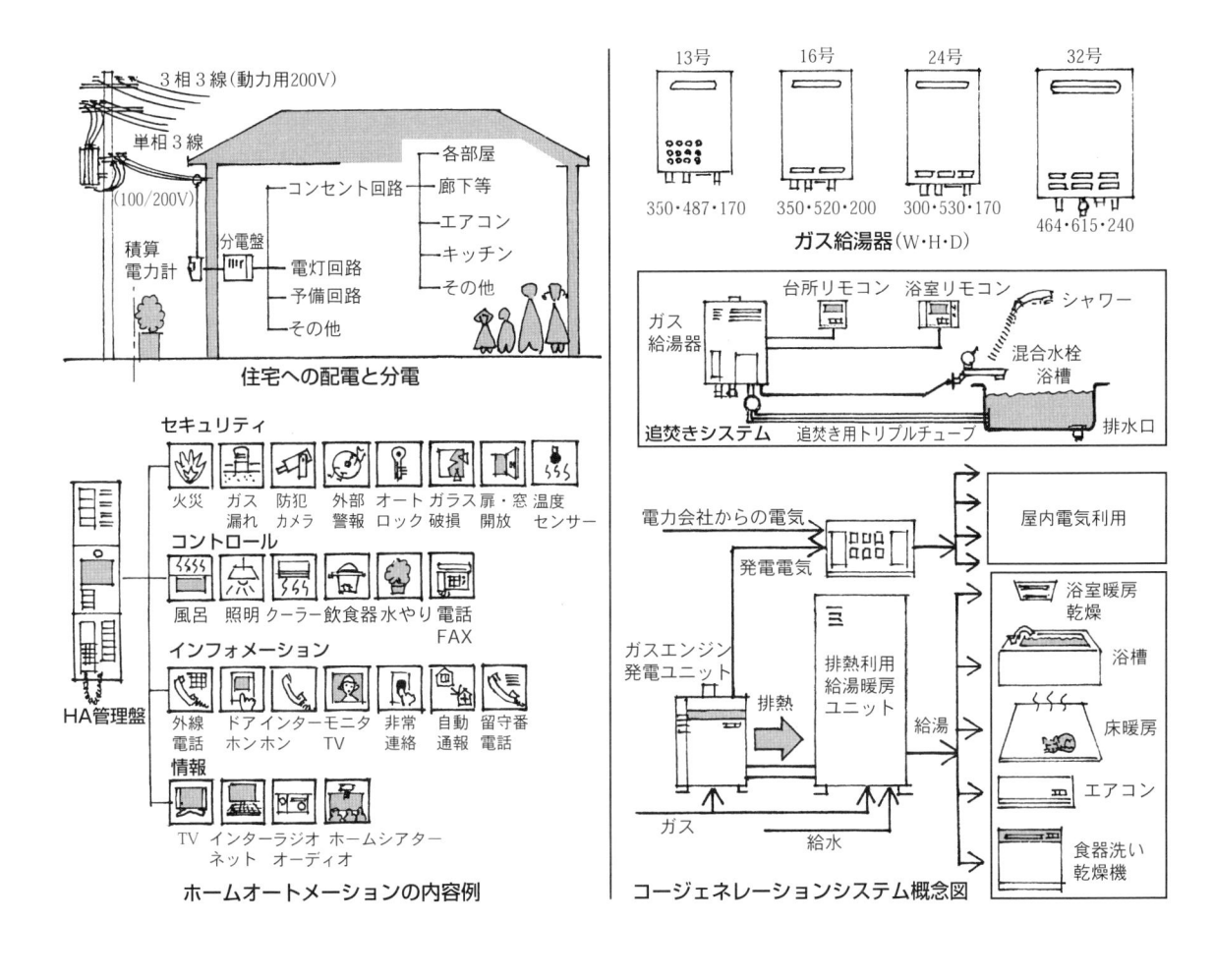

6. 電気・ガス設備

電気設備：建物内に電力線を引き込む供給方式は，電灯系統と動力系とに大別できます。一般家庭の受電方式は単相3線式といって，100V線3本を配線した100Vと200Vが使用できる配線方式です。電気は，各建物の分電盤に引き込まれ，分電盤には，各部屋に送られる照明やコンセントの用途別に分岐回路が設けられています。分岐回路は，電気を使いすぎたときや流れすぎたときに，安全ブレーカーが作動し，自動的に電気が遮断されるようになっています。OA化の進展にともなって，電気配線にはフレキシブルな対応が必要になっています。例えば，住宅ではオール電化やホームオートメーション（HA），セキュリティーなどマルチメディアへの対応です。

ガス設備：ガスの供給は，埋設したガス管でガス会社が供給する都市ガスと，ボンベ等を個別に設置する液化石油ガス（LPガス）による2種類に大別できます。都市ガスもLPガスも，元は無色無臭ですが，不完全燃焼やガス漏れを防ぐために，臭いを添加しています。

ガス器具のうち，ガス給湯器の能力は号数で表され，1号とは水を25℃上げて1分間に1ℓのお湯を出す能力をさします。一般に，住宅では24号程度が使われます。安全性の観点から屋外設置が望ましく，屋内設置の場合は給排気への注意が不可欠です。ガス風呂釜には，自然循環式（近接設置型）と強制循環式（ポンプ循環式）があります。

ガスヒートポンプ式のエアコンもあります。また，ガスエンジンを利用して発電を行うコージェネレーション（エコウィル）というシステムも開発されました。LNG（液化天然ガス）を原料としたガスは，石油や石炭よりもクリーンエネルギーとして注目されています。

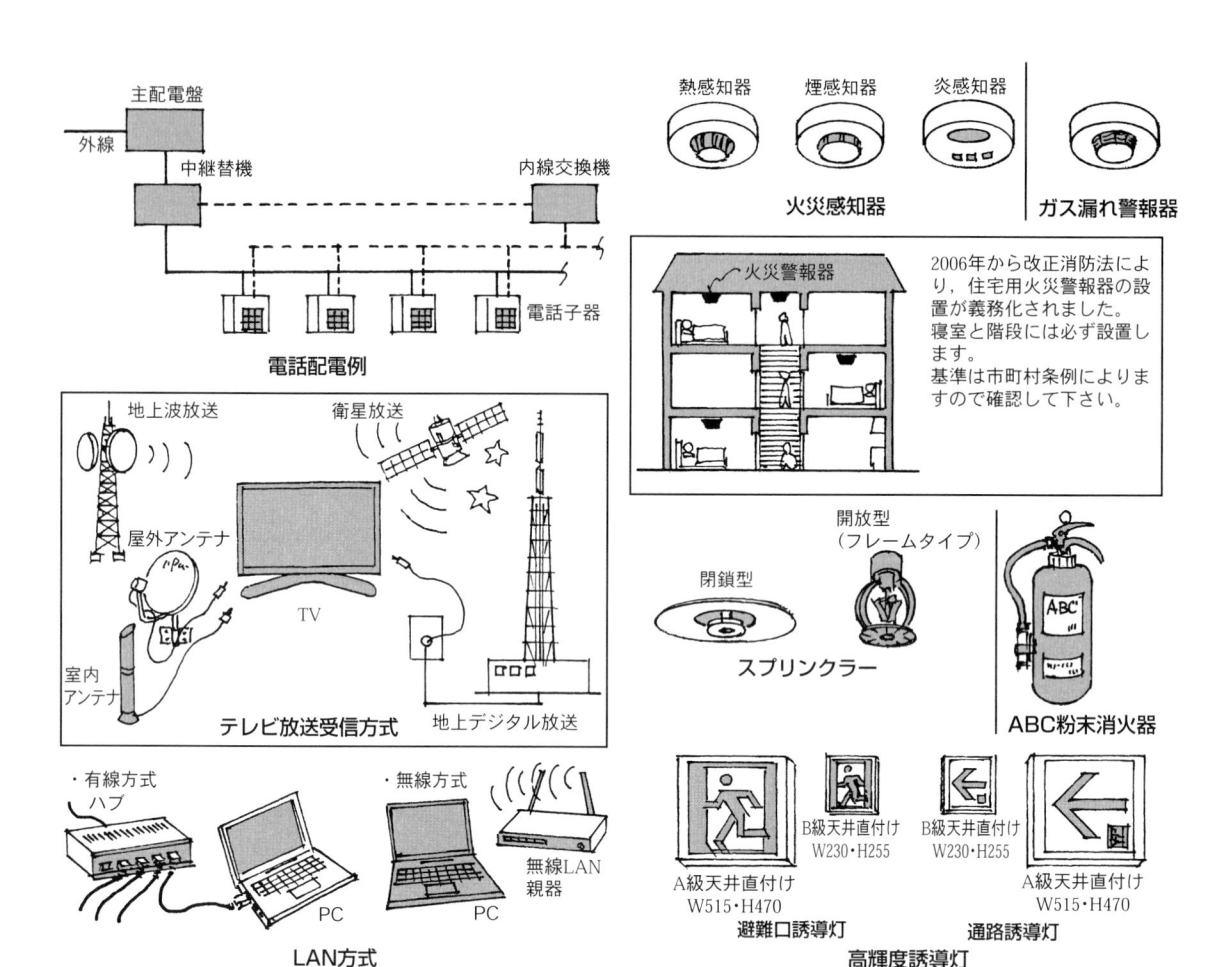

7. 情報設備・防災設備

情報設備

　電話には，ファクシミリやインターネットのデータを送受信する情報通信設備の機能があります。電話線は，必要回線数を建物に引き込み，電話用主配電盤から中間配電盤を経由して，電話受口に配線されます。建物内は，大規模事業所ではPBX（構内交換機），小規模事業所ではビジネスホンといわれる専用線や交換設備を介した内線電話が使われます。

　テレビの電気信号は，アンテナで送信する地上波と通信衛星で送信する衛星放送，ケーブルで配信するケーブルテレビ（CATV）があります。地上デジタル放送は，光ケーブルによる方式です。

　LAN（Local Area Network）は，コンピュータやプリンタなどを接続して，データをやり取りするネットワークです。接続形態には，ケーブルによる方法と無線LANによる方法があります。通信制御方法は，イーサネット（Ethernet）規格が最も普及しています。

防災設備

　防火のため，法令で定められているさまざまな設備があります。警報・報知設備，消火設備，誘導灯などです。

　警報・報知設備には，火災感知器と自動火災報知設備があります。火災感知器は，熱感知器，煙感知器，炎感知器などの種類があります。住宅の場合，寝室と階段室などの吹抜け部分に，住宅用火災警報器の設置が義務付けられるようになりました。

　消火設備は，温度を下げる水系と酸素を絶つガス系があります。代表的なものは，火災時に天井から水によって消火するスプリンクラーで，大規模建物の初期消火を目的としています。

　この他，避難のための設備として，排煙設備や誘導灯があります。2方向避難のための避難器具が義務付けられる建物もあります。

演習課題 08	教室のインテリア設備を調べてみる

■教室にあるインテリア設備をスケッチしてみましょう。
※名称と機能をチェックします。

1. 名　称	2. 名　称
機能：	機能：
3. 名　称	4. 名　称
機能：	機能：
5. 名　称	6. 名　称
機能：	機能：
7. 名　称	8. 名　称
機能：	機能：

所属	日付　．　．	No.	氏名

8 インテリア設備

9 マテリアルコーディネート

この章では，床，壁，天井の仕上材の種類を知り，これらマテリアルの感覚評価と構成されたインテリアのイメージとの関連性を学び，さらにマテリアルの構成法を学びます。

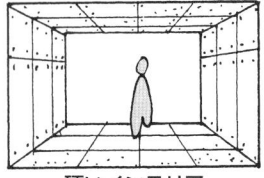

硬いインテリア（コンクリート打放し）　柔らかいインテリア（シャギーカーペット張り）　ざらついたインテリア（荒プレーナー仕上げ板張り）　光沢のあるインテリア（大理石鏡面仕上げ張り）

天井仕上材／壁仕上材／床仕上材

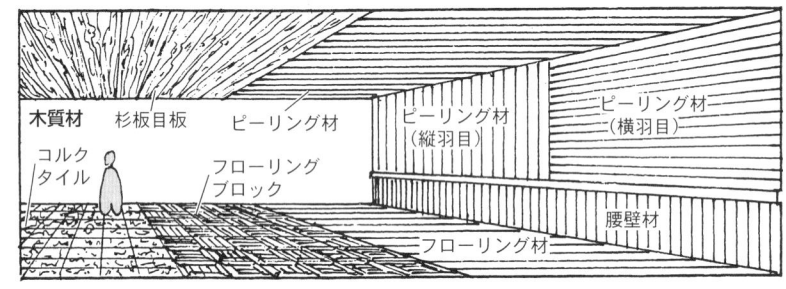

木質材　杉板目板　ピーリング材　ピーリング材（縦羽目）　ピーリング材（横羽目）
コルクタイル　フローリングブロック　フローリング材　腰壁材

- 床・壁・天井の部位の特性により，マテリアルに求められる性能が異なります。
- 天井仕上材は，吸音性・防火性・断熱性などが求められます。
- 壁仕上材は，耐衝撃性・清掃性・吸音性などが求められます。
- 床仕上材は，クッション性・耐摩耗性・耐荷重性・清掃性などが求められます。

天然石	変成岩	大理石	トラバーチン，ビヤンコ
		蛇紋岩	中国蛇紋，紅波紋
	火成岩	花崗岩	御影石，稲田，ブルーパール
		安山岩	鉄平石，白河石
	水成岩	砂岩	インド砂岩，来待石
		粘板岩	スレート，雄勝石
		凝灰岩	大谷石，十和田石，龍山石
人造石		テラゾー	（種石：大理石他）碧水，象牙
		擬石	（種石：花崗岩他）

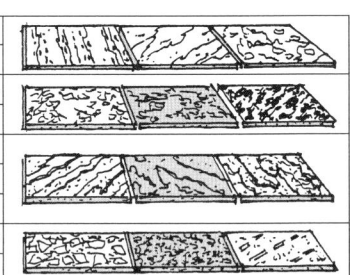

1. マテリアルとは

ここでは，インテリアの床，壁，天井などの仕上材を「マテリアル」と呼びます。床材のカーペット，壁材のクロス，天井材の吸音板などの総称です。

インテリアに身をおく人は，マテリアルという仕上材の衣の中に居るということになります。硬い衣があれば，柔らかい衣もあり，ざらついた衣もあれば，光沢のある衣もあります。

インテリアに要求される内容が，例えば「ゆったりと暖かみのあるリビングインテリア」であれば，柔らかく，光沢のないマテリアルコーディネートが適しています。また，「緊張感のあるオフィスインテリア」であれば，硬く，冷たく，光沢のあるマテリアルコーディネートが適しています。このようにインテリアデザインにおいて，カラーコーディネートと同様に，マテリアルコーディネートが重要となります。

インテリアマテリアルの種類

木質材：山林，森林資源に富むわが国では，古来より親しまれてきたマテリアルです。

樹種には，マツ，スギ，ヒノキなどの**針葉樹**と，ナラ，ブナ，チーク，サクラなどの**広葉樹**があります。無垢材の反りやねじれの欠点を補うため，合板，集成材，積層材，複合材などの人工加工材があり，床材は**フローリング材**，壁・天井材は**ピーリング材**として製品化されています。他にコルク樫の表皮から作るコルクタイル，シート材があります。

石材：石造の建築・インテリアは，ヨーロッパの伝統です。大理石の床・壁のインテリアは，冷たく，硬く，高貴な表情をもっています。

天然石に**大理石**，蛇紋岩，**花崗岩（御影石）**，安山岩（鉄平石），砂岩，粘板岩（スレート），凝灰岩（大谷石）などがあり，**人造石**にテラゾーと

セラミックタイル

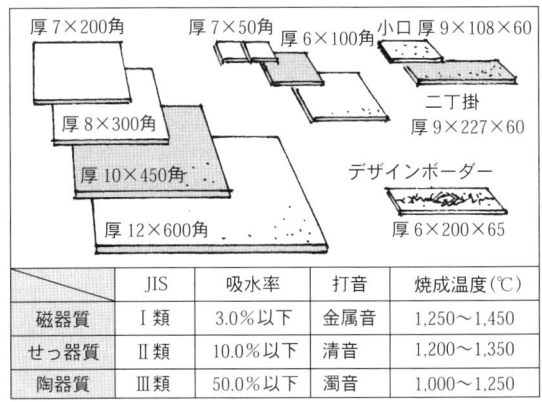

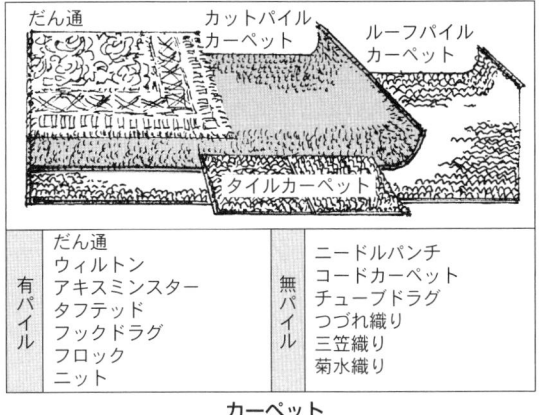

	JIS	吸水率	打音	焼成温度(℃)
磁器質	Ⅰ類	3.0％以下	金属音	1,250〜1,450
せっ器質	Ⅱ類	10.0％以下	清音	1,200〜1,350
陶器質	Ⅲ類	50.0％以下	濁音	1,000〜1,250

カーペット

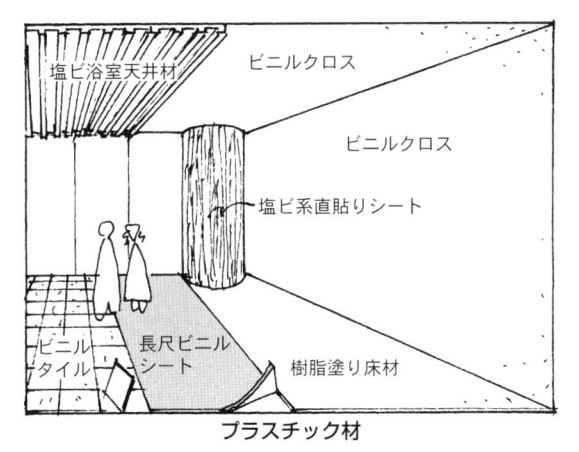

有パイル	だん通 ウィルトン アキスミンスター タフテッド フックドラグ フロック ニット	無パイル	ニードルパンチ コードカーペット チューブドラグ つづれ織り 三笠織り 菊水織り

プラスチック材

金属材

擬石があります。

セラミックタイル：土を焼成して作るタイルには、焼成温度の高い、吸水率の少ない順に、磁器質、せっ器質、陶器質、土器質の種類があります。釉薬や絵付けにより、多彩な製品があります。セラミックタイル張りのインテリアは、清潔感とクール感があります。

プラスチック：石油や石炭から作る高分子化合物です。張り床材として、ビニル系・ゴム系などタイル状、長尺シート状材料があります。塗り床材としてエポキシ系、アクリル系、ウレタン系があります。壁・天井材では、**ビニルクロス**が圧倒的に使用されています。浴室の天井材に、結露を防ぐため塩ビ型材に発泡樹脂を裏打ちしたものがあります。プラスチック系で仕上がったインテリアは、柔らかく、清楚感があります。

繊維材：天然繊維と化学繊維とがあり、**天然繊維**にウール（羊毛）、シルクなどの動物繊維、い草、麻、ヤシなどの植物繊維があり、**化学繊維**にナイロン、アクリル、ポリエステルなどがあります。動物繊維・化学繊維を織る、針刺しなどの方法で作る床材のカーペット・ラグ類は、肌触りの良い、温かいマテリアルです。植物繊維で作る畳、ヤシマットなどは清涼感があります。

壁に貼る**壁布**は、織りの風合い・肌合い、柄の多様性が、壁紙やビニルクロスより高級感と優しさをもっています。**壁紙**は、印刷により豊富な色・柄の製品があり楽しめます。また壁布よりは平滑な感じに仕上がります。

金属材：鋼板、ステンレス鋼板、アルミニウム板、銅板などの金属板を壁・天井・扉に使用します。地金板を使うほか、焼付け塗装、塩ビシート張りの板材も使います。天井材では、パネル・スパンドレル・ルーバー状の成形製品があります。不燃材・耐久材という特色をもちますが、感覚評価では硬く、冷たいマテリアルです。近年はメタルメ

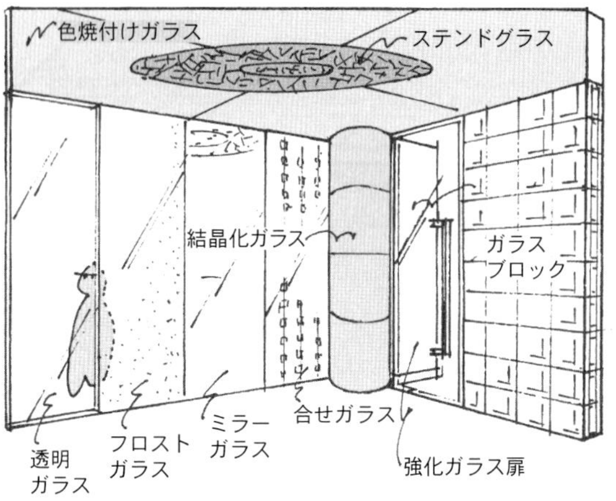
色焼付けガラス
ステンドグラス
結晶化ガラス
ガラス
ブロック
透明
ガラス
フロスト
ガラス
ミラー
ガラス
合せガラス
強化ガラス扉

ガラス材

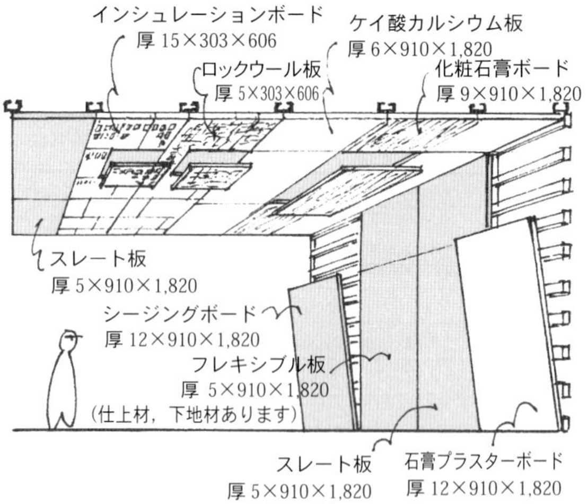
インシュレーションボード
厚 15×303×606
ケイ酸カルシウム板
厚 6×910×1,820
ロックウール板
厚 5×303×606
化粧石膏ボード
厚 9×910×1,820
スレート板
厚 5×910×1,820
シージングボード
厚 12×910×1,820
フレキシブル板
厚 5×910×1,820
（仕上材，下地材あります）
スレート板
厚 5×910×1,820
石膏プラスターボード
厚 12×910×1,820

ボード材

名　称	成　分
セメントモルタル	砂，セメント
石膏プラスター	砂，すさ，石膏
ドロマイドプラスター	砂，すさ，ドロマイドプラスター
しっくい	消石灰，すさ，糊（のり），（砂）
土壁（小舞壁）	砂，すさ，色土（じゅらく等）
繊維壁	砂，糊（CMC），顔料
合成エマルジョン砂壁	砂，炭酸カルシウム，エマルジョン

左官材と成分

ローラー塗装
吹付け
左官

ッシュやアルミを使った軽くて柔らかいデザインも可能です。

ガラス材：窓・スクリーンとして使う透明ガラスのほか，壁装用にミラーガラス，色焼付けガラス，装飾合せガラス，結晶化ガラスがあり，加工ガラスとしてフロストガラス，エッチングガラスなどがあります。ガラスのイメージとして艶（つや）やかさ，冷たさ，壊れやすさがあります。割れない**強化ガラス**はドアのほか，床にも階段のステップ（踏面（ふみづら））にも使います。

左官材：セメントモルタル，石膏プラスター，**漆喰（しっくい）**，土壁，繊維壁，合成エマルジョン砂壁などがあります。こてやローラーを使って，人の手で塗付け・仕上げますので，ハンドクラフト的風合いをもっています。

吹付材：スプレーガンを使って，ボードやモルタル下地に吹き付けて仕上げる材料です。**セメントリシン**，樹脂リシン，じゅらく，合成樹脂エマルジョン系スタッコ，合成樹脂エマルジョン系複層模様などがあります。表面は粗面となり凹凸感，ざらつき感が特徴です。

塗装材：床，壁，天井の木質材に用いる塗料に，オイルステイン，クリアラッカー，ラッカーエナメルがあり，金属やモルタルにはビニルペイント，ボード類には油性調合ペイント，水性エマルジョンペイントがあります。**エコ材料**として，ミルクペイントや植物油ペイントが注目です。仕上がり面は，光沢・平滑から微小な粗面で，優しい表情となります。

各種ボード材：壁材では，不燃材のセメント系の化粧ボードがあります。天井材として，不燃で吸音性の高いロックウール吸音板や木材繊維のインシュレーションボードに，凹凸，穴開け，印刷加工を施した多種の製品があります。これらの天井材では，軽い感じの納まりとなります。

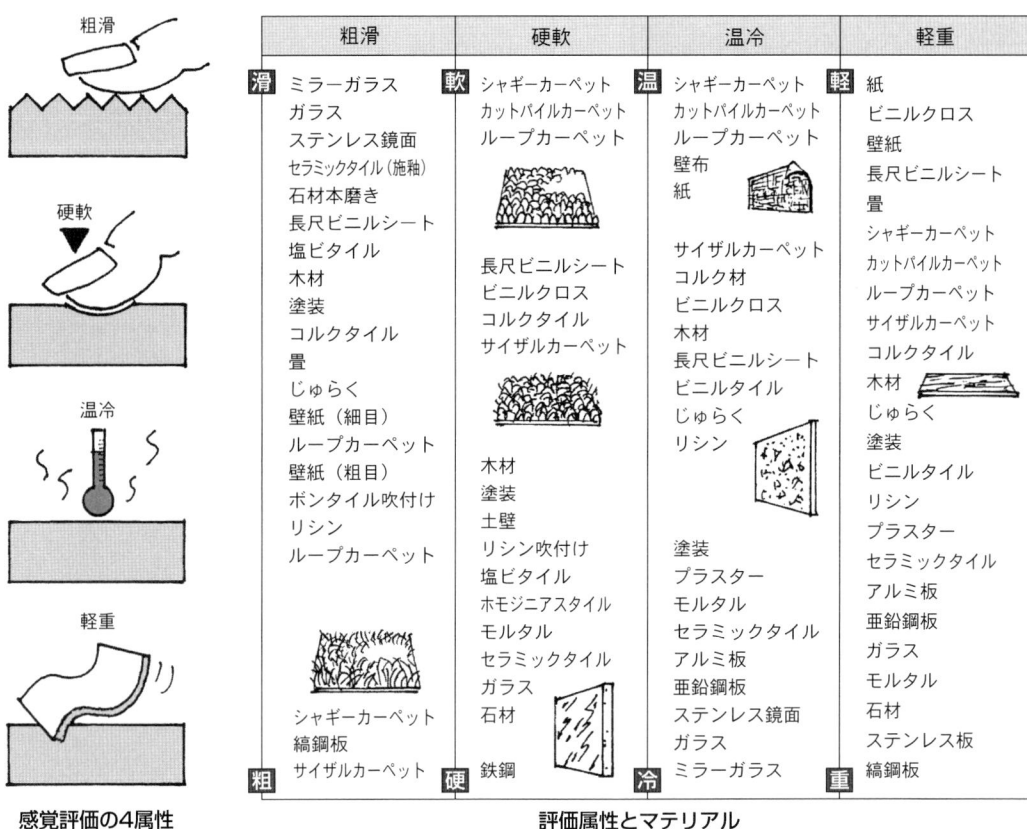

粗滑	硬軟	温冷	軽重
滑 ミラーガラス ガラス ステンレス鏡面 セラミックタイル（施釉） 石材本磨き 長尺ビニルシート 塩ビタイル 木材 塗装 コルクタイル 畳 じゅらく 壁紙（細目） ループカーペット 壁紙（粗目） ボンタイル吹付け リシン ループカーペット シャギーカーペット 縞鋼板 粗 サイザルカーペット	軟 シャギーカーペット カットパイルカーペット ループカーペット 長尺ビニルシート ビニルクロス コルクタイル サイザルカーペット 木材 塗装 土壁 リシン吹付け 塩ビタイル ホモジニアスタイル モルタル セラミックタイル ガラス 石材 硬 鉄鋼	温 シャギーカーペット カットパイルカーペット ループカーペット 壁布 紙 サイザルカーペット コルク材 ビニルクロス 木材 長尺ビニルシート ビニルタイル じゅらく リシン 塗装 プラスター モルタル セラミックタイル アルミ板 亜鉛鋼板 ステンレス鏡面 ガラス 冷 ミラーガラス	軽 紙 ビニルクロス 壁紙 長尺ビニルシート 畳 シャギーカーペット カットパイルカーペット ループカーペット サイザルカーペット コルクタイル 木材 じゅらく 塗装 ビニルタイル リシン プラスター セラミックタイル アルミ板 亜鉛鋼板 ガラス モルタル 石材 ステンレス板 重 縞鋼板

感覚評価の4属性

評価属性とマテリアル

2. マテリアルのイメージ ― 物性・感覚評価

　マテリアルの物性的・感覚的評価の基準に，4つの属性があります。粗滑，硬軟，温冷，軽重です。

　粗滑は，マテリアルの表面の凹凸，滑らかさです。カーペット類は，柔らかで「粗」のマテリアルで，温かみと優しさがあります。石材ののみきり，びしゃん，バーナー仕上げなどは，硬く「粗面」のマテリアルで，強さと怖さがあります。石材の本磨き，ガラス，セラミックタイルなどは「滑らか」なマテリアルで，艶やか感，清潔感があります。粗滑の中間のマテリアルは，生地の木材，畳，ビニルクロスなどで，なじみやすさと日常感があります。

　硬軟は，硬さの度合いです。石，鉄，ガラス，セラミックタイルは「硬」で，叩けば硬く，転倒すれば危険なマテリアルですが，その堅牢さで安心感・信頼感があります。カーペット，壁布，紙，ビニルクロス，長尺ビニルシートは「軟」のマテリアルで，心地良さ，温かさ，安心感があります。硬軟の中間に，木材，コルク，ビニルタイルがあります。

　温冷は，常温状態でマテリアルに肌で触れたときに，温かく・冷たく感じるかの評価です。物性としては，熱伝導に関係しています。金属，ガラス，石，セラミックタイルは「冷」のマテリアルです。この中でも，滑面のほうが粗面より「冷」に感じます。カーペット，壁布は「温」のマテリアルです。

　軽重は，実際に計量してというより，視覚と経験による評価です。石・鉄は「重」のマテリアルで，石で囲まれたインテリアは重厚となります。紙・壁布は「軽」のマテリアルで，そのインテリアは軽快となります。軽重の中間は，木材，塗装，吸音板などで，穏やかなインテリアとなります。

93

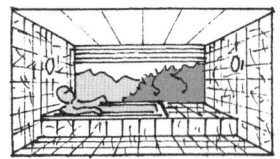

重厚なインテリア（マテリアルから）　清潔なインテリア（マテリアルから）　広いインテリア（空間量から）　明るいインテリア（照度から）

粗滑	硬軟	温冷	軽重
滑らかな 光沢の まばゆい 輝きの 緊張感の 艶やかな シルクタッチの しっとりした 湿った	柔らかい ソフトな しなやかな シルクタッチの 滑らかな ふんわりした 和らいだ	暑苦しい 厚い 暖かい 温かい 情熱的な ウォームな 明るい 陽気な ほかほかした	軽い 軽やかな ライトな 乾いた 小さな さわやかな 若々しい シルクタッチの
プレーンな 肌になじむ 落ち着いた 触り心地のよい 生成りの さらっとした 乾いた	馴染みのよい 肌触りのよい 素足感覚の ナチュラルな 心地よい	喜びの 温もりの 生き生きした 和らいだ 穏やかな 心安まる 快適な 心地よい	開放感の ふわりとした 安らいだ 心地よい 落ち着いた 心静まる
滑りにくい ざっくりした 陰影のある 力強い 荒々しい 粗面の 粗い	シャープな クールな 引き締まった 力強い 堅い 剛い ハードな 硬い	さわやかな 涼しい すがすがしい 静かな 冷たい クールな クリアな 凍るような 寒々しい	大きい ボリュームの 力強い 重量感の 重厚な 圧迫感の ヘビーな 重い 重苦しい

評価属性と形容語句　　　　　　　　　　　属性と形容語句の相関位置

3. インテリアのイメージ — 形容語句評価

一般に，インテリアを評価して「重厚なインテリアだね」とか「清々しいインテリアだね」とか言います。これらは，**インテリアエレメント**（床，壁，天井，建具，家具，照明器具など）のトータルな構成から受けるイメージを形容語句で評価しています。

前章までで学んだ空間デザインからだと「広いインテリアだね」，ライティングデザインからだと「明るいインテリアだね」，インテリアスタイルからだと「モダンなインテリアだね」といった評価となります。

では，マテリアルの感覚評価をもとにしたインテリアの評価について考えてみます。例えば，床，壁，天井がセラミックタイル張りのバスルームだと，「清潔で，滑らかなインテリア」といえます。これは，セラミックタイルのマテリアル評価が滑で硬で冷で中重であることに起因する評価です。

マテリアル評価が滑で冷なガラス張りのインテリアは，「滑らかで，クールなインテリア」となります。

左上の表は，4つの評価アイテムに関係した，インテリアの**感覚評価**の形容語句です。粗滑感から「荒々しいインテリア」とか，「艶やかなインテリア」の評価ができます。硬軟感から「堅いインテリア」「ソフトなインテリア」，温冷感から「和らいだインテリア」「凍るようなインテリア」，軽重感から「軽やかなインテリア」「重厚なインテリア」となります。

右上の表は，評価アイテムの硬軟と温冷を組み合わせたときの形容語句評価とグルーピングを表しています。例えば，右上の軟・冷の位置に，「さわやかな，シルクタッチの，みずみずしい，涼しい」があり，マテリアルとして畳やシルクの布，和紙，ヨシなどのコーディネートを想定することができます。

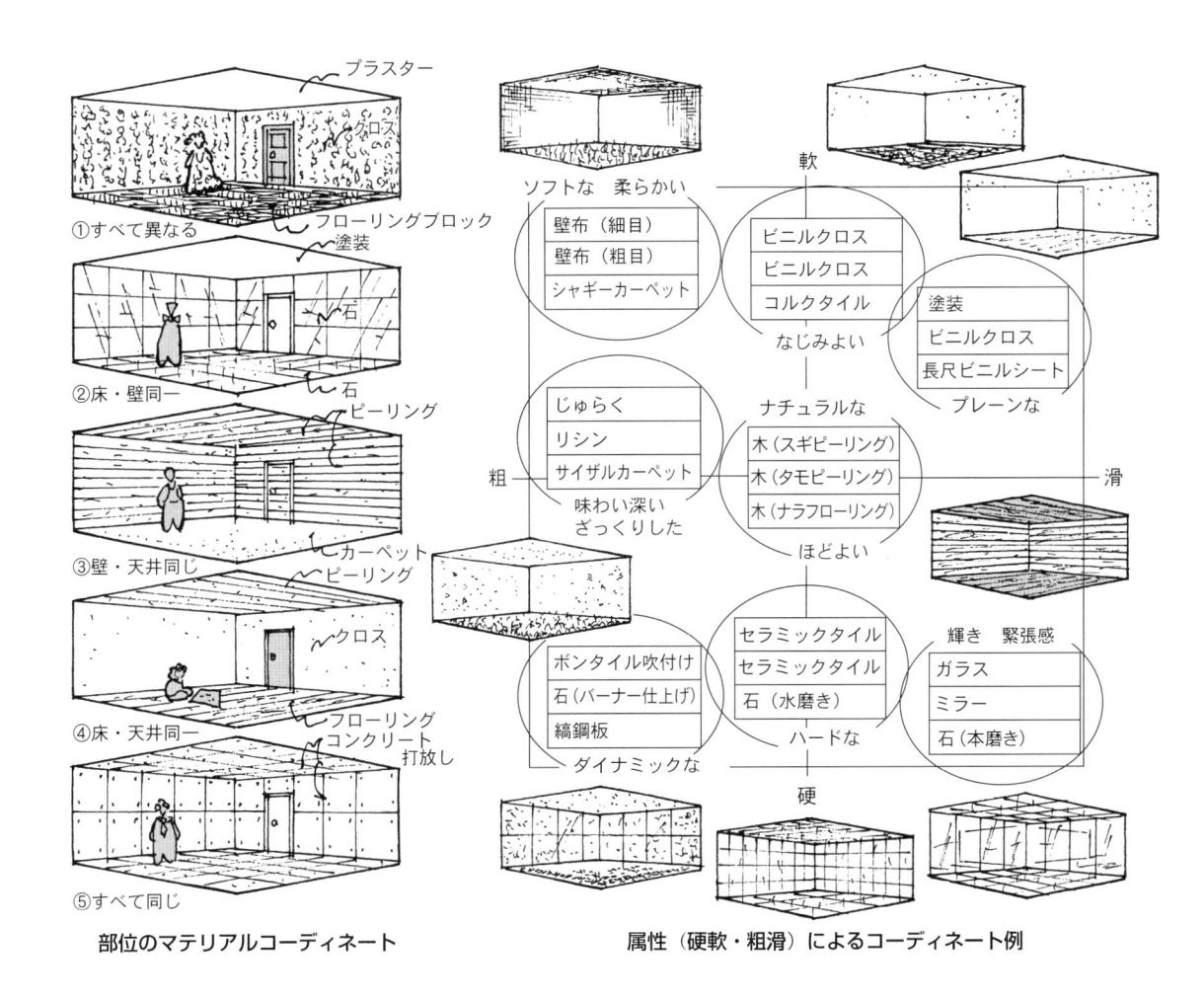

部位のマテリアルコーディネート　　　　　　　属性（硬軟・粗滑）によるコーディネート例

4. マテリアルコーディネート

部位より

　床，壁，天井の各部位とマテリアルの組合せには，①三部位がすべて異なる。②床・壁が同一。③壁・天井が同一。④床・天井が同一。⑤三部位が同一の5つがあります（左上図）。

　①は一般的な構成方法です。マテリアル評価は，同一のもの，類似のものでコーディネートするのがまとまりやすく，親しみやすいインテリアになります。マテリアル評価の粗滑では，床が粗，壁が中粗滑，天井が滑の順が，軽重では床が重，壁が中軽重，天井が軽の順が落ち着いたインテリアになります。

　②は竪穴に入っているような感覚です。③は帽子をかぶったような感覚です。④は天地でサンドイッチされた感覚です。図のコーディネートでは，クロスの軽さが水平の広がり感となります。⑤はマテリアルの自己主張の強いインテリアになります。図のようにコンクリート打放しでは，重く・硬く・冷たいインテリアになります。

属性から

　マテリアルの感覚評価（粗滑・硬軟・温冷・軽重）の組合せによるコーディネートは，多種になります。ここでは，例の一つとして，右上の図の硬軟・粗滑の組合せについて見てみます。

　図の左上の極にあるコーディネートは，粗と軟のマテリアル，床がシャギーカーペット，壁が粗目の壁布，天井が細目の壁布のコーディネートです。「柔らかい，ソフトなインテリア」となります。2軸の中心にあるコーディネートは，粗滑・硬軟が中庸のマテリアル，床がナラのフローリング，壁がタモのピーリング，天井がスギのピーリングで，「ナチュラルなほどよいインテリア」となります。右下の極にあるコーディネートは，滑と硬のマテリアル，床が石の本磨き，壁がミラー，天井がガラスのコーディネートで，「輝きと緊張感のインテリア」となります。

▲写真1 バルセロナパビリオン：クールでハードなインテリア

▲写真3 床・壁・天井が繊維，織物でなごみのインテリア

▲写真2 床・壁・天井が木質系で穏やかなインテリア

▲写真4 和室は自然材料（木，土，草，紙）でなごみ感

5. マテリアルコーディネートの実例

　写真1は，1929年，ミース・ファン・デル・ローエ設計のバルセロナパビリオンです。床は大理石（一部カーペット），壁は大理石・透明ガラス，天井はプラスター，柱はクロムメッキのスチールです。硬軟の「硬」，粗滑の「滑」，温冷の「冷」，軽重の「重」寄りのコーディネートです。硬く，清々しく，きりっとした，背筋の伸びるインテリアです。

　写真2は，木質系でまとめられたリビングです。床はサクラ材のフローリング，正面の壁はシオジ材の単板練付けです。天井はマツ材の杢出し合板張りです。木材は樹種により硬軟感，軽重感に微妙な差はありますが，概して「中庸」な材です。温冷は「温より」，粗滑はプレーナー掛け仕上げが「少し粗面」です。床，壁，天井の三部位が木材というコーディネートは，ナチュラル感を強調した，温もりのある，和らいだインテリアといえます。

　写真3は，住宅の主寝室です。床はカーペット，壁は厚手の壁布，天井は同材を貼り上げています。マテリアルコーディネートは床，壁，天井の三部位に留まりません。「軟・粗・温・軽」の繊維系として，ドレープカーテン，ベッドスプレッド，テーブルスタンドのシェードへとつながり，暖かみのある，落ち着いた，安心感のあるインテリアをつくり出します。

　写真4は，和室です。伝統的な日本建築は，木と土と紙でできているといいます。このインテリアは，床は畳，壁は土壁・じゅらく，天井は杉板です。それぞれのマテリアルの評価は，中庸から，「軟より」，「粗より」，「温より」，「軽より」です。建具の襖や障子の和紙を含めても，中庸で，刺激の少ない，日本人には馴染みやすいインテリアです。

演習課題 09　　素材から仕上がりのインテリア感を話し合う

■箱（部屋）の内側に素材を貼って，インテリアの雰囲気を話し合ってみましょう。

1. 前日，前週の宿題として，10 cm角 5 面に貼る素材を用意する（布，バルサ，アルミホイール，ポリラップ，ティッシュペーパーなど）。
2. 画用紙に 10 cm角の立方体の展開図を書く。一方は開口とする（縮尺 1/30 で，3 m³ の部屋です）。
3. 用意した素材を，5 面に貼る。
4. 接着テープで箱に組み立てる。
5. 人形（縮尺 1/30）を作る。
6. 床面を想定して人形を立てる。
7. のぞいて，仕上がりのインテリア感を観察し，記録する。
8. 一同に並べて話し合う。

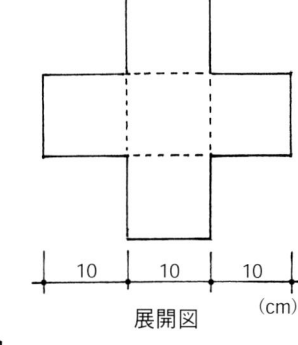

展開図

スケッチまたは写真

材料リスト

床	壁	天井

インテリア感：

他者との比較：

他者の評価：

所属　　日付　　No.　　氏名

10 カラーコーディネート

この章では，カラーのもつイメージや効果，カラーコーディネートに必要な色彩の知識を学んだ後，色彩計画の手法を学びます。実際の計画例に触れ，実感してみましょう。

表1 色彩の感情効果

色		感情効果			
赤		興奮	歓喜	緊張	活動
橙		健康	元気	喜び	嫉妬
黄		明朗	陽気	元気	若々しい
緑		新鮮	平和	平静	若々しい
青		深遠	充実	理想	知的
紫		高貴	神秘	心配	疾病
白		清潔	公正		
灰		冷静	不安		
黒		厳正	陰うつ		

表2 トーン名と意味

トーン名		意味
ビビッド		冴えた
ブライト		明るい
ストロング		強い
ディープ		ふかい
ライト		浅い，軽い
ソフト		柔らかい
ダル		鈍い
ダーク		暗い
ペール		薄い
ライトグレイッシュ		明るい灰味の
グレイッシュ		灰味の
ダークグレイッシュ		暗い灰味の
ベリーダーク		ごく暗い

写真1 青のリビング▲

写真2 ビビッドトーンの空港ロビー▲

写真3 ペールトーンのペントハウス▶

1. カラーのイメージ

カラーにはさまざまなイメージがあります。地域の風土や文化をもとにしたその地域独自のイメージもありますが，表1は，世界の人々に共通した色彩に対するイメージです。緑が自然や平和をイメージさせ，灰色が沈着冷静に加え，不安をイメージさせる感情効果のあることもよく知られています。また，生理的に赤は興奮色，青は鎮静色です。

寒暖感からは，空・青・紺は**寒色**，赤・橙・黄は**暖色**と区別します。同時に，暖色系は，**進出色・膨張色**であり，寒色系は**後退色，収縮色**です。いずれも科学的な裏付けをもって進出したり，退いたりするわけではなく，あくまでイメージです。しかし，インテリアのカラーコーディネートでは，このイメージが大切です。

写真1は，青をテーマカラーとしたリビングです。青のカラーイメージである知的，充実，深遠，理想を全面に打ち出して，静かで，充実したインテリアとなっています。

このような色相に由来する感情効果に加え，トーンに由来する感情効果があります。トーンとは，色の三属性（色相，明度，彩度）のうち，明度と彩度を複合した考えです(100頁参照)。

写真2は，空港のロビーの配色例で，鮮やかで派手なビビッドトーンのカラーが多用され，心浮き立つ旅行気分を盛り上げます。

写真3は，明るく淡いペールトーンで構成された，ペントハウスのゲスト空間です。ペールトーンは，柔らかく軽い空気感を演出します。このように，多色を用いた配色もトーンが共通であればなじみやすく，共通トーンのカラーを組み合わすことで，トーンの感情効果がより強調されます。

色相の感情効果とトーンの感情効果を複合させることによって，さまざまなイメージのインテリアの色彩計画が可能になります。

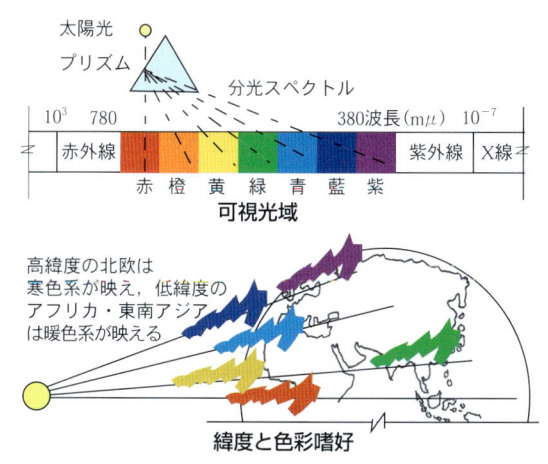

▲北欧は青・紫系が美しく見える

▲東南アジアは黄・赤が冴える

▲インドでは赤・茶が魅力

▲南アジアの緑は明るい

2. カラーの文化と風土

　私たちの色彩感覚には、風土・気候、民族・宗教・文化・伝統、時代などさまざまな背景があります。なかでも、風土・気候は、色の見え方や価値観に影響を与え、染料などの希少性も加わり、「高貴な色彩」といった文化的な認識も発生しました。大きく影響を与えているのが、**太陽光の色（スペクトル色）**です。

　ヨーロッパなど高緯度地方は、やや青みに傾斜し、そのため青や紫といった短波長の色彩が美しく映えます。街で見かける緑も青みがかり、アジアの緑とは異なります。南アジアや東南アジアなど低緯度地方では、太陽光はやや赤や黄みに傾斜し、赤や黄の長波長の色彩が美しく映えます。また、日光の照射率や大気の純度も影響します。

　北国では日光の照射率が低く、大気に水蒸気が多い場合は、色彩は一般に彩度が低下します。反対に南国の乾燥地帯は、日光の照射率が高く、大気に水蒸気が少ないため、色彩は一般に彩度が高く鮮やかに見えます。モンスーン気候帯に位置する日本では、特に湿度が高く、水蒸気というスクリーン越しに見ているような状態といえます。外国で美しく見えた色彩のものを日本に持ち帰ると、その良さが感じ取りにくい、という現象もよく語られるところです。

　これらの知識をもっておくと、和風を生かした色彩計画には、一般に、乾燥した地域で映える原色は避け、水気を含んだようなしっとりした色や濁った色、渋い色など、風土になじむ色を選ぶと失敗がありません。このような色を含む色彩群を「**日本の伝統色**」としてまとめている色見本があります。

　現代は、世界各国のインテリアイメージ、カラーイメージを、デザインモチーフに取り入れることが頻繁に行われています。各地域の色彩感の特性を知ることで、イメージ構成や色彩計画に役立ち、インテリアデザインの大きな力になります。

三原色と色相環

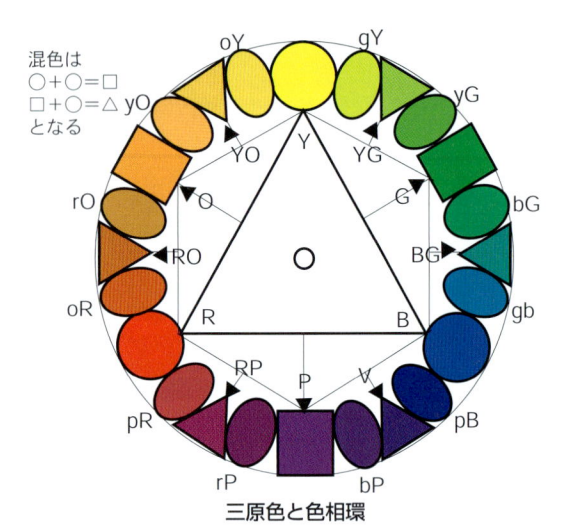

絵の具の三原色を、それぞれ2色ずつ混色すると、紫、緑、橙になる。さらに紫と赤を混色して赤紫、緑と青を混色して青緑、橙と黄により黄橙というように、黄緑、青緑、黄橙の6色ができ、さらに混色を進めると24色の色相環ができる。

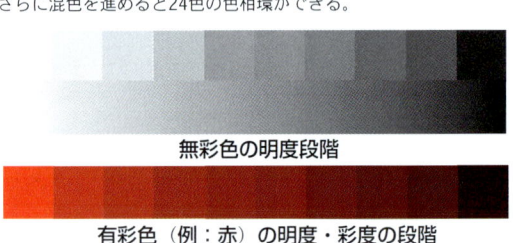

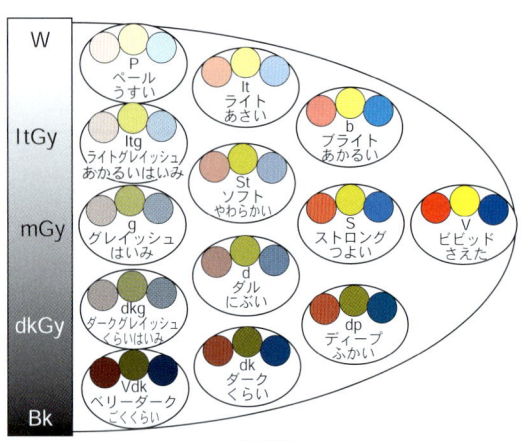

無彩色の明度段階

有彩色（例：赤）の明度・彩度の段階

トーン表色系

マンセルの色相環

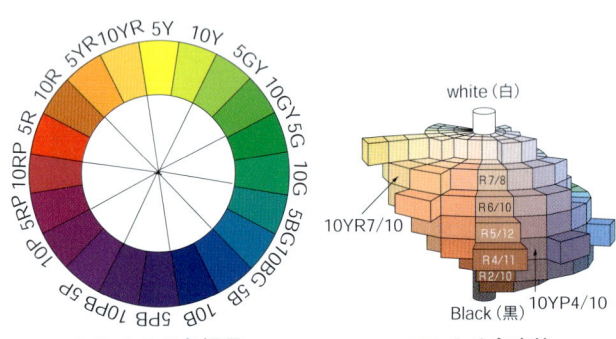

マンセル色立体

3. カラーの分類と表色系

　色彩の伝達には、普遍的・科学的な色彩表示体系が必要になります。そこで、色彩を記号や数値で表す方法が開発されました。色彩の性質、色の三属性を**色相**、**明度**、**彩度**を使って表記します。色相は赤や青など色合いの違いを示し、明度は色の明るさの度合いを示し、明るい色は明度が高いといいます。彩度は色の鮮やかさの度合いを示し、濁りのない色は彩度が高く、灰色を含んで濁った色は彩度が低いといいます。色みのある色彩は**有彩色**、白、灰色、黒など色みのない色彩は**無彩色**といい、明度のみで表示します。

　色相を波長・スペクトルの順に並べると、環状に配列でき、これを**色相環**と呼び、中心軸に明度軸、中心から遠ざかる度合いを彩度として、3次元にとらえると**色立体**となります。

　マンセル表色系とは、アルバート・マンセル（1858-1919）によって考案された表色システムで、現在、建築・インテリアをはじめ、最も一般的に用いられている体系です。色相・明度・彩度を、この色立体上に等間隔に分類し、それぞれの数値で表記します。

　色相は、赤(R)、黄(Y)、緑(G)、青(B)、紫(P)の5色の基本色相に、中間の色相5色〈黄赤(YR)、黄緑(GY)、青緑(BG)、青紫(PB)、赤紫(RP)〉を加え、10の基本色相とします。明度は理論上、完全な黒を0、完全な白を10とするものの、現実に存在する1〜9.5の範囲で決められます。

　彩度については、無彩色を0とし、数値が上がるに従い鮮やかさが増し、最高値はRやYRの14程度となります。実際の表記は、5R4/14、「5アールの4の14」と読み、これは、明度が中程度の4、彩度が14と最も高い純赤を示しています。無彩色はNで表記し、明度が5の灰色はN5となります。

▲クールな床の青が会議室を引き締めている　▲ウォームな茶色の色彩が暖かいイメージを作る

会議室

▲さわやかなイメージの黒・白のカラーコーディネート　▲くつろぎのイメージのアース色系のカラーコーディネート

カフェ

4. インテリアの色彩計画1

インテリアにおいて，色彩の果たす役割は大きく，色彩計画の良し悪しが，インテリアデザインの成功を決定するといっても過言ではありません。それは，視覚による認知は，最初に色彩，次に形状，という順序で行われ，色彩から生じた印象が全体を支配するといえるからです。

色彩には特有の感情効果があることを学びましたが，これに対象空間のさまざまな要素を重ね，調整し，全体として効果を高めることが必要です。具体的には次の手順になります。

イメージの設定

対象空間の使用目的に応じイメージを設定します。クールな会議室なら知的な発言が期待でき，暖かみのある会議室なら自由な発言を期待するオフィスの色彩計画例もあります。

カラーコーディネートの方向性を決定

イメージの具現化に当たり，カラーコーディネートのパターン（「5. インテリアの色彩計画2」参照）を決定します。次に，配色パターンに適合した色相・色を想定してイメージを固めます。

空間デザインとその構成材の確認

空間デザインと色彩は分けて考えるものではなく，エスキスの過程で，すでに色彩計画の概略が心象に形成されている場合が多いものです。しかし，色彩計画に当たって再度，デザインの確認とその素材をチェックします。素材によっては適合した色調が存在し，また，色彩が限られる製品もあります。例えば，自然の素材感を生かした建材の色彩幅は狭く，衛生陶器などは色数が限られます。日頃から意識して見ておきましょう。

色彩計画の確認

色彩計画は，必ずスケッチパースなどに着彩し確認することが大切です。プレゼンテーション用でなくても，必ず行いたい一つのステップです。

| 同一色相 | 類似色相 | 中差色相 | 反対色相 | 補色色相 |

色相配色

| 同一トーン | 隣接トーン | 近対照トーン | 遠対照トーン |

トーン配色

無彩色10段階 10 9 8 7 6 5 4 3 2 1
明度差1
明度差3
明度差5
明度差9

無彩色配色

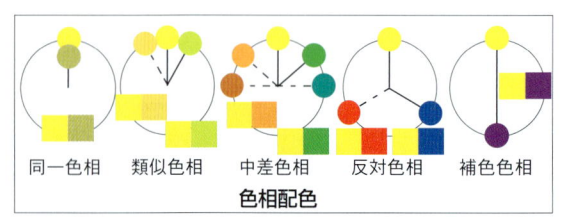

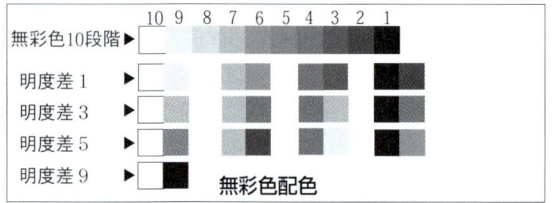

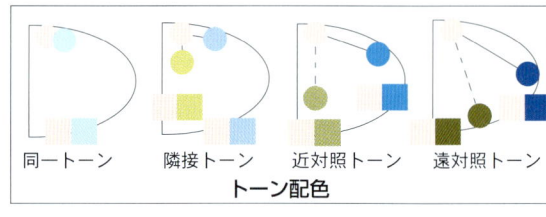

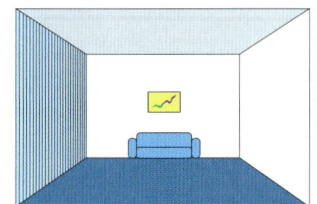

ベースカラーはブルーとホワイト。ソファの「コートダジュールブルー」がアソートカラー。アクセントカラーは，アートのイエローで反対色相です。

▲ベースカラーは床とシェードのソフトオレンジ。レッドやダークブラウンがアソートカラー

▲ダークブラウン，アイボリー，ライトな木部色，グレーがベースカラー。アソートカラーにダークブラウンをリピートし，レッドがアクセントカラー

5. インテリアの色彩計画2

カラーコーディネートのパターンには，色相を基本にした色相配色，無彩色の明度差を基本とした無彩色配色，トーンの位置関係を基本としたトーン配色などの分類があり，さらにさまざまなパターンに細分されています。ここでは，代表的な例を学びます。

色相配色

同一色相や色相環で隣り合う色相など類似した色相で配色を行うと，なじみやすく，なごやかな調和となります。その一方，インパクトに欠ける面もあります。逆に色相環で向かい合う補色どうしの配色では，コントラストが強く，躍動感のある効果を演出します。使用面積のバランスに留意します。

無彩色配色

明度差が大きいほどコントラストが強く明瞭で，小さければ曖昧で穏やかになります。空間の使用目的により，調整します。

トーン配色

同一トーンや隣接したトーン配色の場合，そのトーン独特の感情効果が強調され，トーンの個性が感じられる空間となり，しっくりとなじみやすい配色です。離れた位置のトーンの場合，調和のためには，色相と使用面積が重要となります。

配色のステップ・カラー配置

イメージにあった配色パターンが決まれば，どう配置するかが次のステップです。イメージの中心になる**ベースカラー**（基調色）を最も大きな面積で用い，次にイメージを継承発展させる**アソートカラー**（配合色・従属色），次に色相またはトーン的に対照的な色，つまり**アクセントカラー**（強調色）を少量加える（スパイス的効果を与える）という面積配色で行う一般的な方法があります。一方，これにとらわれずダイナミックに自由に配置する色彩計画もあります。

▲距離と色彩：ビビッド色は遠方からでもはっきりと認識できる

▲明度差・彩度差のある色彩が目立つ

▲材質と色彩：粗面な左官壁やタイルなどの色彩は陰影をもち，深みのある色彩となる

▲照明と色彩：光が直接的に当たる部分の色彩は，色が飛ぶ。天井埋込みの照明では，天井の色彩は暗く見える

6. インテリアの色彩計画3

　色彩の見え方には，さまざまな要因が影響を与えます。近距離から見ることが多いインテリア空間では，素材のもつ材質感は大きな要素です。また，照明や自然光の当たり方によっても異なり，使用面積や，水平面か垂直面かといった状況も大きな影響を与えます。

材質感と色彩

　光沢の有無で印象が異なり，マットなものは反射がなく，どの方向からも色の視認性は共通です。また仕上げの面状によっても，かなり印象が異なります。表面の粗いものは陰影ができ，明度，彩度ともにいくぶん低下した印象を受けます。また，木質などは塗装の程度により，材質感とそこから生じる色調感も大きく変わります。このようなエレメントの色彩決定には，大きめのサンプルを用意し，太陽光や人工光など条件を変えて確認する注意が必要です。

照明と色彩

　光源によって演色性に違いがあります。白熱ランプは黄や赤を引き立たせ，点光源特有の陰影に富む照明です。蛍光ランプは，昼光色，昼白色，電球色などが用意され，青みや黄みなど選択の幅がありますが，面光源特有の陰影のない照明でフラットな見え方です。この陰影の有無は，色の見え方に影響を与えます。また照明の当て方もポイントで，陰影が強い空間の場合，照明が直接当たっているところは色が飛びやすく，影では色彩感は希薄です。

面積と場面

　使用面積が広いと，一般に明度・彩度は上がり，深みのある色を期待したとき，意図に添わないこともあります。このため，広く用いるタイルやカーペットなどには留意が必要です。また水平面は照明が直接当たるケースが多く，垂直面と比べ，明度が高い印象を受けます。

10 カラーコーディネート

▲玄関・ホール・廊下からリビングへの色彩と素材の連続性が動線を誘導する

▲ライト系のフローリングと古民家の黒い古材がコントラストを作る

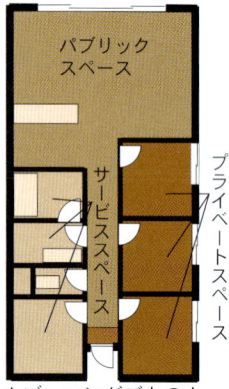

▲ゾーニングごとのカラーコーディネートが可能

▲ダーク系のフローリングに赤いソファとブラインドが重厚感を作る

▲コンクリート打放しの壁・天井に対し，家具の白い水平面が室内を明るく感じさせる

7．住宅の色彩計画

　住宅には，玄関ホールや居間，食堂などパブリックスペースと，プライベートスペースがあり，ここでは，パブリックスペースを取り上げます。

　玄関ホールから居間までは連続した空間で，居間も食堂と近接・連続するケースが多いものです。つまり，パブリックスペースには，多少の差異が加わりながら，トータルには連続性のあるインテリアが望ましいことになります。

　さて住宅とは，ある程度の期間継続して暮らし，その間に家族の構成や家具などが変化し，さまざまなものが持ち込まれるという特性があります。これらを長期にわたって受け入れ可能な色彩計画が求められます。

　連続空間であること，長期持続性のある色彩計画，この2点から，壁・床・天井，つまり**ベースカラー**は，飽きのこないシンプルな色で，オフホワイトやアイボリーの壁というのが一般的です。

　こうした状況の中で，床は個性が表現しやすく，さまざまな素材が使用されます。ダーク系フローリング材は，重厚感や高級感を感じさせますが，ライト色に比べ部屋を若干狭く見せます。床の色調が全体に与える影響は大きいものです。カーペットや塩ビシートのほか，タイル張りや石張りの床もあり，サンプルの色調に留意が必要です（前項参照）。

　住宅の木質部は，柱，階段，建具枠，建具，家具など多々あります。一般に，一室に木部色3色までは共存が可能で，共通色とするより，むしろ洒落たイメージになることも多いものです。古民家の改装例を参照下さい。

　アソートカラーは，家具などが担います。どこかでリピートすると，コーディネート感が感じられます。写真のソファの赤は，木製ブラインドの赤と共通です。また，白いものが水平面にある写真の例では，その光沢面が光を反射する効果もあり，室内が明るく感じられます。

▲写真4 ナチュラル色で親しみやすいカフェ

▲写真6 誰もが集まりやすい無彩色配色のカフェ

▲写真5 企業イメージを強調するカラーコーディネート

▲写真7 アクティブなオレンジ配色の大学のネットコーナー

8. 公共空間の色彩計画

多数の人々が不定期に時間を共有する空間では、さまざまな要素が求められ、それらを色彩計画に織り込んでインテリア計画を進めていきます。

わかりやすさ(写真4)

色彩や素材でゾーン分けされた床、周囲とは異なるインテリアデザインなどの工夫は、来場者にわかりやすいサインとなります。周囲がオフィス的環境でも、柔らかな曲線を描いたカフェスペースは、パブリックゾーンであることを示しています。それを強化するための色彩計画として、ベンチはナチュラル色とし、ガラスやスチールと対比させています。

安全性・信頼性・安心感(写真5)

スロープを色で認知させるサイン効果のように、安全性を高める必要性などに加え、不特定多数の人が出入りする空間として、企業や施設への信頼感も求められています。現在多く見られる無彩色中心の知的でクールな色彩計画は、テクノロジーに対する信頼、という現代社会の共通意識のあらわれと思われます。

多数の人の受け皿としての色彩(写真6)

人間はそれぞれ異なる膚や髪の色をしており、服装もまちまちです。その背景としての色彩計画は、ニュートラルなモノトーンという例が現代建築に特に多く採用されています。

適度な緊張感(写真7)

空間を私物化させないためにも、ほどよく緊張感を持続させる必要があります。そこで、この大学の施設では、本来、思索に向くとされる青ではなく、緊張や活動、興奮といった感情効果をもつ赤を、あえてこのスペースに採用しています。活発なインタラクティブコミュニケーションを期待する一方で、回転率を上げるファーストフード店にも似た色彩計画で、共用スペースにふさわしい効果が望まれていると思われます。

▲写真8 エンターテインメント性　　　　　　　　▲写真10 コンテンポラリー性

▲写真9 ラグジュアリー性

9. 商業施設の色彩計画

　顧客が商業施設に求めるものは，その施設の業種，営業形態，立地条件などさまざまな要因によって著しく異なります。ここでは，「住宅にはない非日常性のスペース」という観点に絞って，カラーコーディネートの実例を見ていきます。

エンターテインメント性(写真8)

　商業施設に立ち寄ること自体がエンターテインメントになる，そのような楽しさがポイントです。テーマパークのような色彩で強く顧客を誘引するもの，あるいは見たことのない空間で客をもてなすもの，など手法はさまざまです。この一例では，暖色系のビビッドトーンのテントが楽しさで客を誘引し，購買意欲をかき立てます。一方，円筒形の空間では，サファリ砂漠や竹などさまざまなモチーフを重ね合わせた独特のデザインが，ナチュラルな色彩で強化されています。

ラグジュアリー性(写真9)

　ホテルやレストランは，非日常性の代表です。そのポイントはラグジュアリー性にあります。通常，住宅には採用しにくいディープトーンやダークトーンが，円熟した大人の安らぎ感を演出しています。また，同じく住宅では採用しにくい，明度差の大きい大胆な壁の貼り分けなども，石材の光沢感や材質感に加えて，ラグジュアリー感を高めています。

コンテンポラリー性(写真10)

　時代の空気を感じさせる店舗デザインは，顧客を誘引するファクターです。その店舗デザインは，色彩バランスの上に成り立っています。色彩計画には，大胆な発想と緻密な検討が必要です。その最初の一歩は，空間体験と空間からの感動体験です。意識して空間を体験することが発想力への蓄積となります。さまざまな色彩計画を体験することが必要です。

演習課題 10　　　　カラーイメージからインテリア構成を考える

■インテリアイメージに沿ってカラーコーディネートをしてみましょう。

1．カラーチップを用い，課題テーマのイメージを構成する。
2．次にベースカラー，アソートカラー，アクセントカラーを決定する。下台紙の枠内に貼る。
3．インテリア素材の材質や表情も考慮しながら，インテリアエレメントのカラー構成を文章で説明する。

A．北欧モダンのカジュアルライフ

コンセプト：

B．和モダンなレストラン

コンセプト：

C．活力ある企業のエントランスホール

コンセプト：

| 所属 | 日付 ． ． | No. | 氏名 |

11 エルゴノミクス（人間工学）

インテリアデザインは，人間の生活空間を取り扱う技術です。見かけの美しさや格好良さだけではなく，機能的な要求に対して誠実に対処することが求められます。人間工学とは，デザインを進めるうえで「機能」について考えることです。

マンマシンシステム

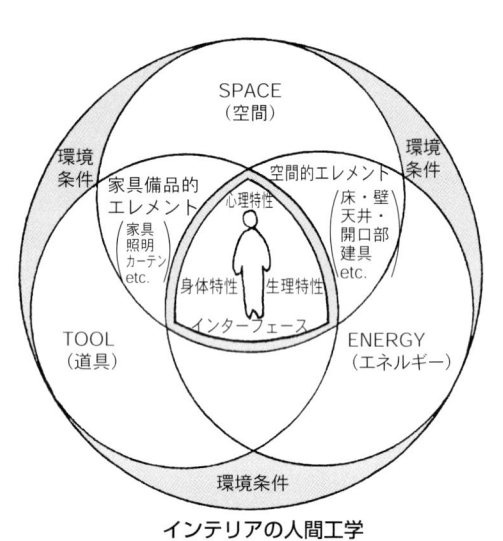

人間工学の考え方は，人間と機械（環境）を一つのシステムとしてとらえることが必要です。人間の感覚器に対応するのが表示器であり，効果器に対応するところが操作器であり，これらが合理的・整合性がとれていなければなりません。人間と機械（環境）との接点をインターフェースといいます。

インテリアの人間工学

インテリア空間における人間とのインターフェース（接点）の計画・設計に際し，人間（MAN）の種々の特性（身体的・生理的・心理的）を考慮し，快適・効率的にすごせるよう整合性をはかります。

1. インテリアデザインの人間工学

人間工学とは「使い勝手の科学」のことです。格好の良い椅子もインテリアデザインのうえでは大切ですが，座り心地が悪くてはデザインとしては失格です。すっきりと美しいキッチンもインテリアデザインとしては魅力的ですが，台所は見かけだけではなく，使用する人にとって，使い勝手の良いことが基本となります。こうした使い勝手を合理的に取り扱う学問が**人間工学**です。

人間工学のことを，ヨーロッパでは**エルゴノミクス**（Ergonomics）といいます。これはエルゴ（Ergo）（仕事という意味）とノモス（Nomos）（管理する）という二つの語が組み合わされてできた造語です。一方，アメリカでは**ヒューマンファクターズエンジニヤリング**（Human Factors Engineering）と呼んでいます。人間の要求を組み入れるための工学とでもいうのでしょうか。ヨーロッパの人間工学は，人間科学の要素が強いのですが，アメリカのそれはシステム工学的要素が強い学問といえます。

人間工学は，第2次世界大戦以降に発達した比較的新しい学問です。戦後，そうした技術や考え方が自動車産業，医療などで応用されて，やがて家電機器やインテリアなど人間の住生活周辺にも取り入れられるようになりました。椅子の座り心地や設備機器の使い勝手，住宅の住み心地，オフィスのインテリア空間の作業性の向上，乗り物のインテリアの快適性等に，人間工学の研究成果が取り入れられるようになったのです。

インテリア空間は，人間の最も身近な環境であり，人間の身体，感覚，生理，心理，動作，行動などの諸要件を組み入れて計画する必要があるのです。

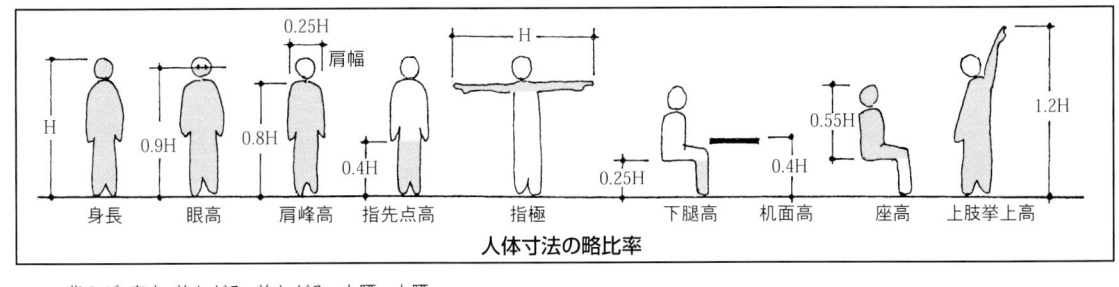

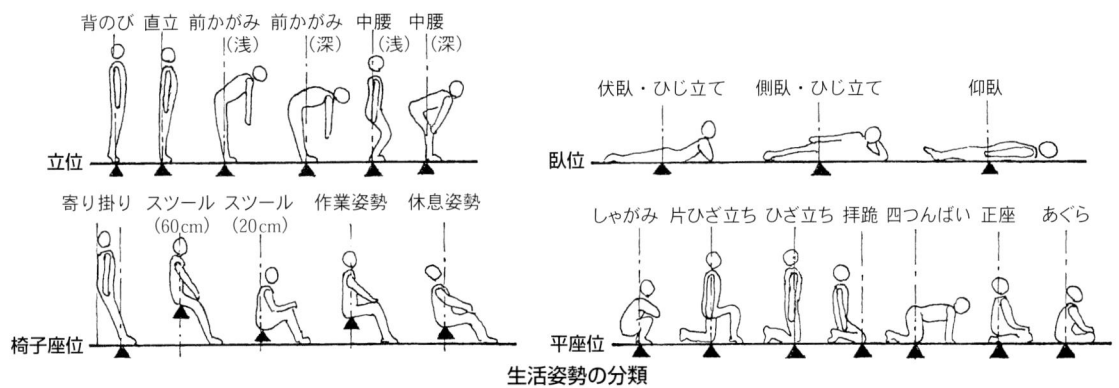

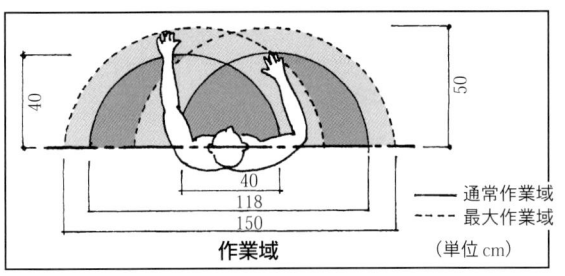

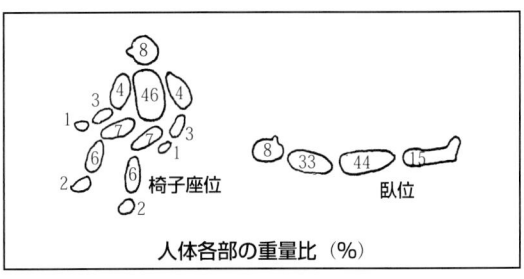

2. 人体寸法，姿勢，作業域

　部屋の大きさやかたち，椅子の寸法や形状等，インテリア空間はすべからく人体と密接に関連をもって成り立っています。それはインテリアが，衣服に次いで人体に身近な環境だから，人の身体の寸法に適合しなければ，不都合が生じて使い勝手が悪くなってしまうからです。

　インテリアデザインを学ぶ者は，人の身体の仕組みや内容をまず知る必要があります。

　身体の各部の寸法は身長が基準となって，その比率で示すことができます。これが**人体寸法の略比率**です。例えば，「指極」といって，人が両手を広げた寸法は，ちょうど身長の寸法に相当します。また，肩の高さは身長の0.8，眼高は身長の0.9，座高は身長の0.55倍，さらに「上肢挙上高」といって，手を伸ばして手が届く高さは身長の1.2倍の高さです。なお大まかには，横方向の寸法は体重に比例します。

　また，インテリア空間の中ではさまざまな生活行為が行われ，さまざまな**生活姿勢**がとられます。空間やモノは，そうした姿勢や動作に対応しなければなりません。生活姿勢は基本的に立位姿勢，椅子座姿勢，平座姿勢，臥位姿勢の四つに分類されます。こうした代表的な姿勢に対応させて，従来からの畳の上で座って生活することを「ユカ座式生活様式」，椅子やベッドなど家具を用いる西洋式生活を「イス座式生活様式」と呼びます。

　また，動作の基本となるのが**作業域**で，これは手足で作業のできる空間領域のことをさします。合理的な作業空間を造るうえで，作業域の概念は欠かせません。作業の内容に合わせて，通常作業域，最大作業域などを選ぶ必要があります。

11 エルゴノミクス（人間工学）

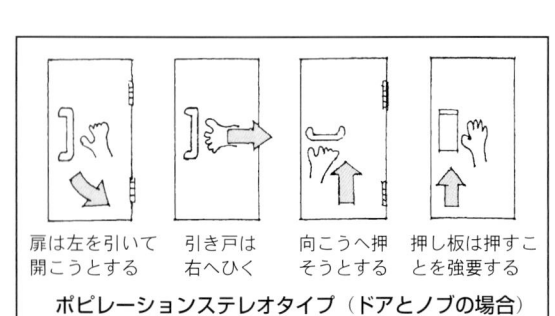

図中テキスト：

ポピレーションステレオタイプ（ドアとノブの場合）
- 扉は左を引いて開こうとする
- 引き戸は右へひく
- 向こうへ押そうとする
- 押し板は押すことを強要する

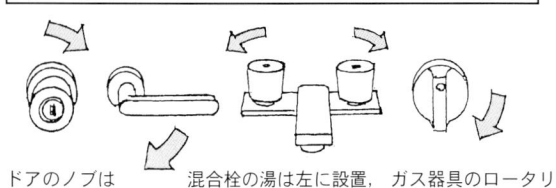

ポピレーションステレオタイプの応用（ノブ・ツマミ）
- ドアのノブは右回りが一般的
- 混合栓の湯は左に設置、それだと安全性が高まる
- ガス器具のロータリーツマミは回しやすい右回りだと消える

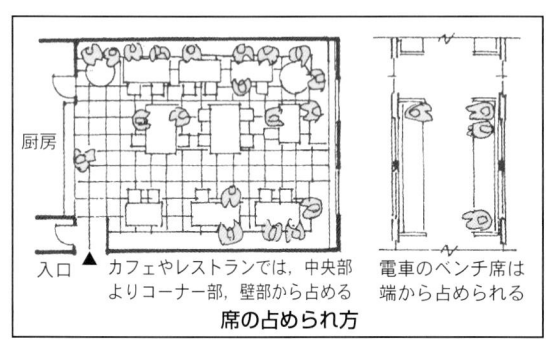

席の占められ方
- カフェやレストランでは，中央部よりコーナー部，壁部から占める
- 電車のベンチ席は端から占められる

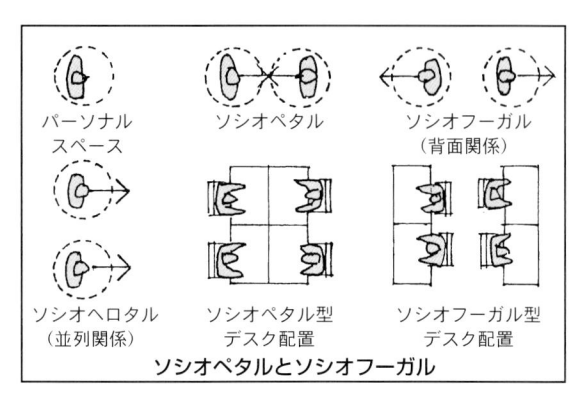

ソシオペタルとソシオフーガル
- パーソナルスペース
- ソシオペタル
- ソシオフーガル（背面関係）
- ソシオヘロタル（並列関係）
- ソシオペタル型デスク配置
- ソシオフーガル型デスク配置

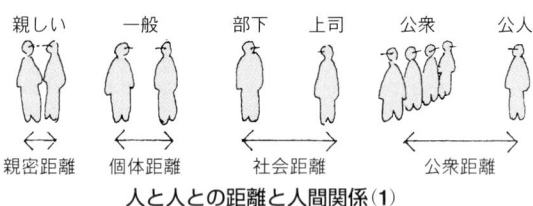

人と人との距離と人間関係(1)
親しい／一般／部下／上司／公衆／公人
親密距離　個体距離　社会距離　公衆距離

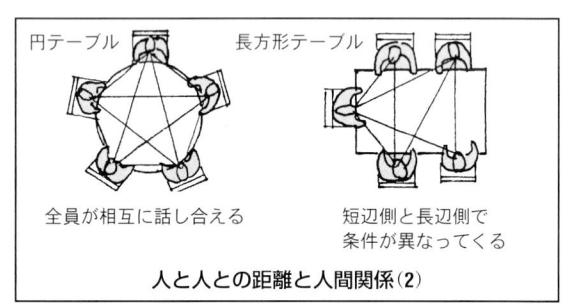

人と人との距離と人間関係(2)
- 円テーブル：全員が相互に話し合える
- 長方形テーブル：短辺側と長辺側で条件が異なってくる

---

3. 動作，行動特性

　生活行為にともない，インテリアではさまざまな動作が行われます。人間工学的には，動作はムリやムダ，ムラがなく，スムースで，合理的であることを優先します。

　多くの人に共通する動作や行動の傾向，くせなどを**ポピュレーションステレオタイプ**といいますが，道具のデザインや機器類の配置を計画する際には，こうした要素を考慮すると，合理的な計画が可能となります。

　例えば一般に，日本人は右手効きが多く，右手で右回りに回転するほうが回しやすい，そこでドアノブは，右に回転させることによって，開くことになっている。ガスや水道などの開閉栓では右方向，すなわち回しやすい方向に回転すれば，開放するのでなく閉ざすことになっている。これは安全やムダを省くためです。

　インテリア空間は家族や友人，あるいは他人などさまざまな人が集いコミュニケーションをかわす場でもあります。このため，人のコミュニケーションやプライバシーの要素にかかわる特性について知る必要があります。それは心理学者 R. ソマーの提唱したパーソナルスペースや**ソシオペタル**，**ソシオフーガル**など人の生態的な習性や行動特性の概念で，インテリアデザインを進めるうえでは必要不可欠な知識です。これらは椅子の配置やテーブルの大きさ，かたちなどに関連する事項です。

　また，人は他人と何らかのかかわりをもちながら生活を営む社会的な存在なのです。さらに，他人との関係，例えば，親密度や社会性などによって，人間間の距離も微妙に変化しますから，インテリアデザインの計画にはそうした人間要素に対する配慮も強く求められるのです。文化人類学者 E. ホールは，人と人との距離を人間関係のうえで，**親密距離**，**個体距離**，**社会距離**，**公衆距離**などが存在することを取り上げています。

インテリアと感覚

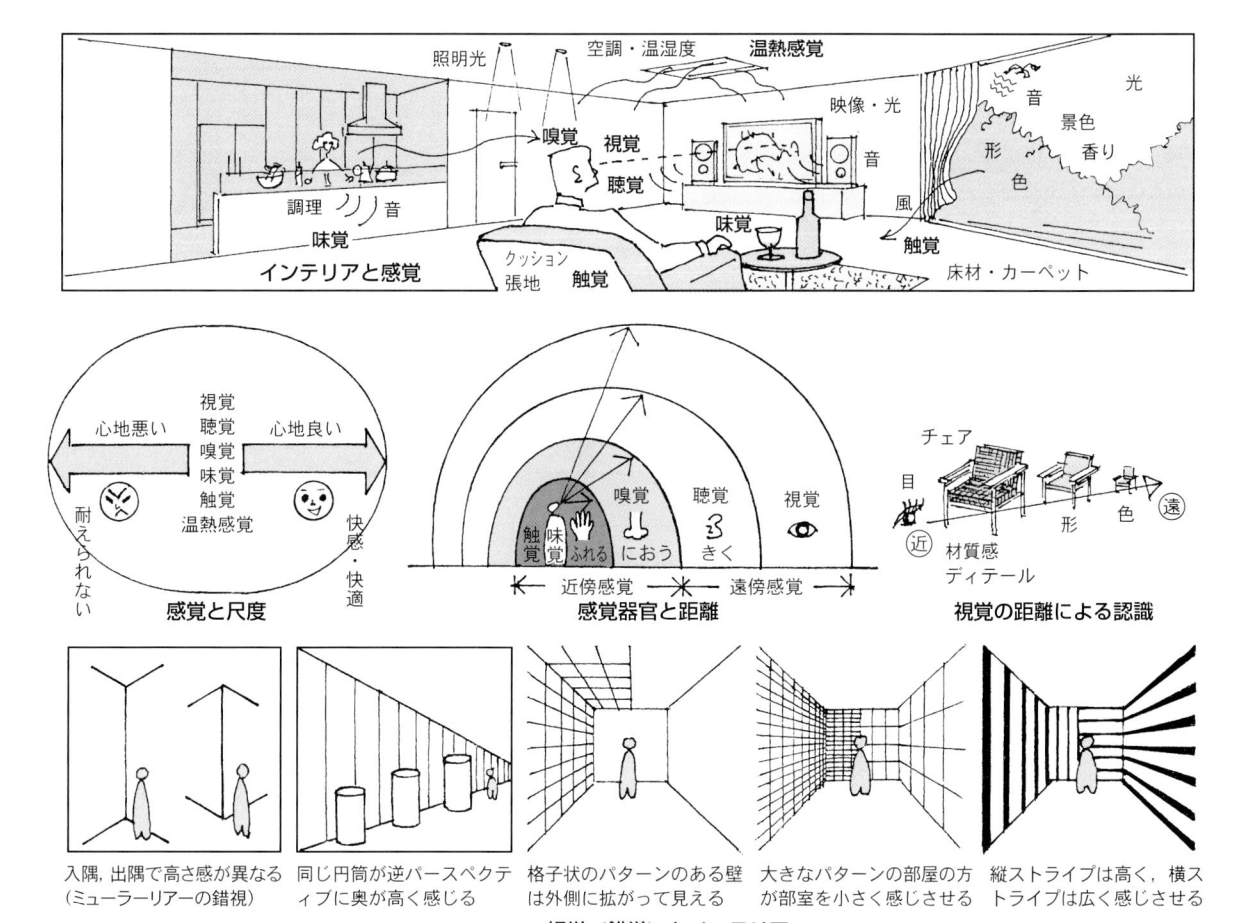

感覚と尺度 / 感覚器官と距離 / 視覚の距離による認識

視覚（錯覚）とインテリア

- 入隅, 出隅で高さ感が異なる（ミューラーリアーの錯視）
- 同じ円筒が逆パースペクティブに奥が高く感じる
- 格子状のパターンのある壁は外側に拡がって見える
- 大きなパターンの部屋の方が部室を小さく感じさせる
- 縦ストライプは高く、横ストライプは広く感じさせる

4. 感覚・知覚と空間

　人間の能力には限界があります。触覚は人の手や足で触れる範囲でしか感じられません。また、人は遠くにあるものの臭いをかぐことはできません。眼には見えますが、音が伝わらない範囲もあります。このように人間の感覚には、知覚できる範囲や距離が存在します。

　人は「視覚の動物」といわれ、感覚受容能力の8割以上を視覚に頼って生きています。したがって、インテリア空間のデザインも、人の眼で見える表面だけの見掛けのデザインを重視しがちです。

　しかし、眼をつぶっていても、聴覚でも空間の大きさや仕上げは感覚的に判断できます。より美しい音を聞くための技術もインテリアデザインと深く関連し、むろん静かな室内を造る技術もインテリアの大切な知識です。また、料理のにおいは部屋の中いっぱいに広がり、嗅覚でも空間を味わうことはできます。嫌なにおいや、うるさい音など

マイナス要素を遮断しなければ快適なインテリア、空間はつくれません。むろん手触り、足の感覚など触覚をどのように扱うかは、インテリアデザインの最も重要な案件です。

　視覚や聴覚は、かなり離れているところの刺激も感受することができます。そこで、これらの感覚を「遠傍感覚」といい、他方、嗅覚、触覚、味覚は人の身体の近く、あるいは身体に接してようやく知覚可能な刺激で、これらの感覚を「近傍感覚」と呼んでいます。

　さらに視覚について取り上げれば、色は、かなり遠くからでも認めることはできます。しかし形は、もっと近寄らなくては理解できません。むろん素材感はかなり近づかなければ、知覚は不可能です。

　このように、ものの属性についても感受距離の違いがあり、デザインを進めるうえで考慮すべき事柄です。

11 エルゴノミクス（人間工学）

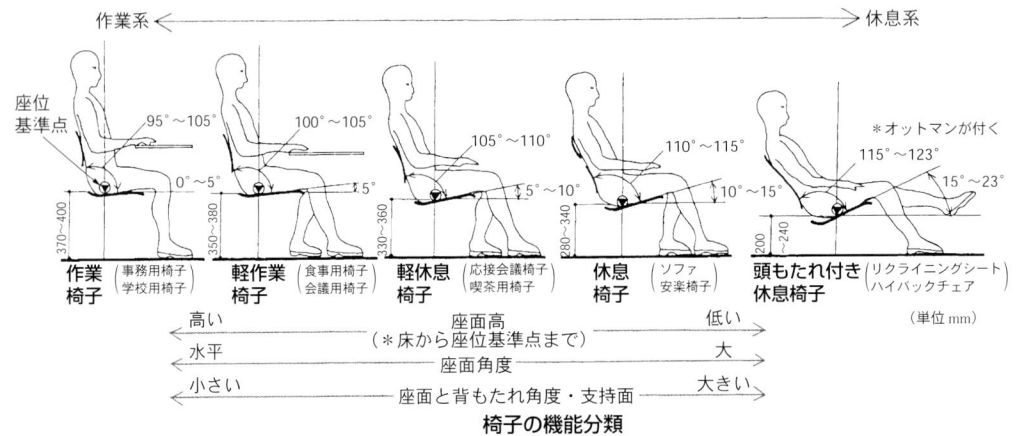

椅子の機能分類

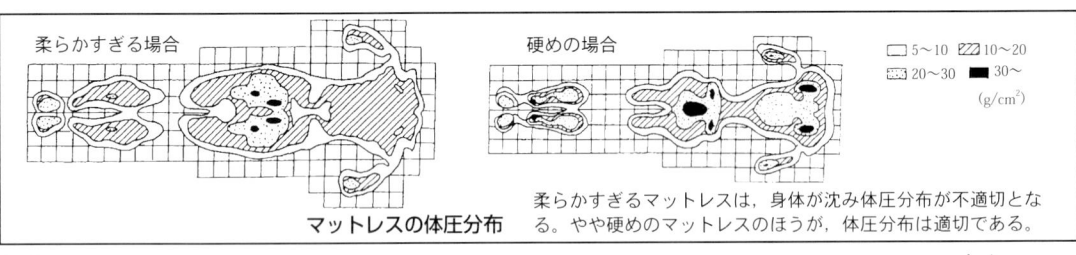

マットレスの体圧分布

柔らかすぎるマットレスは、身体が沈み体圧分布が不適切となる。やや硬めのマットレスのほうが、体圧分布は適切である。

椅子の座り心地に関するチェックリスト

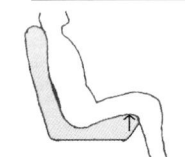

- 座面が高すぎると、大腿部前縁が圧迫を受け、血行障害などを引き起こす。
- 背もたれが柔らかすぎると、背骨がアーチ型になって、腹部が圧迫される。
- 座面の奥行が深すぎると、背もたれが使えず、椅子の役割を果たさない。第2、第3腰椎をしっかり支える。
- 座面が柔らかすぎたり、Rが大きいと、臀部側方に圧迫感がかかり、かつ大腿骨が内側に回転する。
- 肘掛けが高すぎると、肩がこる。肘を自然におろして、触れる程度のところに設ける。

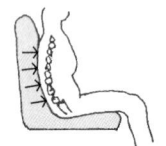

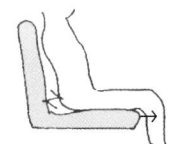

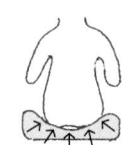

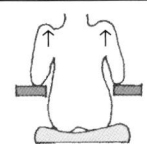

5. 人間工学の応用1―椅子・ベッド

椅子やベッドのように、人体を支えるための家具を**人体系（アーゴノミー系）家具**といいます。この人間の人体に最も近いアーゴノミー家具のデザインや計画に当たっては、人間工学からの要求を組み入れて、十分な配慮が求められます。

椅子は、機能的には**作業椅子、軽作業椅子、軽休息椅子、休息椅子、頭もたれ付き休息椅子**の5つに分けることができます。これは椅子に腰掛けたときの人の身体が、沈んで落ち着いた状態の椅子の支持面のプロトタイプで示すことができます。

椅子の座り心地を左右する因子には、寸法・角度、体圧分布、クッション性等があります。作業性の強い椅子から休息性をもつ椅子まで順次、寸法、角度が少しずつ変化します。

まず、①座面の高さが次第に低く変わります。次いで、②座面の角度が次第に大きく変化します。さらに、③座面と背もたれの角度が大きく開いてきます。とりわけ椅子のデザインは、使用目的に適したこのような機能上の寸法と角度を確保することが大切です。

また、椅子の設計の原点となるのが、**座位基準点**です。これは人が腰掛けたときの座骨結節点の位置に相当します。ここから、前後左右上下などの椅子の寸法を決めていけば、人の身体に適合する椅子を設計することができます。椅子の機能上の座面の高さは、床面から座位基準点で図ります。

ベッドは、機能的にはマットレスが最も大切です。まず正しい寝姿勢の確保、柔らかすぎるマットレスは、腰や胸の重い部分が沈み込んで、不自然な寝姿勢になります。ほぼ水平状になる状態の寝姿勢が良いといえます。それに身体に合った寸法、十分に寝返りのできる幅、身長に見合う長さが必要です。

分類	機能	人とモノの かかわり方	家具
人体系家具 （アーゴノミー系）	人を支える	人	チェア ソファ ベッド
準人体系家具 （セミアーゴノミー系）	モノを支える		テーブル 作業台 カウンター
建築系家具 （シェルター系）	収納や仕切りをする	モノ	カップボード サイドボード クローゼット つい立て

家具と人とモノの関係

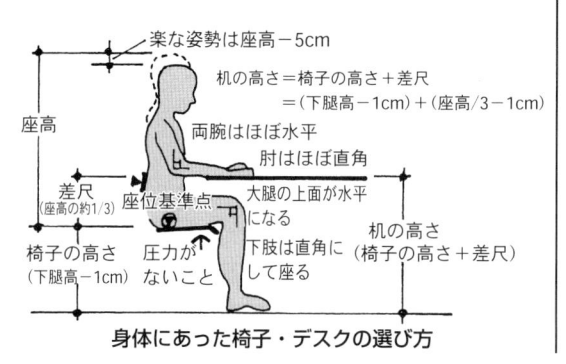

シェルター系家具の人間工学
収納棚を例として示した。（ ）は身長に対する比率
上限206（125%）
頭より上の収納範囲
身長165（100%）
肩より上の収納範囲
140（85%）
収納しやすい範囲
56（40%）
かがむ姿勢の収納範囲
下腿33（20%）
例：キッチン

身体にあった椅子・デスクの選び方
楽な姿勢は座高−5cm
机の高さ＝椅子の高さ＋差尺
　　　　＝（下腿高−1cm）+（座高/3−1cm）
両腕はほぼ水平
肘はほぼ直角
大腿の上面が水平になる
下肢は直角にして座る
机の高さ（椅子の高さ＋差尺）
座高
差尺（座高の約1/3）
座位基準点
椅子の高さ（下腿高−1cm）
圧力がないこと

立位作業の高さ
例：カップボード
◎ 最もよい
○ 比較的よい
● よくない
× 最もよくない
筋活動度およびエネルギー代謝からみた立位作業点の計画
成人男子について示してあるので，女子はこの数字よりも5cm低く考えればよい。

6. 人間工学の応用2—テーブル・デスク

テーブルやデスクなど，モノを載せてそこで作業などをする家具を**準人体系（セミアーゴノミー系）家具**といいます。人間の要求がやや薄らいで，逆にモノの要素が入り込むためです。また，食器棚や書棚などの収納家具のことを，建物やモノからの要求が強くなることから，**建物系（シェルター系）家具**と呼んで区別しています。

テーブル・デスクの機能は，作業や生活行為などが，スムースに効率良く行われることが大切です。そのためには，作業内容や使用目的に応じて，テーブルやデスクと一緒に用いられる椅子の寸法や生活姿勢に合わせて計画することが大切です。特に勉強机など作業机とその椅子は，使用する人の身体の寸法に合わせて，デスクやテーブルの最適高さを選択することが必要になります。

それには，次のような手順で計画を進めます。まず，使用する人の身体の寸法に合わせて椅子を選択します。この場合，一番大切なことは，使用する人の下腿高に合わせて椅子の座面高を設定することです。次いで，その椅子に座った状態で適合する高さのデスクを選ぶというふうに，人の身体を基準にして，順次その身体に近い部分の椅子，そしてデスクを決めていくという方法が，人間工学的には合理的なのです。

椅子の高さは，使用する人の下腿高マイナス1cm。次いで，その座面高にプラス**差尺**（差尺は座高のおよそ3分の1）を加えて，デスクの机面高を求めます。このように，人の身の回りのモノは，使用する人の人体寸法を基準にして順次決定していけば，合理的な環境が構成されます。これが人間工学の考え方です。

キッチンなどでは，人は立って作業を行います。この場合，作業台の高さが低ければ，身体が前傾して腰痛などの原因になります。逆に高すぎると，肩こりなどを起こすことになります。そこで，身体をまっすぐにした状態では，85〜90cmが最適作業点の高さとなります。

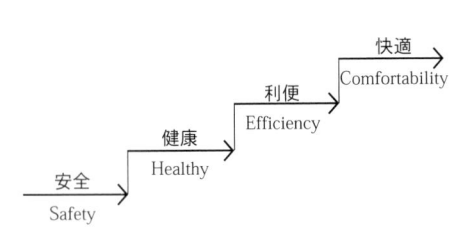

人間の生活環境で備えるべき条件（WHO）

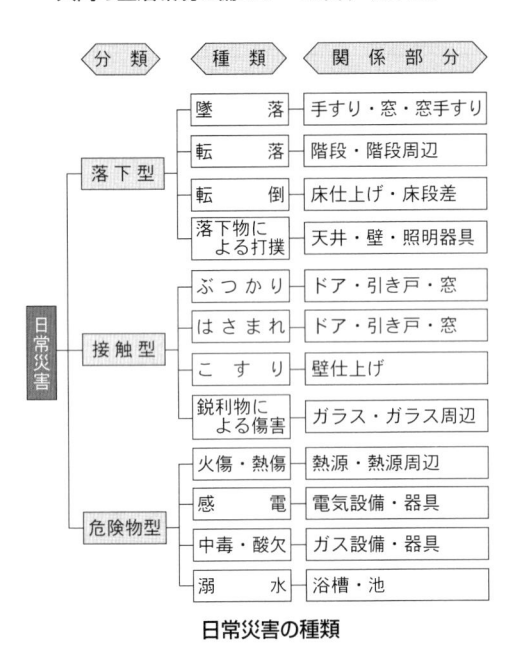

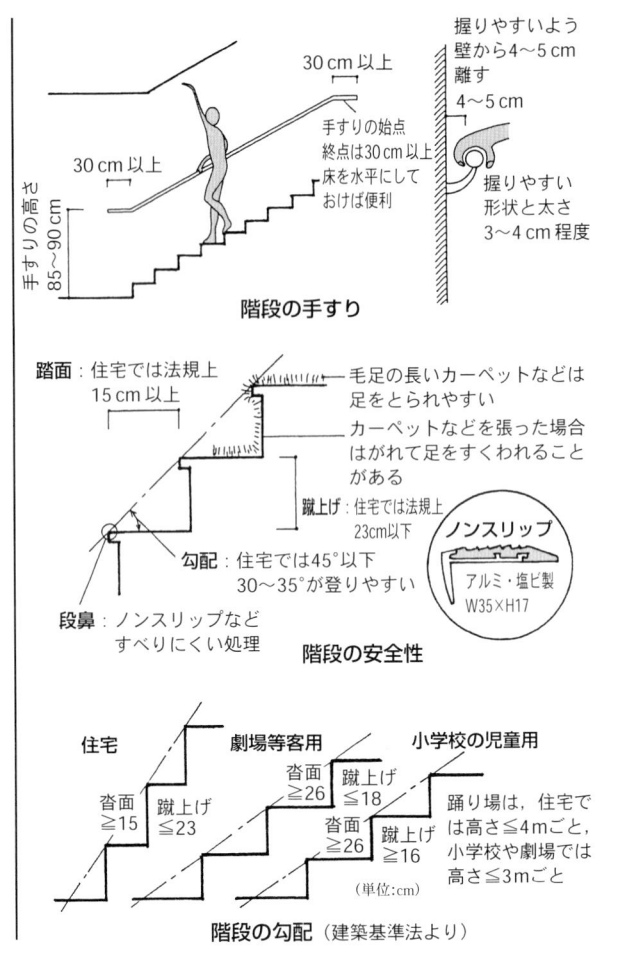

安全 Safety → 健康 Healthy → 利便 Efficiency → 快適 Comfortability

日常災害の種類

分類	種類	関係部分
落下型	墜落	手すり・窓・窓手すり
	転落	階段・階段周辺
	転倒	床仕上げ・床段差
	落下物による打撲	天井・壁・照明器具
接触型	ぶつかり	ドア・引き戸・窓
	はさまれ	ドア・引き戸・窓
	こすり	壁仕上げ
	鋭利物による傷害	ガラス・ガラス周辺
危険物型	火傷・熱傷	熱源・熱源周辺
	感電	電気設備・器具
	中毒・酸欠	ガス設備・器具
	溺水	浴槽・池

階段の手すり
- 手すりの高さ：85〜90cm
- 30cm以上
- 手すりの始点終点は30cm以上床を水平にしておけば便利
- 握りやすいよう壁から4〜5cm離す
- 握りやすい形状と太さ　3〜4cm程度

階段の安全性
- 踏面：住宅では法規上15cm以上
- 毛足の長いカーペットなどは足をとられやすい
- カーペットなどを張った場合はがれて足をすくわれることがある
- 蹴上げ：住宅では法規上23cm以下
- 勾配：住宅では45°以下　30〜35°が登りやすい
- 段鼻：ノンスリップなどすべりにくい処理
- ノンスリップ　アルミ・塩ビ製　W35×H17

階段の勾配（建築基準法より）
- 住宅：踏面≧15、蹴上げ≦23
- 劇場等客用：踏面≧26、蹴上げ≦18
- 小学校の児童用：踏面≧26、蹴上げ≦16
- （単位：cm）
- 踊り場は，住宅では高さ≦4mごと，小学校や劇場では高さ≦3mごと

7. インテリア空間の安全性

　安全は，居住環境の必要条件の中で，まず初めに確保されねばならない重要な条件です。インテリア空間が安全でなければ，人は一時として安心して暮らせません。インテリアデザインの基本は，まず空間の安全であるといえます。

　インテリア空間の安全は，**日常災害**と**非常災害**の二つが考えられます。日常災害は，建物の設計の不備や施工上のミス，あるいは住人の使用上の過失などによって生じる事故のことをさします。ベランダや窓など高い所からの**墜落**，階段での**転落**，浴室や廊下などでの**転倒**。あるいは出入口や狭い所で挟まれ，ぶつかり，切り傷，擦り傷，やけど等，インテリア空間では思わぬ事故や災害がさまざまに発生します。

　こうした日常災害は，実は想像以上に多く発生しているのです。日常災害を起こさないためには，フールプルーフを確保することがまず必要です。事故によって，被害をこうむるのは多くの場合，老人や乳幼児たちです。インテリア空間の安全を考える場合，まずこうした災害弱者に対して十分な安全を保証する考え方がフールプルーフです。同時に**フェイルセーフ**（使い方を誤ったり失敗してもなおかつ安全）の考え方も必要です。たとえ十分に安全について考慮してあっても，万が一誤った使い方をして失敗することもあり得ます。そうした場合にも，なおかつ安全である，という二重の安全をあらかじめ考えてあることが大切です。

　一方，非常災害とは地震，風水害，火災など外的な要因によって建物が損傷して，それによって人に被害が及ぶ事故をいいます。特に火災は，内装仕上げなどインテリアデザインと深いかかわりがありますから，建築基準法，消防法などについての勉強が必要となります。

演習課題 11　　自分の身体に合った机・椅子の選び方

■下の図を用いて，自分の身体に適合した，チェア，テーブルのサイズ（高さ寸法）を調べてみましょう。

1. 図の左側の身長目盛に合わせて，自身の身長とノモグラフの中心点を結んで線を引き，延長線上の交点から，机面高と号数，および座面高と号数を求める。

   例：身長 132 cm の児童のとき，机面高は 55 cm・7 号で，座面高は 32 cm・7 号である。

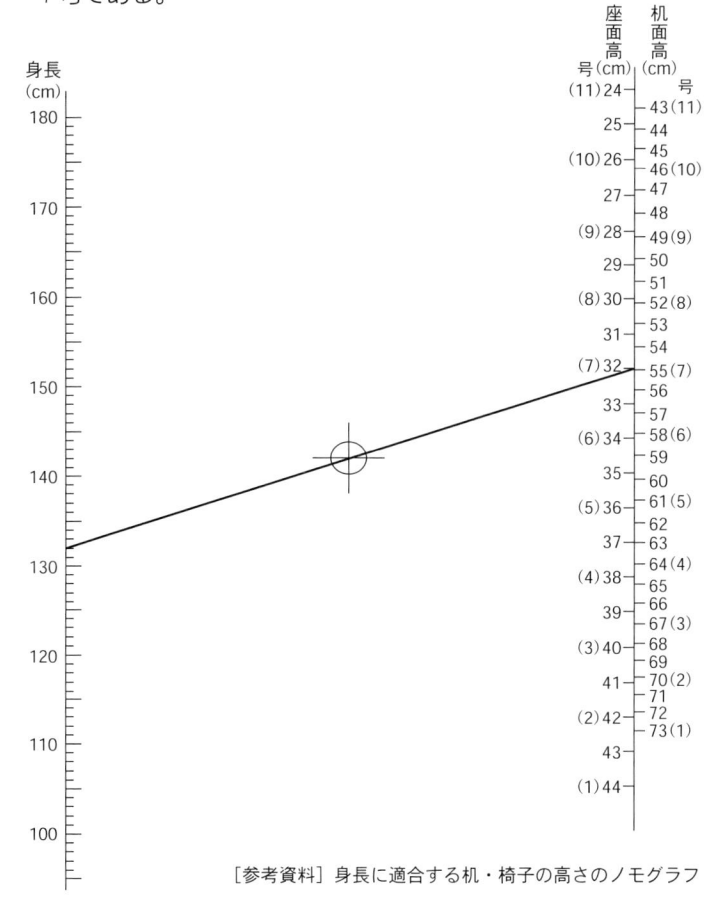

[参考資料] 身長に適合する机・椅子の高さのノモグラフ

2. 求めた寸法・号数を書き込む。

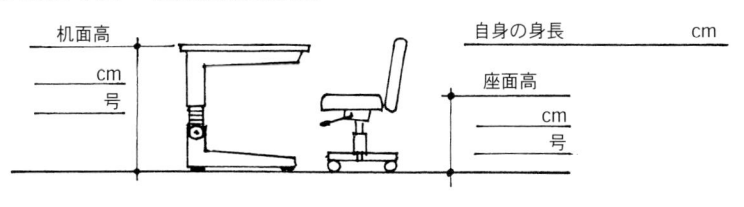

12 室内環境

ここでは，インテリア空間における熱，湿気，空気，あるいは音や光など，人の目ではとらえられない環境条件のあり方について学びます。

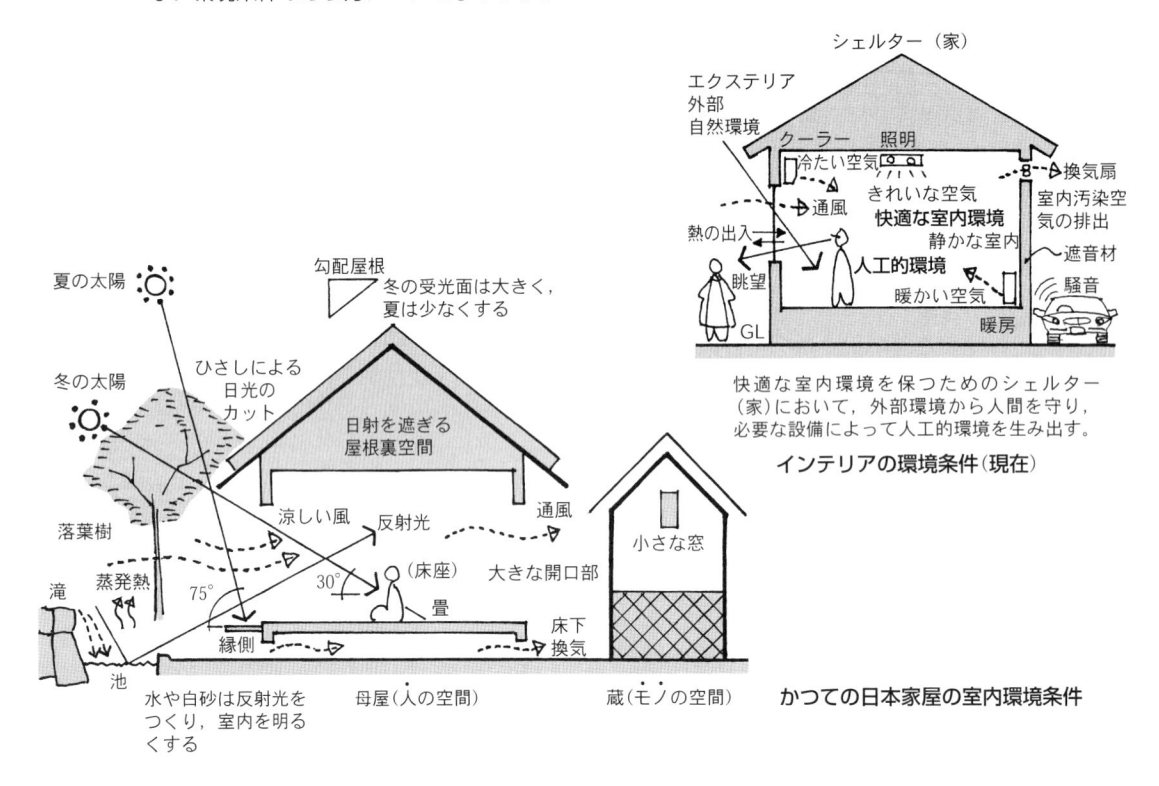

快適な室内環境を保つためのシェルター（家）において，外部環境から人間を守り，必要な設備によって人工的環境を生み出す。

インテリアの環境条件（現在）

かつての日本家屋の室内環境条件

1. インテリア空間の環境条件

よいインテリアとは何か。素敵な家具や照明器具などが置かれた部屋，高価でおしゃれな床や壁の材料が使われたインテリア，配色に優れた雰囲気のよい部屋といったことを考えがちです。しかし，インテリアデザインで一番大事なことは，きれいな空気に充たされて，静かで，適度な明るさにコントロールされたインテリア空間を生み出すことです。

つまり，空気は清浄で，汚れもなく，暑さ・寒さなどの室温や湿度の点でも壮快で快適。しかも心地の良い音の静けさの中で，目的に応じて快適な光に照らし出されたインテリアをどのように計画するか。そうした室内環境に関する知識や技術をもつことと，それらをいかに応用することができるかが，インテリアデザインの基本なのです。これを**室内環境調整技術**といいます。

室内環境とは，まず，インテリア空間の温度，湿度，気流などについての基礎知識と技術について学びます。また，室内における空気や換気に関する快適性の基準やその仕組みを知ることが必要です。さらに，音と人間の関係や，音と住まいについての対応技術も修得する必要があります。それに室内の光と明るさや，それらを確保するための採光や照明にかかわる技術の基礎知識も必須条件です。

人間は厳しい自然環境に対して，長いその歴史の中で，自らの身を守るため建物というシェルターを設けて，その内部環境を外部の環境から区切って，安全で，快適な空間にしようと努力してきたのです。また，それぞれの地域で，その土地の気候や風土に応じたシェルターの工夫を行ってきました。これがインテリアの起源であり，インテリアデザインの本質だといっても過言ではありません。目で見える表面的な部分だけにとらわれることなく，目にはとらえられない空気や光，それに音をデザインすることが大切なのです。

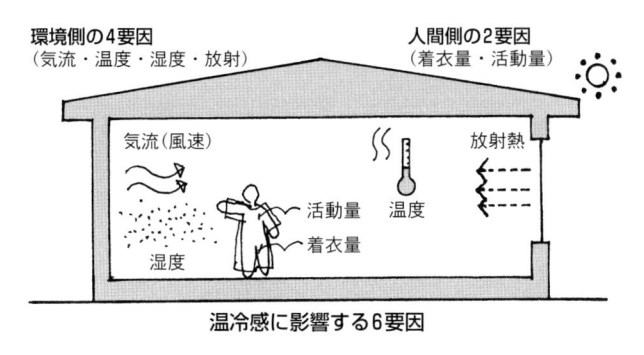

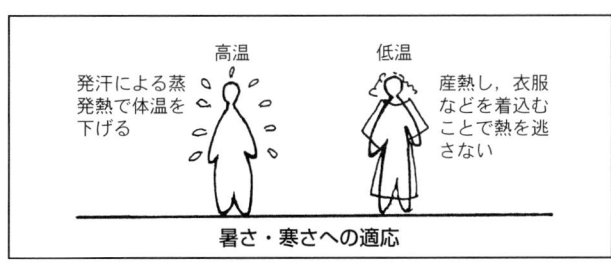

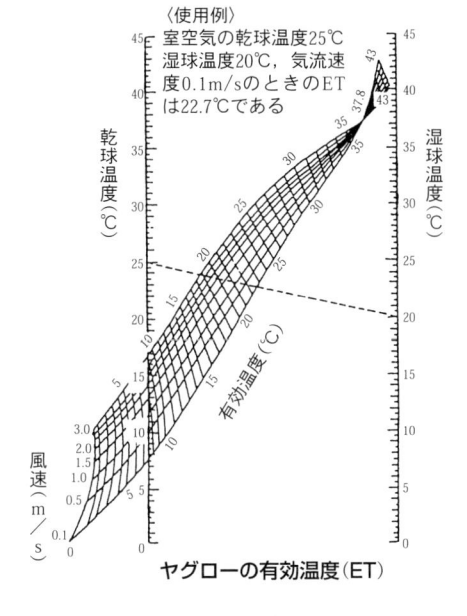

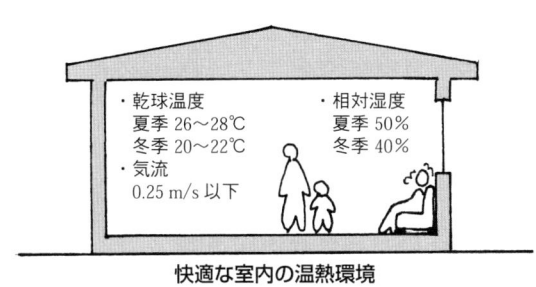

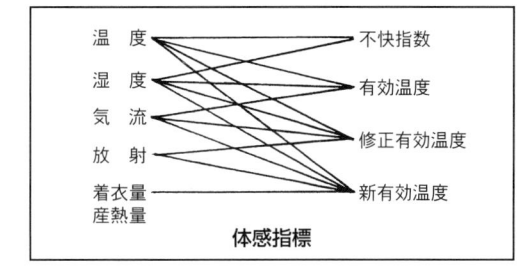

2. 暑さ・寒さと人間

　人がインテリア空間の中で，暑さ・寒さを感じるには，**室温**はもちろんのこと**湿度**，**気流**，**放射**の環境にかかわる4要素が影響します。このほか着衣量や作業内容など，人側の条件によって大きく異なります。これらの室内環境条件には，目安が設けられています。特に省エネが叫ばれている今日，クーラーのかけすぎや冬の暖房による不必要な室温の設定は避けなければなりません。効率的な冷暖房の方法と暮らし方の工夫に関して研究することが大切です。

　人は，身体の周辺の温度が上がると暑く感じて，発汗・汗をかき，それによる**蒸発熱**によって体温を下げるように調整します。逆に，周辺が寒くなれば，衣服を着込んだり，**産熱**といって身体に熱をためて体温を一定に保つよう環境に適応します。暑さ・寒さの度合いを数量的に表す指標に**有効温度**（ET）や**修正有効温度**（CET），あるいは**新有効温度**（NET）などがあります。

　熱の移動を**伝熱**といいますが，熱エネルギーは高いほうから低いほうに移動します。熱の移動には**伝導**，**対流**，**放射**の3つがあります。伝導は物体を介して熱が移動することで，対流は空気や液体によって熱が移動することをさします。放射は，電磁波による離れた物体の間での熱の伝達を，また太陽光により熱が伝わることをいいます。

　さて，夏季は暑い外部から涼しい室内方向に熱は移動します。逆に冬季では，室内で暖められた熱は，室内から冷たい室外へと逃げていきます。したがって，効率の良いインテリア空間をつくり出すためには，建物の構造を，空気が入ったり逃げたりしないように，ピッタリと閉じた状態にすることが大切です。これを**気密性**といいます。また，熱が壁面や天井・屋根，床面あるいは窓などの開口部から移動しないように，それぞれの部位に**断熱性**を高める工夫をする必要があります。

図中の文字:

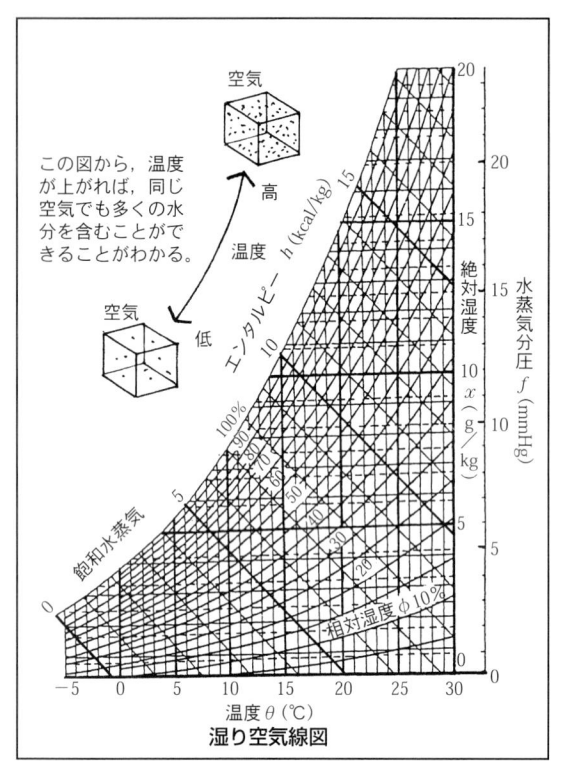

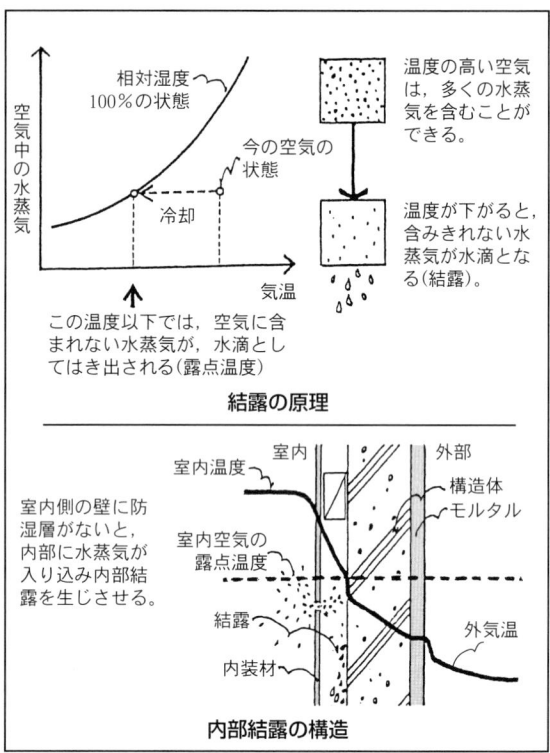

湿り空気線図
- 空気 高温度
- 空気 低温度
- この図から、温度が上がれば、同じ空気でも多くの水分を含むことができることがわかる。
- エンタルピー h (kcal/kg)
- 絶対湿度
- 水蒸気分圧 f (mmHg)
- x (g/kg)
- 飽和水蒸気
- 相対湿度 φ 10%
- 温度 θ (℃)

結露の原理
- 相対湿度100%の状態
- 空気中の水蒸気
- 今の空気の状態
- 冷却
- 気温
- この温度以下では、空気に含まれない水蒸気が、水滴としてはき出される（露点温度）
- 温度の高い空気は、多くの水蒸気を含むことができる。
- 温度が下がると、含みきれない水蒸気が水滴となる（結露）。

内部結露の構造
- 室内温度、室内 外部、構造体、モルタル
- 室内空気の露点温度
- 結露、内装材、外気温
- 室内側の壁に防湿層がないと、内部に水蒸気が入り込み内部結露を生じさせる。

3. 湿気と結露

　空気は，その温度が上昇すれば，それに応じて空気中に多くの水分を含むことができる，という性質をもっています。逆に空気の温度が下がれば，少ししか水分を保有できずに，余った水分を放出します。空気の中に含まれる水分の量を表す単位には，相対湿度と絶対湿度とがあります。一般的には相対湿度が使われますが，これは［％］で表します。この状態を表す図が**湿り空気線図**です。

　室内の温度が下がっていき，ある時点で水蒸気の量が飽和状態に達します。この時の温度を**露点温度**といい，露点温度以下では，空気中に含まれる余分な水蒸気は，室内の冷たい部分に付着して，水滴となって**結露**として出てきます。冬に窓ガラスや北側の壁面に水滴が生じるのは，その部分の熱が移動して冷やされて，冷たい状態になって結露するためなのです。

　結露には**表面結露**と**内部結露**の2つがあります。表面結露は人の目に触れるところで発生しますが，内部結露は壁の中の見えないところで発生します。大壁など中空層をもった壁の内部に湿気が入り込んで発生する内部結露は，建物の構造に重大な悪影響を与えることもあります。したがって，室内側に防湿層を設けて，壁の中に水蒸気が侵入するのを防止します。

　結露防止には，①室内での**水蒸気の発生を抑える**。②水蒸気の発生する箇所からは，常に**換気**を心がける。③壁面等に**断熱材**を使うことで熱の移動を防ぎ，壁体温度が低下することを避ける，などの措置が必要です。

　窓面の結露防止には，**複層ガラス**，二重サッシ，断熱サッシなどによって処置します。複層ガラスは，2枚のガラス面の間にわずかな乾燥空気層を設けることによって，熱の移動を防ぎ，断熱効果をもたせたものです。寒冷地などでは有効な措置となります。なお，かつては二重サッシが使われていましたが，これではサッシとサッシの間の空気層が空きすぎて，この間で対流が生じ，断熱効果が多少落ちることになります。

濃度(%)	許容量・症状
0.07	多数継続在室の場合の許容量
0.1	一般の場合の許容量
0.15	換気計算に使用される許容量
0.2〜0.5	相当不良な状態
0.5以上	最も不良な状態
4〜5	呼吸中枢を刺激して、呼吸の深さ、回数を増す。呼吸時間が長ければ危険。
8	10分以上呼吸すれば、強度の呼吸困難、顔面紅潮、頭痛などを起こす。
8以上	致命的

CO_2濃度の許容量と症状

濃度(%)	許容量・呼吸時間と症状
0.01	長時間の呼吸時の許容量
0.02	2〜3時間内に前頭に軽痛
0.04	1〜2時間で前頭痛、吐き気 2.5〜3.5時間で後頭痛
0.08	45分で頭痛、めまい、吐き気、けいれん 2時間で失神
0.16	20分で頭痛、めまい、吐き気 2時間で致死
0.32	5〜10分で頭痛、めまい。30分で致死
0.64	10〜15分で致死

CO濃度の許容量と症状

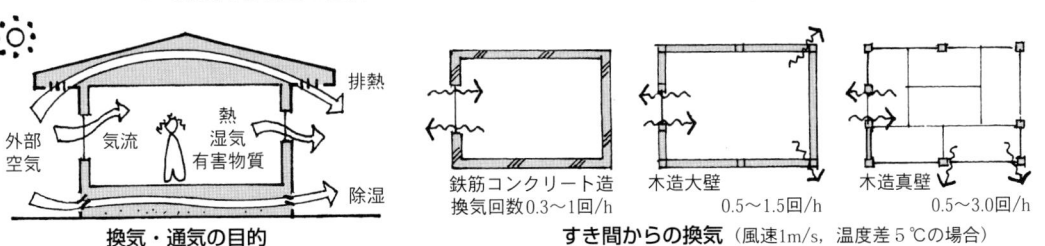

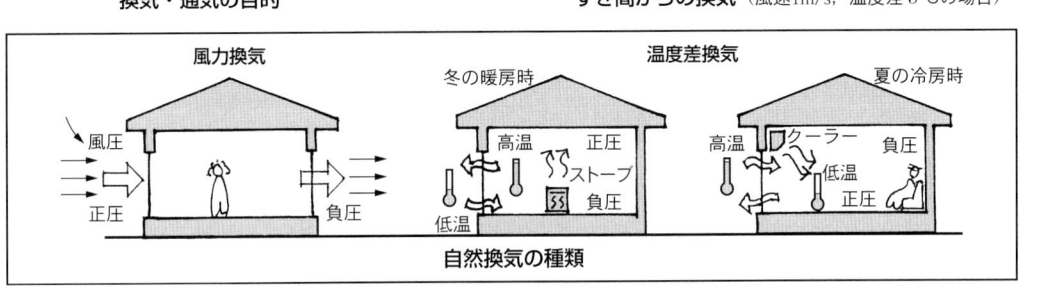

換気・通気の目的

すき間からの換気（風速1m/s、温度差5℃の場合）
鉄筋コンクリート造 換気回数0.3〜1回/h
木造大壁 0.5〜1.5回/h
木造真壁 0.5〜3.0回/h

自然換気の種類
風力換気
温度差換気　冬の暖房時　夏の冷房時

4. 空気と換気

室内の空気の汚染度は、空気中に含まれる**二酸化炭素（CO_2）**の含有量で示され、その基準値は建築基準法などで、**0.1%（1,000 ppm）**以下と定められています。

二酸化炭素は人間から排出されるものであり、有害ではないものの、それが多く含まれることによって、他の有毒なガスも多く含まれるという想定のうえで、空気の良し悪しを示す指標となっています。

一方、**一酸化炭素（CO）**は急速にきわめて強い毒性を発揮し、その最大許容値は**0.001%（10 ppm）**以下と規定されています。またアスベストのような微小なホコリである**浮遊粉塵**の量は、**0.15 mg/m³**以下と規定されています。

さて、室内から汚れた空気を排出し、外からきれいな空気を取り入れるには、換気扇による**機械換気**か、開口部やすき間から自然に換気する**自然換気**があります（85頁の図参照）。

自然換気は、2つ原理によって換気が促進されます。まず、一つ目の自然換気は、風が吹くことで室内外に圧力差が生じて、自然に換気が行われる**風力**による**自然換気**があります。もう一つは、室内外の温度差によって空気に重力の差が生じ、これによって換気が行われる**重力による自然換気**です。

重力による自然換気は、掃き出し窓から行われますが、夏の冷房時には、室内の冷たい空気は窓の下部において内から外へと出て、逆に上部では暖かい外部の空気が室内へと入り込みます。一方、冬の暖房時には、暖められた室内の空気が窓面上部から外へ、外の冷たい空気が下部から室内へと移動します。

なお、建物にはどの程度の換気を行う必要があるかどうかを示す単位として、**換気回数**（回）が用いられます。これは1時間当たりの換気量を室容積で割った値で示します。一般的に、1人当たりの必要換気量は、**20〜35 m³/h**が目安です。

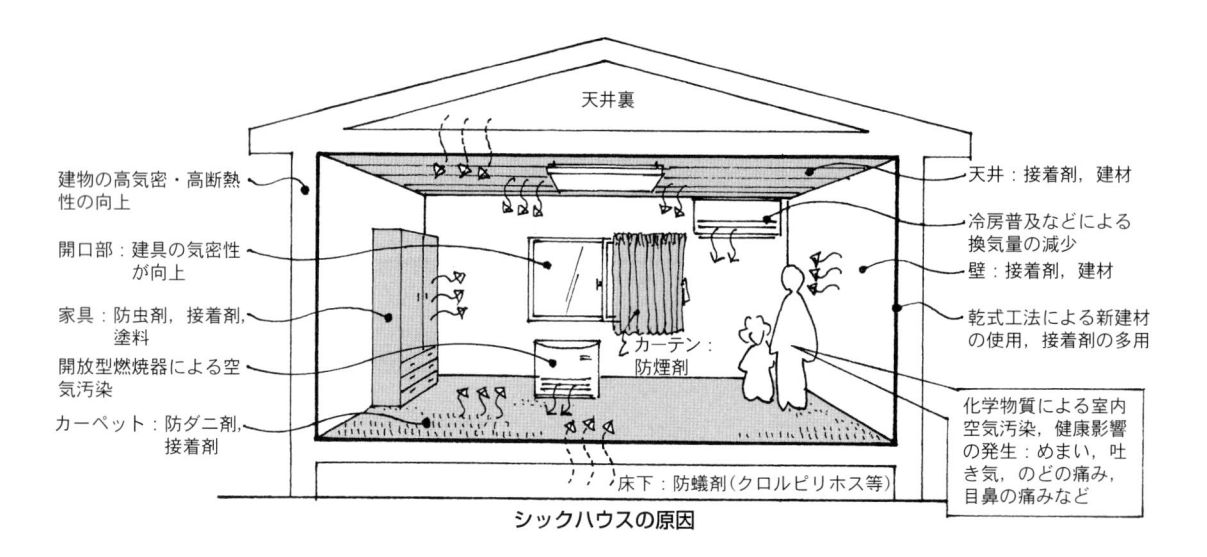

シックハウスの原因（図の注記）

- 建物の高気密・高断熱性の向上
- 開口部：建具の気密性が向上
- 家具：防虫剤，接着剤，塗料
- 開放型燃焼器による空気汚染
- カーペット：防ダニ剤，接着剤
- 天井裏
- カーテン：防煙剤
- 天井：接着剤，建材
- 冷房普及などによる換気量の減少
- 壁：接着剤，建材
- 乾式工法による新建材の使用，接着剤の多用
- 化学物質による室内空気汚染，健康影響の発生：めまい，吐き気，のどの痛み，目鼻の痛みなど
- 床下：防蟻剤（クロルピリホス等）

シックハウスの原因

揮発性有機化合物の室内濃度指針値

化学物質名	指針値	発生源
ホルムアルデヒド	0.08 ppm (100 μg/m³)	接着剤・糊など
トルエン	0.07 ppm (260 μg/m³)	塗料・接着材など
キシレン	0.20 ppm (870 μg/m³)	塗料・接着材など
パラジクロロベンゼン	0.04 ppm (240 μg/m³)	接着剤・防虫剤など
スチレン	0.05 ppm (220 μg/m³)	断熱材・発泡材など
クロルピリホス	使用禁止（2003年〜）	防蟻剤など
フタル酸エステル	0.02 ppm (220 μg/m³)	可塑剤など
エチルベンゼン	0.88 ppm (3,800 μg/m³)	塗料・塩ビ床材など
テトラデカン	0.04 ppm (330 μg/m³)	有機溶剤など
TVOC（総揮発性有機化合物）目標値	〜400 μg/m³	

2003年建築基準法改正（シックハウス関連）

①建築材料をホルムアルデヒドの発散速度によって区分し使用を制限

区分	第1種	第2種	第3種	第4種
ホルムアルデヒドの発散速度（μg/m²h）	120以上	20〜120	5〜20	5以下
JIS，JAS規格	無等級	F☆☆	F☆☆☆	F☆☆☆☆
内装使用面積制限	使用禁止	制限あり	制限あり	制限なし

②自然換気から強制機械換気設備設置の義務づけ（トイレ，浴室，台所以外の居室部分にも換気扇を設置する）
③天井裏等の建材制限
④クロルピリホス（防蟻剤）を添加した建材の使用禁止

5. シックハウスと室内環境

　建物が高気密・高断熱化したことによって，新たな問題が生じました。それは**シックハウス症候群**です。これは，ホルムアルデヒドをはじめとする**揮発性有機化合物（VOC）**によるインテリアの空気汚染が及ぼす人体への被害なのです。新建材の中に，このVOCが含まれるようになって生じた障害です。かつて，日本の家屋は開放的で，通風・換気性に富んだものでした。十分な自然換気が行われていたため，炭火や練炭などを使用しても，一酸化炭素中毒に陥ることなどほとんどありませんでした。また，合板，壁紙など接着剤を多用した建材を使っていても問題は生じませんでした。

　ところが**気密化**が進み，一方で建物の工法が左官などの**湿式工法**から，壁紙と接着剤を用いる**乾式工法**へと大きく変化しました。しかも工事期間を短縮するために乾燥を早めることと，同時にカビ防止の目的で接着剤にホルマリンが大量に注入されるようになりました。乾燥するとともに，これが**ホルムアルデヒド**となって室内に充満。建物の気密性が向上したため，外部に流出することなく室内にとどまり，これを人が吸入することでシックハウス症候群が発生したのです。これは建築技術の劣化ではなく，進化によってもたらされたものなのです。人と環境との関係は，この例が示すように，微妙なバランスの上で成り立っています。インテリアデザインとは，人間にとって健康で，安全な環境をつくり出すことであることを心に刻んでおきましょう。

　そうした事態を防ぐ方法は，2つあります。一つは建材とその工法を規制すること，もう一つは十分な換気を促進することです。そこで，建築基準法の改正によって，室内に使用する建材や接着剤のホルマリンの使用量をわかりやすく表示することや，居室への換気扇の設置の義務づけを行うようになりました。

遮音と吸音

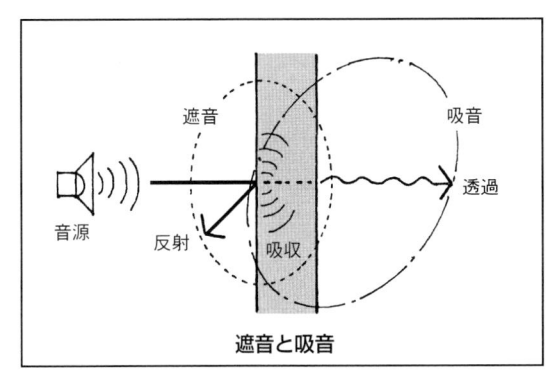

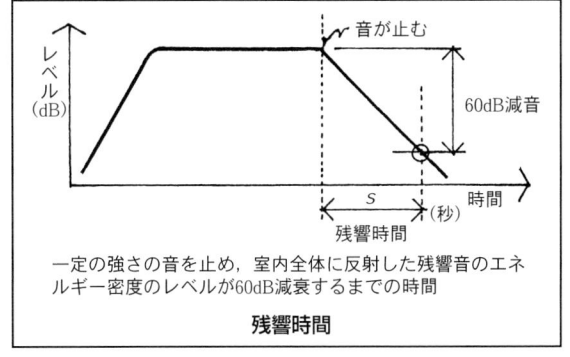

残響時間

一定の強さの音を止め、室内全体に反射した残響音のエネルギー密度のレベルが60dB減衰するまでの時間

dB(A)	20	25	30	35	40	45	50	55	60
うるささ	無音感	──── 非常に静か ────			特に気にならない	──── 騒音を感じる ────			騒音を無視できない
会話・電話への影響			5m離れてささやき声が聞こえる		10m離れて会話可能 電話に支障なし	──── 電話は可能 ────	普通会話（3m以内）		大声会話（3m）電話やや困難
スタジオ	無響室	アナウンススタジオ	ラジオスタジオ	テレビスタジオ	主調整室	一般事務室			
集会・ホール		音楽室	劇場(中)	舞台劇場		映画館・プラネタリウム		ホール・ロビー	
病院		聴力試験室・特別病院		手術室・病院	診療室	検査室	待合室		
ホテル・住宅				書斎	寝室・客室	宴会場	ロビー		
一般事務室				重役室・大会議室	応接室	小会議室	一般事務室		タイプ室・計算機室
公共建物				公会堂	美術館・博物館	図書閲覧	体育館	屋外スポーツ施設	
学校・教会				音楽教室	講堂・礼拝堂	研究室・普通教室		廊下	
商業建物				音楽喫茶店・書籍店宝石店・美術館		一般商店・銀行・レストラン・食堂			

室内許容騒音レベル

6. 音と音響計画

音には**強さ**，**高さ**，**音色**の三属性があります。強さは音圧のことで，人の耳には音の大小で感じ取られるもので，これは[**dB**]（デシベル）で表します。人の耳には，**0～120 dB**の範囲で聴くことができます。高さは，音の周波数[Hz]（ヘルツ）で示すものです。人間の耳には，**20～20,000 Hz**の範囲で聞き分けることができます。音色は通常，波形で示すことができ，人間には良い音，悪い音というように感じます。

外部からの騒音を遮断して静かな室内を計画するには，まず遮音の処置が必要です。**遮音**における基本の方法は，次の3つです。①**材質が緻密で**単位体積当たりの**重量が大きな材料**を用いて壁面を造ること。②**すき間をなくして**音の通過を防ぐこと。③同じ材料であれば，**材料が厚ければ**効果が上がるので，壁を厚くすること。遮音の良し悪しを表す指標は，**透過損失**（dB）で表されます。

この値が大きければ大きいほど，遮音性能が良いとされます。

次に**吸音**です。吸音は，室内の音の反射をできるだけ少なくすることを意味します。一般に，①布や繊維板のような**繊維質**でできた軽い材料。これは吸音効果が高く，特に高音域の周波数の音に対して効果を発揮します。②**薄い板状**の材料。これは特に低音域の音に対して効果があります。③たくさんの**小さな穴が開いた板状**の材料。これは全音域といって，さまざまな音に対して効果があります。吸音の程度は，**吸音率**で表され，この値が大きければ吸音力に優れた材料となります。吸音は，そのメカニズムの違いで吸音特性が異なり，目的に応じて吸音材を適宜選ぶ必要があります。

部屋の中で音の鳴り響くことを**残響**といいます。残響の目安となるのが**残響時間**（秒）です。残響時間が長いほど，音がインテリア空間の中で鳴り響きます。コンサートホールなどの計画に際しては，重要なポイントとなります。

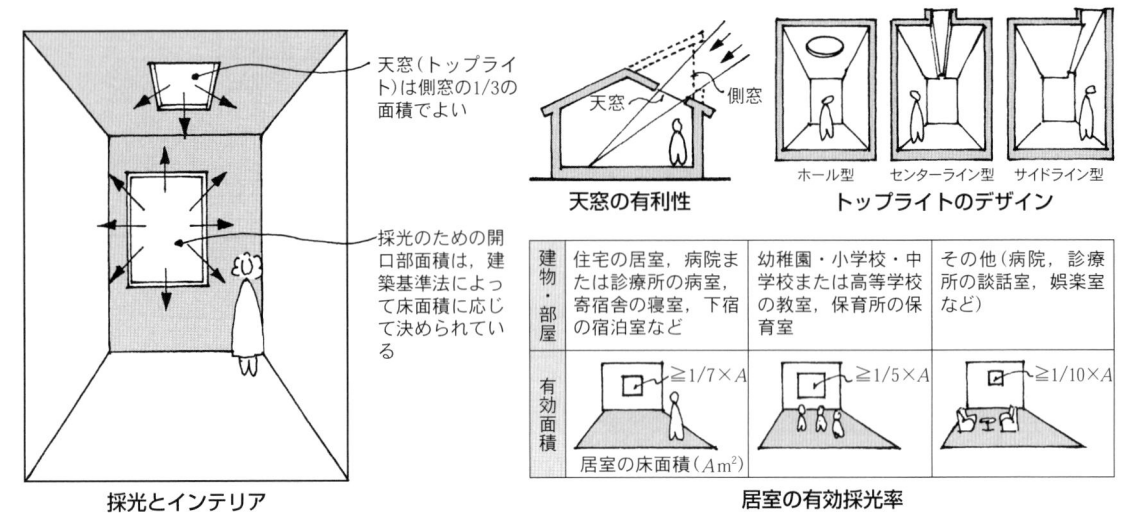

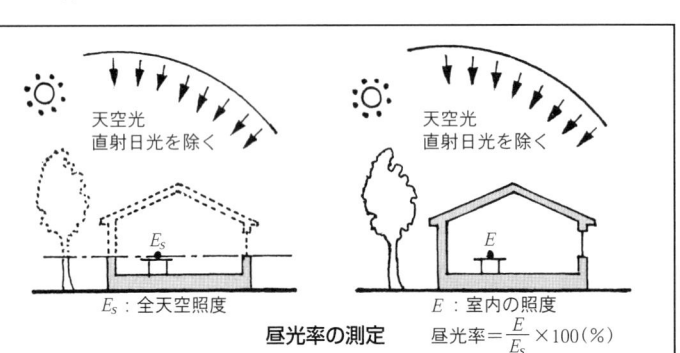

7. 光と採光

太陽の光を**昼光**といい、これには**直射日光**と、直射日光を除いた**天空光**があります。インテリア空間に導き入れる光は、直射光ではまぶしく、人の眼には悪影響を与えますから、柔らかな拡散光の天空光を用います。

インテリア空間への採光は、窓やトップライト（天窓）などの開口部で行います。採光のためには、床面積に応じて建築基準法で定められた比率の開口部を設けます。例えば、住宅の居室は床面積の**1/7 以上**、保育室や教室などは**1/5 以上**、デパートなどの売り場でも**1/10 以上**が必要です。トップライトは、側窓に比べ採光には都合が良く、側窓の**3 倍の効果**があると見なされています。

室内にどの程度の外光が入るかを示す指標に、**昼光率**（％）があります。これは、**室内の照度／天空光照度×100**で示します。

人間が生活を営むためには、それぞれの生活行為に応じた必要な明るさが必要です。これは JIS（日本工業規格）によって、一応の照度基準が定められています。

① 特別な視作業（製図や裁縫等）1,000～2,000 **lx**
② 普通の視作業（読書や勉強等）500～1,000 **lx**
③ 普通の作業（調理、化粧等）250～500 **lx**

が基準値です。通路など人が歩くだけであれば、**50 lx** で十分です。

採光でカバーできない必要な照度は、照明で補います。これらについては、7 章のライティングデザインを参照して下さい。特に自然光と異なって人工の光で対応しますから、演色性（モノの色どおりに見えるかどうかの性質）や色温度（光の色み）について十分配慮して下さい。

ところで、窓からの採光調節の方法には、軒を深くする、庇をつけるなどの建築的処理があります。インテリア空間で行う採光調節には、障子や雨戸を設けたり、ブラインドやカーテンなどを用います。これらについては、6 章のウインドートリートメントを参照して下さい。

演習課題 12　　　　部屋の環境条件を測定する

■**教室の温度分布と気流を調べてみましょう。**
1．温度計を用いて，教室の温度分布（平面および立断面）を調べる。
2．下図グリッド内に平面図および立断面図を描き，測った温度を記入する。窓や出入口・方位は描き込んで下さい（平面は各コーナーおよび中央部を測る。断面は中央部で 45 cm ごとに 7 箇所）。

（1 グリッド 45 cm）

3．線香を用いて，教室の気流を観察し，平面図および立断面図に流れの軌跡を描き込む。窓や出入口・方位は描き込み，窓や扉を開けておいて下さい。

（1 グリッド 45 cm）

所属	日付	No.	氏名
	． ．		

13 インテリア計画と発想

この章では，インテリアの計画と設計の方法と手順について学びます。また，インテリアデザインの発想の起点について学び，インテリアデザインのイメージをふくらませます。

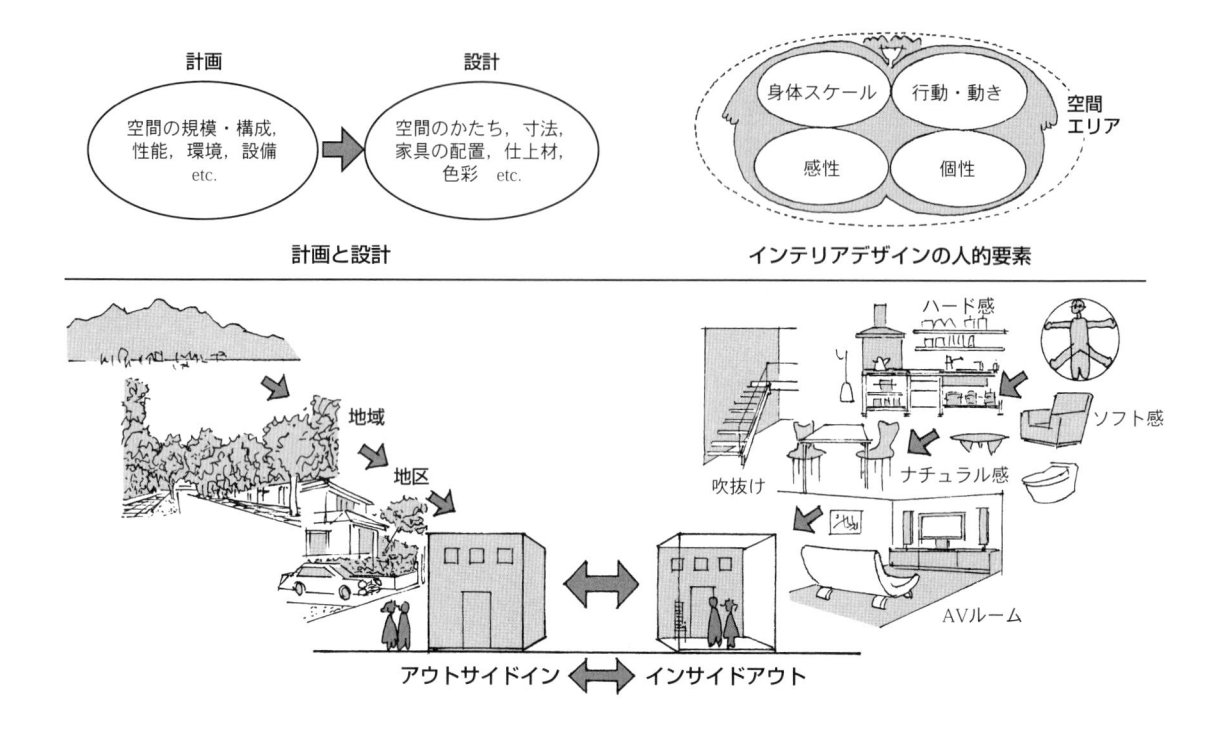

1. インテリア計画と設計

インテリアの**計画**とは，空間の規模や空間相互の構成，性能，設備などについての計画をまとめることであり，**設計**とは空間のかたち，家具の配置，寸法関係，仕上材，色彩，照明などを，計画に基づいてより詳細に決めていくことです。

建築の設計では，敷地やその周辺の環境，さらに地域などの条件を考慮して，全体から部分へと詰めていく**外から内へ**，すなわち**アウトサイドイン**の方法をとります。これに対しインテリアの設計では，人の身の回りから発想して，モノの機能，空間の規模・環境を考慮し，部分から全体へと積み上げていく**内から外へ**，すなわち**インサイドアウト**のデザイン方法をとります。

インテリア空間は，例えば大きさや明るさ，風通しなどの物理的・環境的側面が整っているだけでよいというものではありません。「吹抜けがほしい」「床仕上げは柔らかな素材にしたい」「ゆったりとしたソファを置きたい」などと，使い手は身近なところにこそ，さまざまな思いをもっています。さらに，「大好きな絵を飾りたい」「ナチュラルな色使いを好む」「モダンでシンプルなものが好みである」など，個人のセンスも表れてきます。

このように，身体の大きさや動きに適合させることや，自らの個性を表出させることなど，インテリア空間に対しては，より人に近いところでの**要求**が数々あり，この要求をこなすデザインが必要です。

そこで，使い手が日々，目で見，耳で聞き，手で触れ，肌で感じる空間をよりその人にふさわしいものとするために，人の生理や心理をふまえた細やかな視点から計画を行うことが大切となります。そして，そのためにはインサイドアウトの方法をとり，**内からの視点**で進めていく必要があるのです。

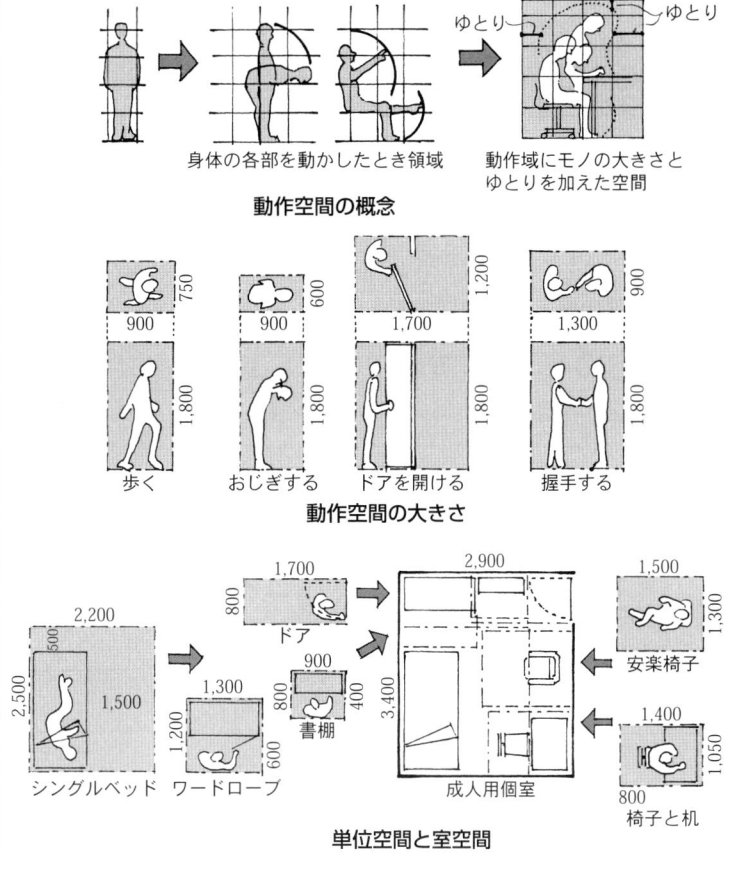

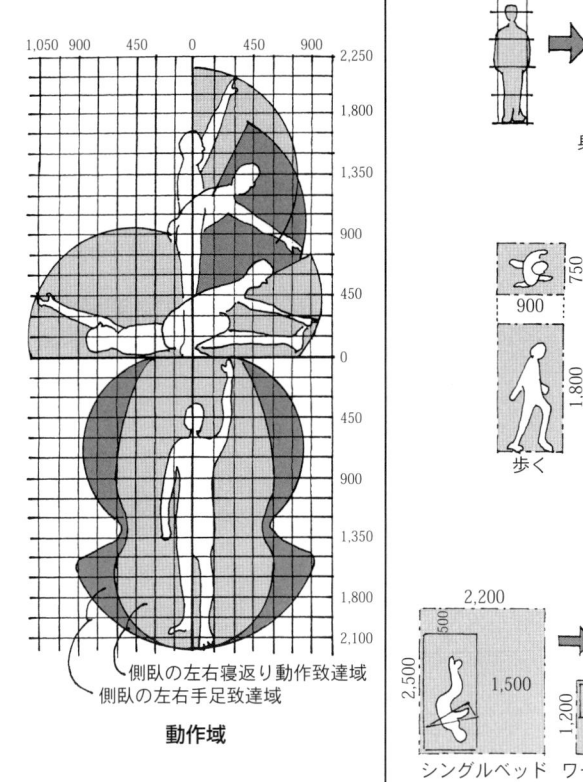

2. インテリア空間の規模 ― 動作空間から

　空間の大きさは，人体の大きさを基準とします。例えば，腕を上下に動かしてみましょう。肩を中心として，指先は半円状の領域を描いていきます。このように，身体のある部位を動かすことによってできる領域を**動作域**といいます。インテリアの空間規模の決定は，まずこの動作域から始めます。

　動作域に，動作に必要な家具や道具の大きさとゆとりを加えたものが**動作空間**です。例えば「ベッドに横になる」場合の動作空間は，ベッドとその周りの動作域を加えることによって得られます。したがって，インテリアの空間規模を決定するうえで，**家具の寸法**は重要な要素となります。

　また，**ゆとり（あき）**も大切です。衣服にゆとりがないと窮屈で動けないように，動作空間にもゆとりが少ないと，無理な姿勢を強いられ，疲れて作業効率が落ちるからです。

　次に動作空間は，例えば「歩く」「戸を開ける」「洗面する」「調理する」などの動作ごとに得られるものですが，関連するものを組み合わせることによって，一連の生活行為・作業行為を行う場・空間とすることができます。これを**単位空間**といいます。

　室空間は，単位空間もしくは単位空間の集合を，床・壁・天井などで囲むことによってつくり出すことができます。つまり部屋は，床・壁・天井をつくることによってではなく，人の動作空間に基づいて，その大きさやかたちが決まることによって形づくられるものなのです。

　したがって室空間の規模，すなわち部屋の大きさは，予測される生活の在り方によって，単位空間を連続させたり，区切ったりすることで決定していきます。

　このように，空間の規模は，人体に最も近い動作域から動作空間，単位空間，室空間へと積み上げながら決めていきます。

ゾーニング

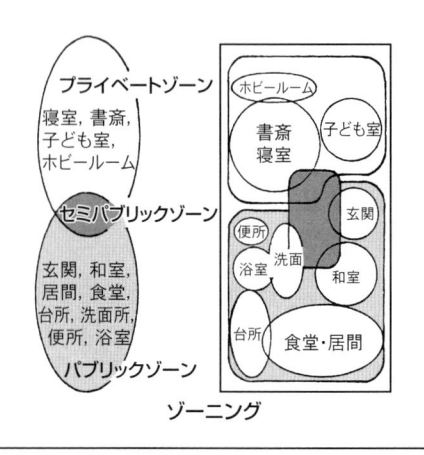

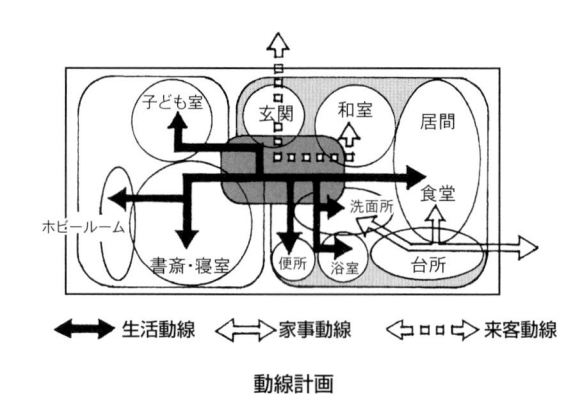

プライベートゾーン：寝室，書斎，子ども室，ホビールーム

セミパブリックゾーン

パブリックゾーン：玄関，和室，居間，食堂，台所，洗面所，便所，浴室

動線計画

⬅➡ 生活動線　⇦⇨ 家事動線　⇦┅┅⇨ 来客動線

リビングボード・額　　ニッチ・装飾品
フォーカルポイント

ある色から同色へ　　暗い所から明るい所へ
アイコリドール

3. ゾーニングと動線・視線

ゾーニングとは，設計において，空間の規模を決めながら，一方でそれぞれを関連づけ，つなげて配置していく手法です。ゾーニングにおいて大切なことは，人の生活の場として機能するために，使い手に適合する大きさが検討され，相互の関係をうまく保つこと，関連づけることができるように考えていくことです。

そこでゾーニングは，生活行為・作業行為としての**動線計画**に基づいて行うこととなります。**動線**とは，人とモノなどの動きの軌跡をいいます。一般に動線は単純で短く，異なる動線が交わることのないように計画するのがよいとされます。

ゾーニングは，まず外部との関係性から，敷地と道路や隣地，敷地の状況や方位，日照や採光，通風，音など，および設備や法規に配慮して行います。次に，内部での生活行為・作業行為の合理的な配置を計画します。

ゾーニングはもう一方で，落ち着きや安心など，使い手の空間に対する感情にも配慮して行います。感性・感情面では，**視線計画**が重要な要素です。人は視線を止めるところがないと，落ち着かない気分になるとされています。視線の置きどころを**フォーカルポイント**といい，和室の床の間の掛け軸や，洋室の壁に掛けられた額などは，その好例です。

また，人の視線は暗い所から明るい所へと，周辺部から中心へと，図から地へと，ある色や類似色へと無意識に動き，これにより人は心の安定を得ることができます。このような人の視線の通り道を**アイコリドール**といい，開口部の光やアクセントカラーなどを要素として配置していきます。

このような人の習性から，視線を引き付ける，視線を遮る，視線を誘導するなどのコントロールを行うことによって，機能面だけでなく，感性面や感情面を考慮したゾーニングが可能となります。

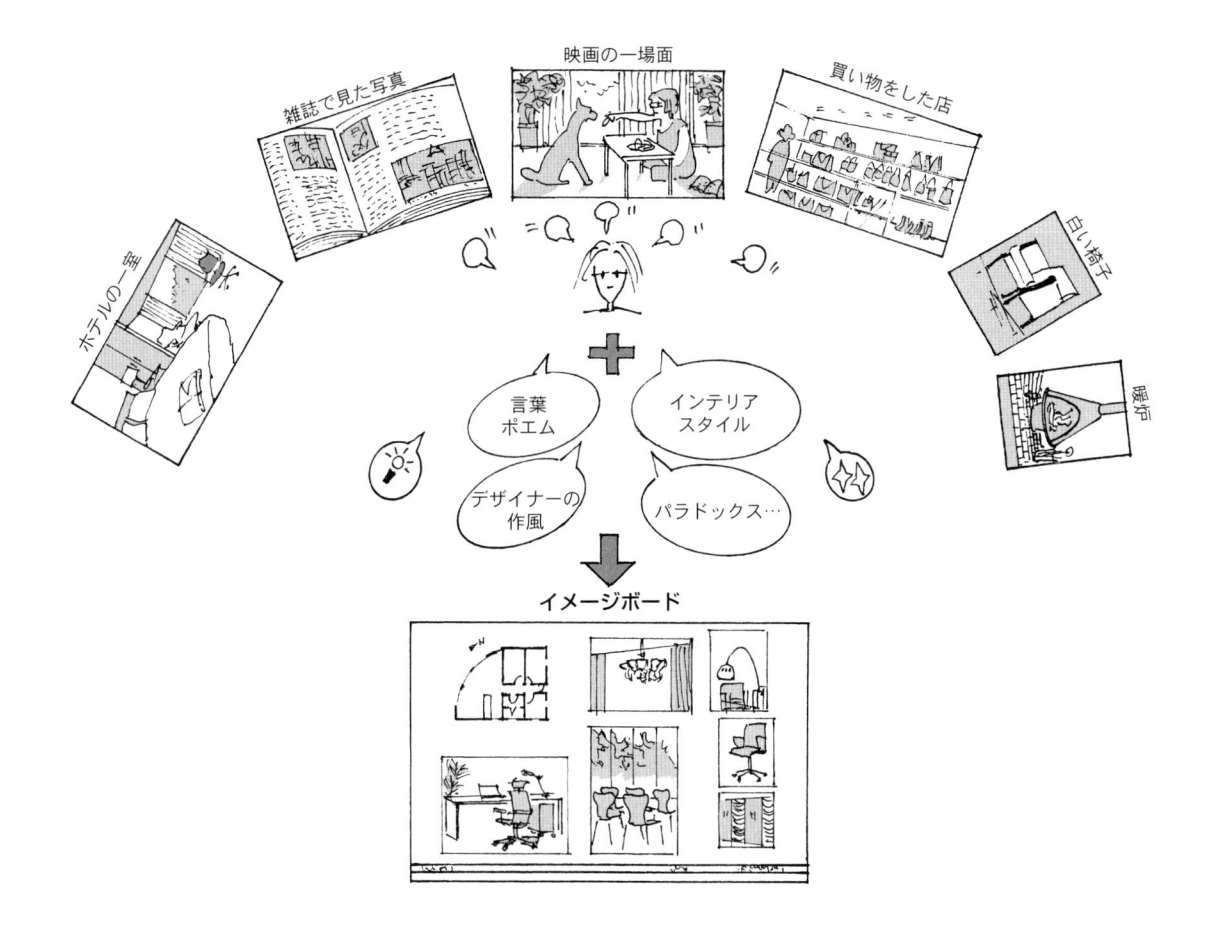

4. インテリア設計・デザイン

　ゾーニングや空間規模および形状の決定と同時に，インテリアデザインを進めていくうえで，**インテリアイメージ**や**インテリアスタイル**が重要な要素となります。

　インテリアイメージは，まったく何もないところから湧き出るものではありません。それは多くの場合，人の**記憶**の**断片**から形成されるものです。

　例えば，雑誌で見た写真や映画の一場面，過去に訪ねたホテルの一室や買い物をした店などが拠りどころになります。「朝食をあのように摂りたい」「このような休日の過ごし方をしたい」などといった**生活像**のイメージから得たり，「あのような寝室で寝てみたい」「このようなオフィスで働いてみたい」といった**空間像**のイメージから得たりします。また「白い椅子」「赤々と燃える暖炉」など，**エレメント**のイメージであったりもします。

　これらの断片的なイメージは，そのままの模倣ではなく，膨らまし練り上げられて，新たなインテリアイメージとしていかなくてはなりません。言葉の活用，様式の引用，著名なデザイナーの作風の引用，パラドックスなどの手法によって，時には関連するものに置き換えられ，時にはまったく別のものにいきつくなど，そのイメージはさまざまに展開できます。また日常生活のひとコマから思いついたことや感じたことなどを書き留めておくと，ここで役立てることができます。

　イメージが明らかになると，**イメージボード**を作成します。これは，過去，現在，あるいはオリジナルなインテリアスタイルの表現ともなります。インテリアスタイルの表現に用いる呼称によって，誰もがデザインに対し共通の概念をもつことができます。エレメントの選択において，スタイルに応じた家具，調度，カーテン，建具などの分類を利用することもできるようになります。インテリアスタイルについては，4章を参照してください。

生活シーン
ホームパーティー

インテリアを構成するさまざまな要素

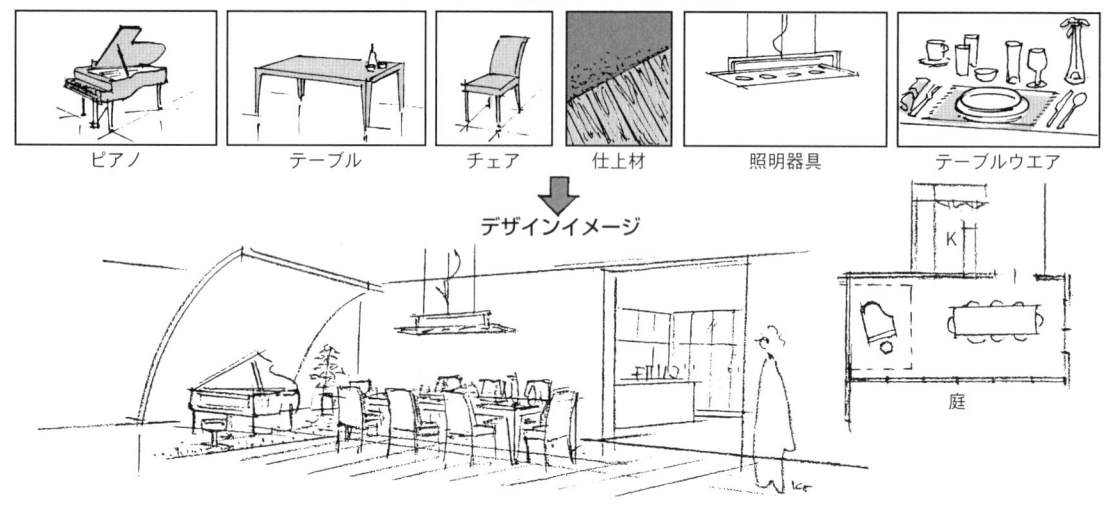

ピアノ　テーブル　チェア　仕上材　照明器具　テーブルウエア

デザインイメージ

庭

5. 生活イメージからの発想

　あるインテリアをデザインするときには、**発想の起点**がいくつかあります。「**生活**」「**空間**」「**エレメント**」などのイメージからです。

　インテリアのデザインを考えるにあたって、生活のイメージから、その生活の一**シーン**を思い描き、**ストーリー**にして表してみます。

　例えば、「今日は友人を招いてホームパーティー、テーブルを囲んで話に花が咲きます。テーブルの上には数々の料理が並び、ペンダントライトによっておいしそうに照らし出されています。飲み物がグラスに注がれていきます。ピアノの上手なKさんが得意の一曲を弾いてくれました…」というふうにです。

　すると、広い部屋、いくつもの椅子と大きな木のテーブル、黒いグランドピアノ、無垢のフローリングとピアノの下の赤いラグ、高い天井、梁から吊るされたライトなどが次々と浮かび上がり、インテリアスタイルが示唆されます。

　と同時に、そこには、料理を作ったり片づけたりするための台所やたくさんの食器を収納する場所、ピアノの音が心地よい響きとなるような部屋の大きさや天井の高さ、近所に音が漏れない開口部の工夫など、このシーンのために必要とされるインテリアの機能も示唆されています。

　インテリア空間に対する要求は多々あります。特に、現代では**ライフスタイルの多様化**が進んでいます。趣味を大切にする、スローライフを好む、エコロジーを心がける、ペットと暮らすなどさまざまです。

　また、情報化によって在宅ワークが可能となり、高齢化にともない家庭での介助、介護が必要となるなど、**ライフスタイルの変化**も進んでいます。

　求められる空間についてのキーワードをライフスタイルから得て、生活のシーンを描き、インテリアデザインを発想していきます。

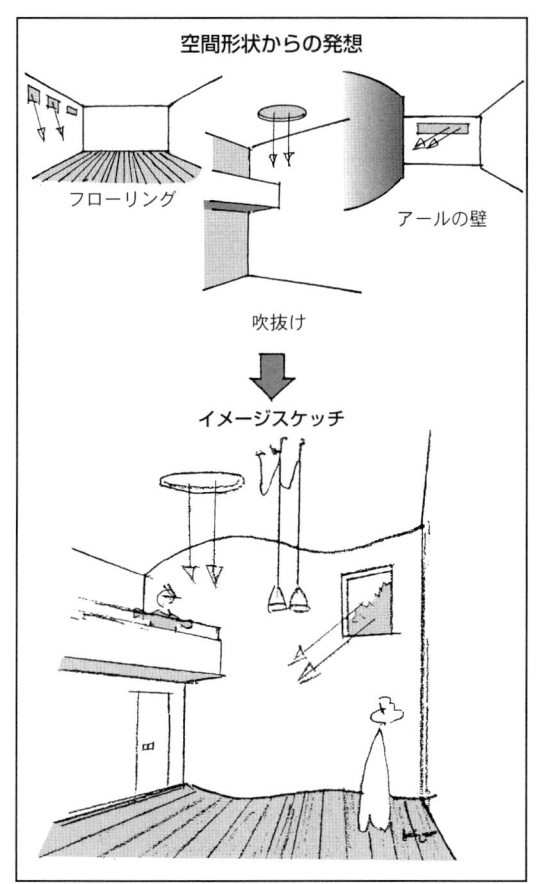

図:
- 空間形状からの発想（フローリング、アールの壁、吹抜け → イメージスケッチ）
- 素材からインテリアスタイルへ（大理石からモダンスタイルへ／檜から民芸和風へ）
- 色彩からインテリアスタイルへ（濃色系のインテリア／素材色系のインテリア）

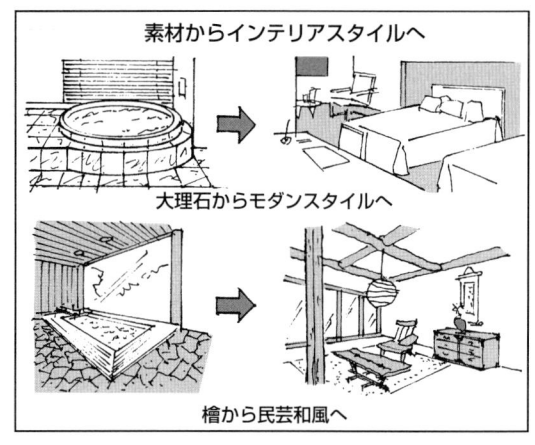

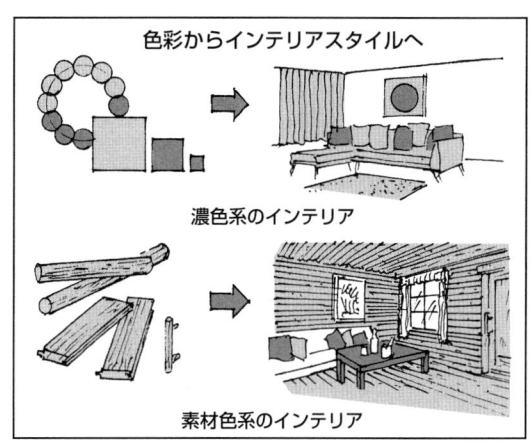

6. 空間イメージからの発想

多くの場合，発注者は，「○○の映画に出てきた部屋」「○○ホテルの客室」「○○ビルの地下にある中華料理店」といったような自分が体験した**空間イメージ**をもとにしてインテリアを求めてきます。そこには，例えば広々としたフローリングの床，アールを描いた壁，吹抜け，木洩れ日が射し込む窓，トップライトなど，あるいは客室のバスルームや店のカウンターなど，さまざまな要素が盛り込まれていることでしょう。そのものを再現することはできないとしても，その一つからインテリアデザインを発想し展開していくことができます。

「広々としたフローリングの床」「アールを描いた壁」「吹抜け」からは，空間の形状を考え出すことができます。それには物理的な大きさ，形だけでなく，配色を工夫したり，天井の高さに変化を与えたり，壁によって視線を通したり遮ったりすることなども含まれています。加えて「木洩れ日が射し込む窓」「トップライト」からは，開口部の取り方が考えられます。光の取り入れ方やその移ろい，影の出方を考慮し，人の心に落ち着きを与えるインテリアを考えます。また，特に開口部の形状の縦長，横長は，インテリアスタイルに影響されます。

次に「客室のバスルーム」のイメージからは，例えば大理石やガラスなどであればモダン，檜(ひのき)であれば和風といったように，素材を選定してインテリアスタイルを得ることができます。

「カウンターのある店」では，例えば中華料理店の赤色は印象的ですが，このような色の扱いからインテリアを考えていくこともできます。アクセントカラーの有無やトラディショナルであれば濃色系，ナチュラルであれば素材色系など全体的なトーンによって，インテリアスタイルの傾向が決まってくるからです。

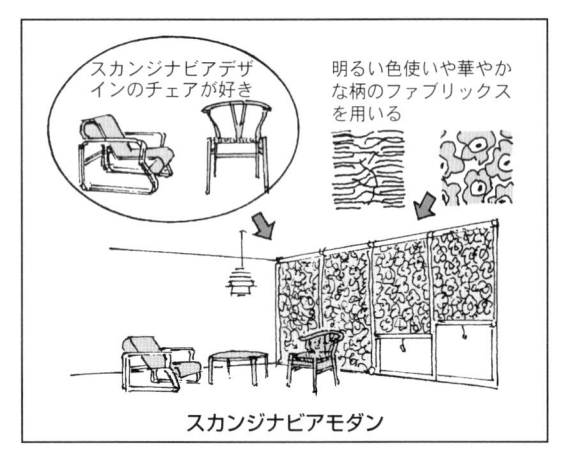

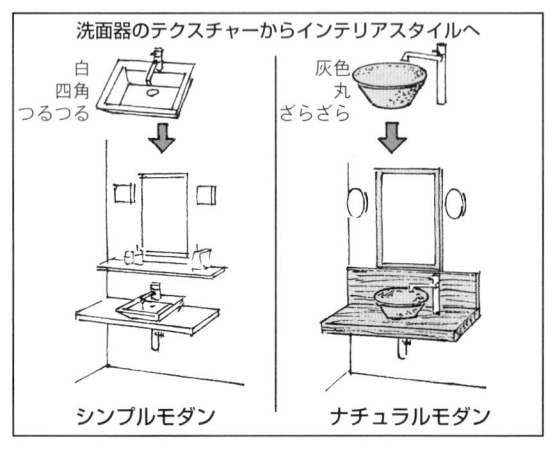

7. エレメントイメージからの発想

　まったく何もない空間は空虚で，生命や時間を感じることはありません。しかし，そこに家具が一つ置かれると，人の気配を感じ取ることができるようになります。このようにインテリアのエレメントは，**人と空間をつなぐ役割**をもち，エレメントに対する**こだわり**は大切なことです。そしてそこから，インテリアデザインを始めることができます。

　例えば，こだわりが「古典的なデザインのチェア」であれば，他のエレメントもそのチェアの様式に合わせ，全体を古典的なプロポーションや配置などで整えていきます。「北欧デザインのチェア」であれば，明るい色使いや華やかな柄のファブリックスを用い，木のぬくもりを感じさせることなどを考えていきます。このように，エレメントがもっている様式を引用することによって，インテリアスタイルを決めていくことができます。

　しかし一方，様式とはかけ離れたモダンな空間やクールな空間にコラージュすることによって，そのエレメントを際立たせることも考えられます。このときには，著名なデザイナーの手法を参考にして考えていくのも一つの方法です。

　また，こだわりが「洗面器」「システムキッチン」などの設備機器である場合もあります。洗面器では陶器の形，色，テクスチャーなどが，システムキッチンではワークトップやキャビネットの色，材質などがインテリアスタイルを，仕上材や照明方法を導いてくれます。しかし洗面器であれば，手や顔を洗うのに適した大きさであり，水跳ねしにくく，掃除がしやすい構造であることが必要です。システムキッチンであれば調理の動線，食事空間やユーティリティーとの関連づけ，主婦と家族の視線などを考慮してデザインすることが必要です。

演習課題 13　　　　視線の動きから生活を想像する

■イラストから，視線の動きと生活を想像してみましょう。

1．図中に，人の視線の動きを描き込んでみる。
2．注目度の高さに順位をつける。
　　左の人物　①　　　　②　　　　③　　　　④
　　右の人物　①　　　　②　　　　③　　　　④
3．下図の部屋で，どのような生活が展開されるか想像して書いてみる。

　　　　　　　　左の人物視線 ----------　　右の人物視線 —・—・—

展開される生活：

4．結果を発表。

| 所属 | 日付 ． ． | No. | 氏名 |

13　インテリア計画と発想

14 ユニバーサルデザイン，サスティナブルデザイン

ここでは，新しいデザインの方法や考え方であるユニバーサルデザインとサスティナブルデザインの概要について学びます。少子・高齢社会に対応するデザインの方法でもあります。

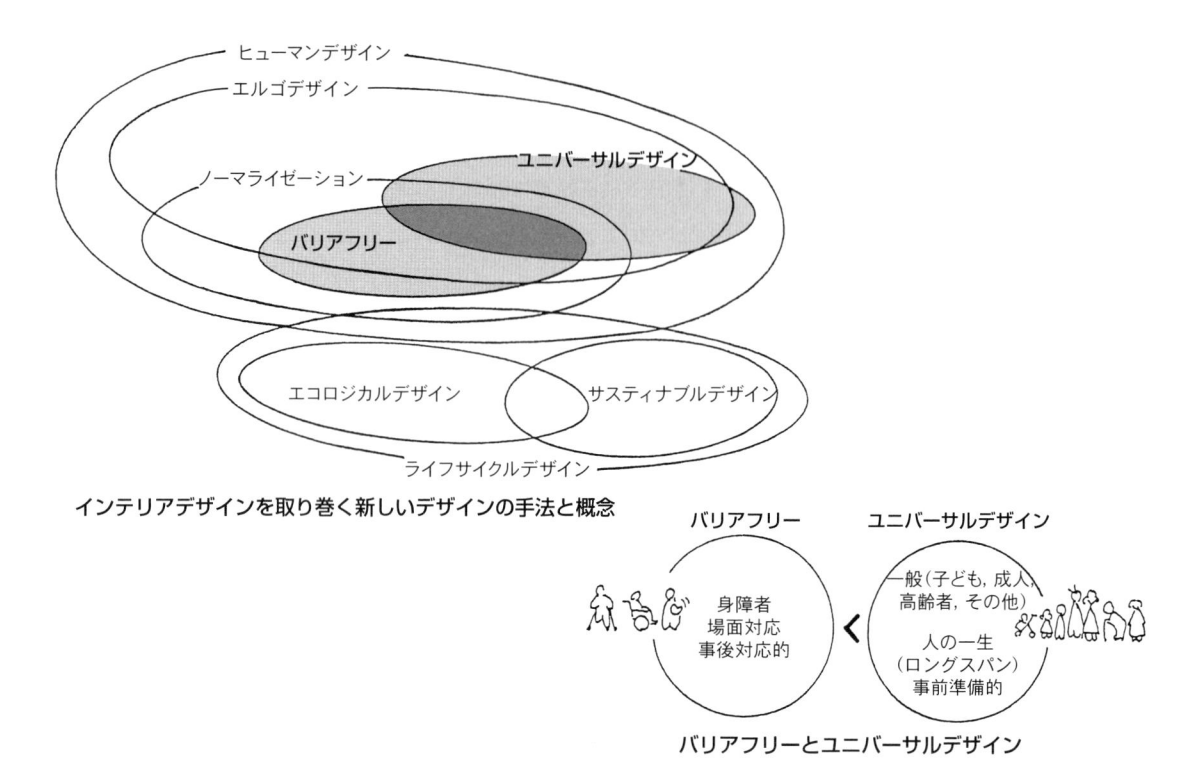

インテリアデザインを取り巻く新しいデザインの手法と概念

バリアフリー　　身障者　場面対応　事後対応的

ユニバーサルデザイン　一般（子ども，成人，高齢者，その他）　人の一生（ロングスパン）事前準備的

バリアフリーとユニバーサルデザイン

1. バリアフリーとユニバーサルデザイン

　デザインとは，人間の生活や社会に貢献するものでなくてはなりません。人間にとって安全，使い勝手のよいデザインという意味で，**ヒューマンデザイン**や**エルゴデザイン**が使われていました。その後，**ノーマライゼーション**という言葉が言われ始めました。それは障害をもった人も，一般の健常な人々と同じように，普通に日常生活ができるような社会の実現，といった意味で使われていました。ついで**バリアフリーデザイン**ということが言われ始めました。バリアフリーとは「障害除去」という意味で，車椅子使用者など障害をもった人や高齢者等がもった障害を取り除くようなデザインを推進しようという意味で使われた言葉でした。バリアフリーデザインは，障害除去設計という思想です。

　さらに1985年頃に，アメリカのノースカロライナ州立大学のロン・メイス教授によって，**ユニバーサルデザイン**の概念が提唱されました。これは万人のために貢献するデザインという意味で，障害除去から一歩進んで，障害の有無にかかわらず老若男女，すなわち年齢を超えて，また地域国別など国境を超えて，さらにはさまざまな障害をもつ人々の障害を超えて，すべての人々にとっての使い勝手を考えたデザインを展開する，という提唱でした。ちょうどアメリカではベトナム戦争などで，国中にさまざまな障害や支障をもった人々であふれ，そうしたことに強い関心が向けられた時節でもありました。

　バリアフリーデザインが事後対応的要素をもつデザイン手法であったのに対して，ユニバーサルデザインは対象を限定せずに，多くの人々を対象に，事前的に対応しようとするデザイン手法でした。わが国でも，1980年代の後半からユニバーサルデザインに関心が向けられるようになり，住宅や街づくり，あるいはさまざまなプロダクト商品などに応用されるようになりました。

図中テキスト:

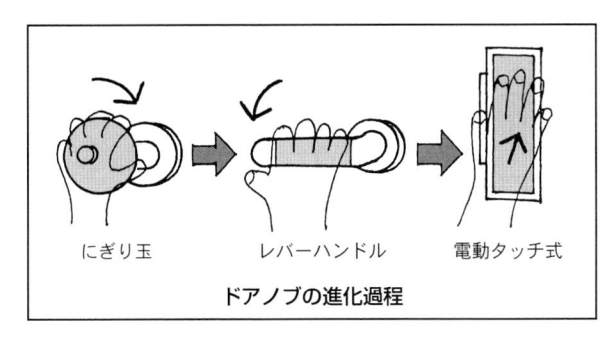

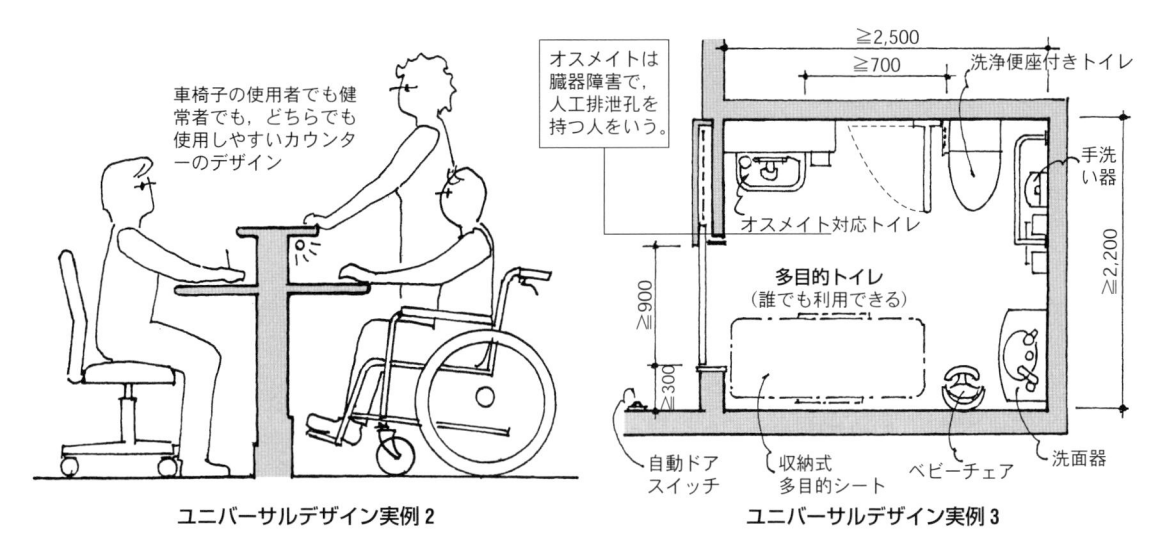

- にぎり玉 → レバーハンドル → 電動タッチ式
- ドアノブの進化過程
- シャンプー／リンス　目をつぶっていても，手の感触によってシャンプーかリンスかがわかるデザイン
- ユニバーサルデザイン実例1
- 車椅子の使用者でも健常者でも，どちらでも使用しやすいカウンターのデザイン
- ユニバーサルデザイン実例2
- オスメイトは臓器障害で，人工排泄孔を持つ人をいう。
- ≦2,500／≦700／洗浄便座付きトイレ／手洗い器／≦2,200／オスメイト対応トイレ／多目的トイレ（誰でも利用できる）／≧900／≧300／自動ドアスイッチ／収納式多目的シート／ベビーチェア／洗面器
- ユニバーサルデザイン実例3

2. ユニバーサルデザイン7つの原則

ロン・メイス教授が提唱するユニバーサルデザインには，次の7つの原則がありました。

①公平に使えるデザイン
（誰に対しても不公平や差別のないデザイン）

②使用上柔軟に対応できるデザイン
（個人の能力に応じた，利用方法にいくつかの選択肢をもつ）

③簡単で直截的に使えるデザイン
（利用者に経験や知識がなくても理解が容易である）

④認識しやすい情報が提供されているデザイン
（使用上わかりやすい情報提供，情報表示がなされている）

⑤誤った操作をしても問題のない，また誤操作を起こさないデザイン
（誤操作をしても危険が発生しない機構をもち，通常の使用では誤操作をしない）

⑥身体的負担の少ないデザイン
（身体的負担がなく，無理のない操作のしやすいデザイン）

⑦アプローチしやすく，使用しやすいスペースとサイズが確保されたデザイン
（さまざまな移動方法や姿勢にも対応できる機器の設置やスペースの確保）

これらすべての条件を満足させることは，実際にはほとんど難しく，不可能といえましょう。つまり，これらの条件，キーワードはデザインを展開するうえでの考え方の原則であり，概念であり，心がけでもあるのです。障害者にとって使いやすいものは，実は健常者にとっても使いやすいものなのです。

車椅子対応のトイレ，建築物とその経路に段差を設けずスロープなどを義務づけるバリアフリー法も，ユニバーサルデザインの考え方に沿ったものです。

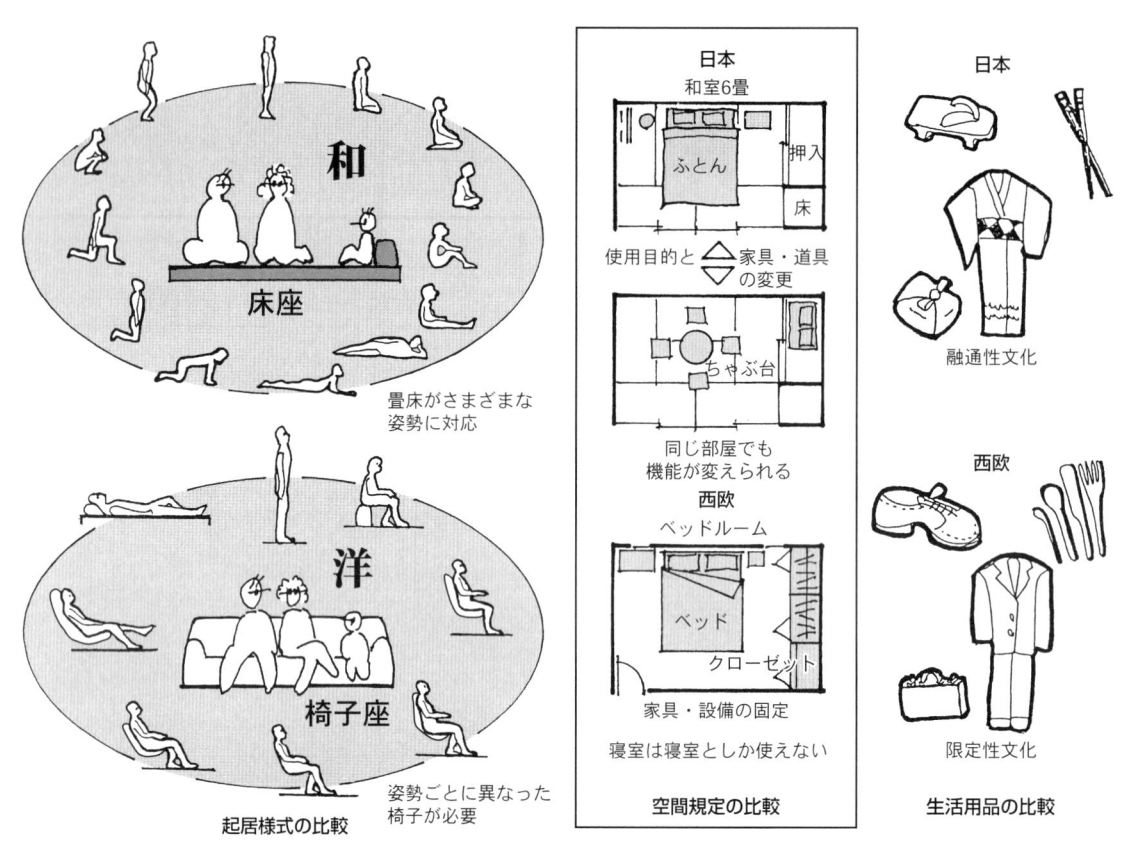

日本(和)と西欧(洋)の文化比較

3. ユニバーサルデザインの意味

　例えば、西洋の生活文化の代表である椅子は、機能的には、その種類は作業椅子から休息椅子など7つに分類できます。作業椅子は、勉強や事務作業などの作業のためには大変合理的で都合がよいのですが、休息のためにはまったく使えません。西洋のものは通常、目的がかなえば、きわめて合理的で合目的に機能しますが、目的から少しでも外れれば、もう役に立ちません。

　ところが、日本の生活文化はそうしたことと多少異なります。例えば、日本の住居の象徴である畳は、その上でベッドのように寝転ぶこともできれば、椅子のように座ることもできます。また、床のように立って歩くことも可能です。このように、いろいろな使われ方ができ、**融通性**をもつのが畳の床ですが、しかし、それぞれの使用に多少の不便さが残ります。

　部屋についても、洋風の家では、ベッドが置かれた部屋では就寝のための寝室にしか使えません。ダイニング用チェアとダイニングテーブルが置かれれば、そこは食事のための食堂には最適です。ところが休息の部屋としては不適で、それにはリビングが必要です。このように洋室は、使い方が**限定**されます。しかし畳の部屋は、布団を敷けば寝室に、卓袱台をおけば食堂に、座布団を並べて客間にもなり、**転用**が利きます。西洋の機能の**限定性**に対して、日本の機能には**融通性**、**転用性**があります。

　つまりユニバーサルデザインとは、従来の日本の生活文化の中で取り入れられていた要素なのです。西洋のいき過ぎた機能主義の考え方が、今一度見直されたものがユニバーサルデザインだ、といっても過言ではありません。もう一度、日本の文化を見直すことも大切でしょう。

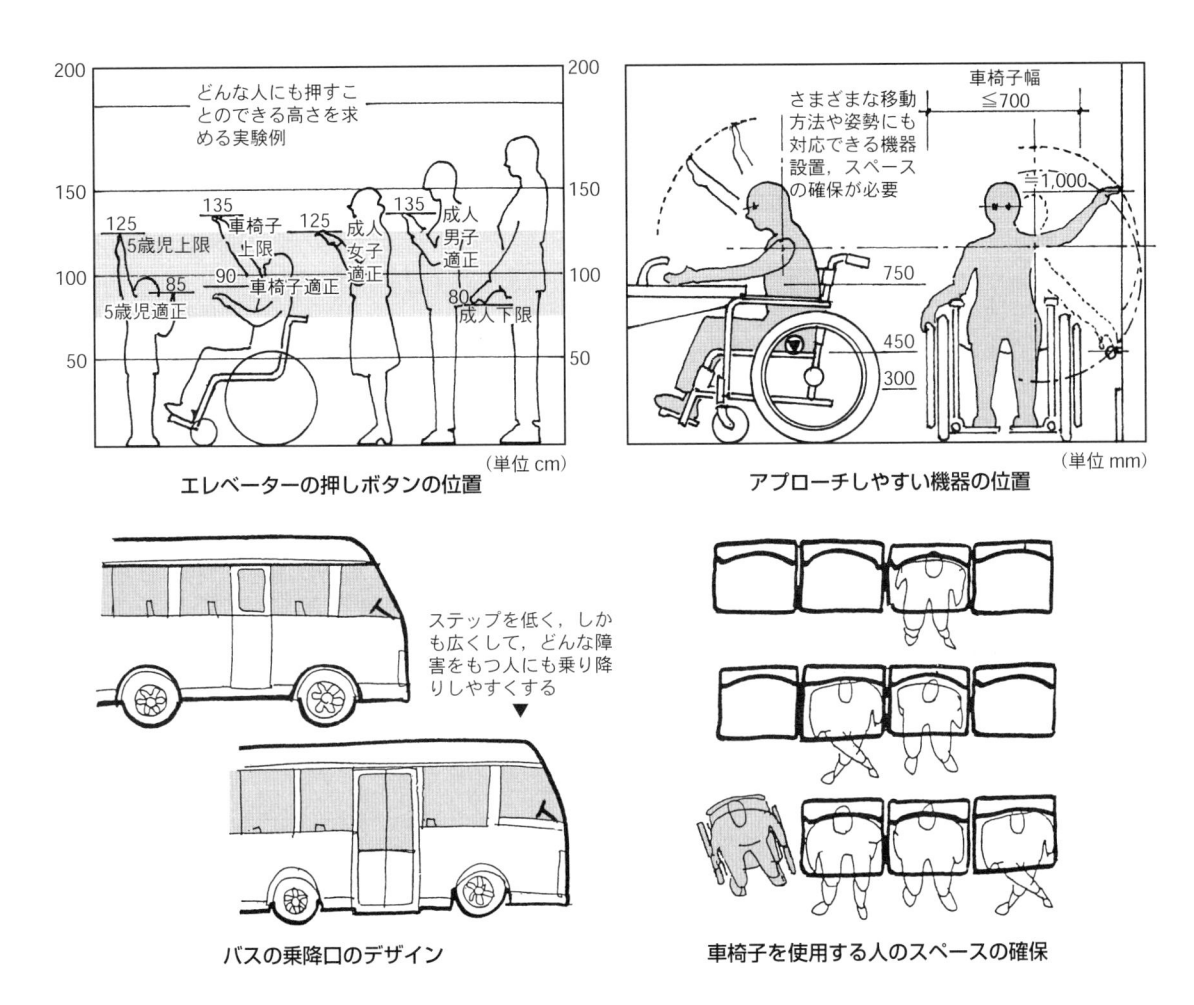

エレベーターの押しボタンの位置

アプローチしやすい機器の位置

バスの乗降口のデザイン

車椅子を使用する人のスペースの確保

4. インテリアとユニバーサルデザイン

　住宅におけるユニバーサルデザインについて考えてみましょう。住宅にユニバーサルデザインを適応することは，車椅子使用者でも盲人でも，誰でも使用できる家を造ることですが，それでは過剰機能を装備することになってしまいます。現在でも，また歳をとって高齢者になっても常に使い勝手が担保されるという，**経年に対する機能変化**へ対応するという意味では，ユニバーサルデザインは有効です。

　ところが加齢による障害は住み手，皆それぞれに異なって，個別的な症状となって現れることが特徴です。例えば，足腰だけに支障が出る人，感覚器官のみに障害をもつ人など，人さまざまな症状となって現れます。そうであれば，前もってユニバーサルデザインが個人の住宅に適応されていても，それらが使われないままに無駄に終わる可能性も高いのです。むしろ高齢者になって障害等が出た場合，個別の障害に合わせてその都度，**住宅改装**したほうがより合理的で経済的といえましょう。住宅は，個別的にフレキシブルに対応するほうがより現実的処理なのです。

　ところが，個別の住宅ではなく，街や都市，あるいは公共的施設にあっては，個別の障害を抱えたさまざまな人々が集い，さまざまな人々によって使われます。そうした所にこそ，万人の人々に対応したユニバーサルデザインが採用されるべきなのです。ユニバーサルデザインがきわめて有効に機能するのです。

　つまり，個人の住宅のインテリアは，個別対応のユニバーサルデザイン，多くの人々によって利用される公共の場や公共建築のインテリアでは，万人のためのユニバーサルデザインが求められるのです。ユニバーサルデザインには，そうした使い分けが必要です。

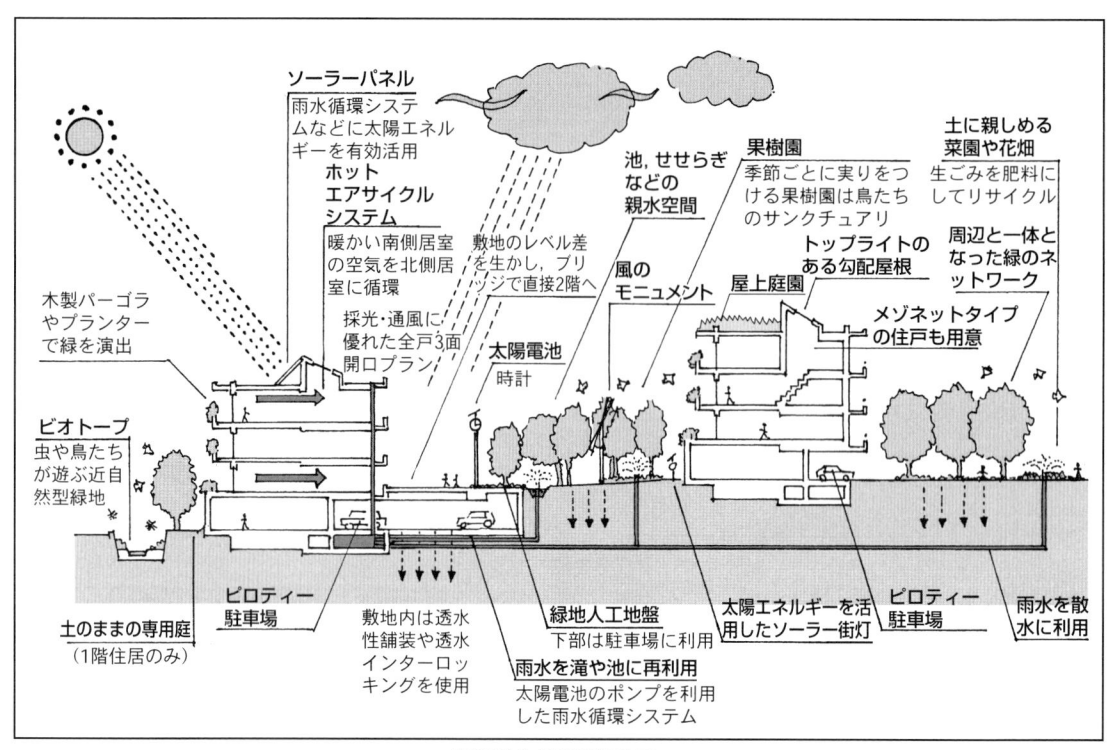

環境共生技術の概念図

5. サスティナブルデザインとは

　21世紀は，それまでの開発型社会から**持続可能型社会**への転換が求められている時代です。それはすでに石油や鉱物資源など地球資源が枯渇して，そうしたことを考慮せざるを得なくなってきたからなのです。また，地球温暖化防止等の地球環境への**負荷低減**を考慮して環境を計画せざるを得なくなっているからです。

　この持続可能型社会に向けてのデザインが**サスティナブル（持続可能的）デザイン**です。これは2つの意味を含んだものです。一つは自然環境と調和，共生しながら建築やインテリアをつくり上げていくというエコロジカルな価値観に基づいてデザインを進める方法（**ecological design**）です。

　もう一つは，環境調和型の新しい科学技術や客観的評価法を用いて，地球環境負荷を低減して環境効率を高めるためのデザインの方法（**environmental conscious design**）です。両方とも**エコデザイン**（eco design）と呼ばれますが，前者は天然素材を主体とした伝統的な建築・インテリアや工芸の技術を現在の社会の中で，今日的に再構築しようとする環境共生への試みとしてのデザインです。後者は原料の採取から製造，使用，廃棄に至る全ライフサイクルを通じて環境影響を評価し，地球環境に対する負荷を少なくしようとする循環型社会の実現への試みのデザインです。

　いずれにせよ，従来からいわれる「**感性**」と「**技術**」の要素のほかに，もう一つ「**環境**」という職業倫理を取り込んで展開する必要と必然が求められる時代になったのです。このことをインテリアデザインを学ぼうとする者は，しっかりと受け止め学ぶ必要があります。インテリアデザインにおけるサスティナブルデザインを進める際には，次の4つの事項があります。

①計画：ライフデザインなどエコインテリア計画。
②環境・設備：自然エネルギーの利用や省エネなどの手法。
③材料：エコインテリア材料など環境調和型材料の知識。
④構法・生産：スケルトン＆インフィルなどに関する技術。

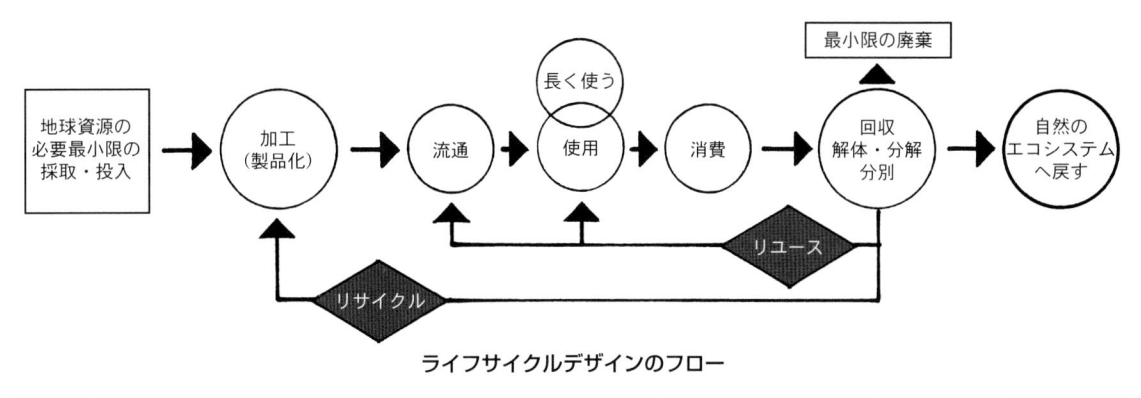

```
地球資源の              長く使う                          最小限の廃棄
必要最小限 → 加工   → 流通 → 使用 → 消費 → 回収    → 自然の
の採取・投入   (製品化)                      解体・分解      エコシステム
                                              分別         へ戻す
              ↑              ↑              ↑
              └──リサイクル──┘              └─リユース─┘
```

ライフサイクルデザインのフロー

□ 天然素材	—— 天然素材を持続可能な範囲で有効利用することが，エコデザインの基本。
□ 生分解性	—— 廃棄するとバクテリアに分解されて自然に戻る生分解性は重要な性質。
□ リデュース	—— 省資源，小型化，軽量化など，少ない材料で効果的なもの作りをする。
□ 単純化	—— 構造を単純にすることで，材料や工数を省き，製品の長寿命化にもつながる。
□ 共通化	—— 同じ部品を共有することは，無駄を省き，補修性を高めることにつながる。
□ 長寿命	—— 製品の長寿命化をはかることは，省資源と廃棄物の削減に有効である。
□ メンテナンス性	—— 保守や修理をやりやすくすることは，長寿命化の条件である。
□ リユース	—— 製品の再利用や，部品を再利用して再製造することは，優先順位が高い。
□ リサイクル	—— 素材を原材料に戻すマテリアルリサイクルは，エコデザインの最低条件。
□ 易分解性	—— 異素材や部品単位で容易に分解できることは，リユースやリサイクルの条件。
□ 省エネルギー	—— 使用段階で発生する環境負荷を抑えるために，省エネルギー性能が重要。
□ クリーン	—— 毒性物質を製造段階で使用せず，使用段階で発生させないことは基本。
□ リフューズ	—— できるだけ廃棄物を少なくし，可能な限り自然に再び戻す。

サスティナブルデザインのチェックポイント

6. ライフサイクルデザイン

インテリア空間をつくるにも，インテリアエレメントをデザインするにも，サスティナブルの観点で地球環境に与える負荷について考えなければなりません。それらの原材料から製造過程，使用状態，使用が終わって廃棄，処分するまでの全プロセスにおける**負荷の質と量とを評価**し，考慮してデザインすることがきわめて大切なのです。

「原材料採取→輸送→部品加工→輸送→製品生産加工→梱包→輸送→保管→輸送→販売→運搬→設置・取付け→使用→保守管理→修理→使用→使用修了→廃棄処分→循環」。モノや空間がつくられ，使われ，それが処分されるまでの，このような一連のプロセスを**ライフサイクル**といい，すべての段階における環境負荷を想定し，評価する方法を**ライフサイクルアセスメント（LCA）**といいます。また，その総量を低減する方策を考慮してデザインすることが**ライフサイクルデザイン**で，これからのインテリアデザインにとって，欠かせない手法です。

さて，地球環境に悪影響のない範囲で，限りなく少ない資源を使ってモノや空間を造ることは大前提です。部品製作，製品製作にあっては，加工製造エネルギーの無駄や廃棄物の発生を削減し，流通段階では梱包の無駄や輸送の無駄のないよう心がけます。使用段階でのエネルギー削減や環境汚染への配慮は，デザインの最優先課題です。

使用されなくなったとしても，使えるものは修理やリフォームによって再び利用されること，すなわち**リユース**（再利用）し，リユースが難しいものは，分解して**リサイクル**（資源再生産）を心がけます。省資源化，材料を節約する意味での製品の軽量化・小型化，廃棄物の削減，必要以上の消費・生産の抑制などの考え方が**リデュース**（削減・抑制）です。

ところで，サスティナブルデザインで一番重要なことは，愛着をもって，できるだけ長期間使われるモノや空間をデザインすることなのです。近年，**リフューズ**（最小限の廃棄）が加えられることもあります。

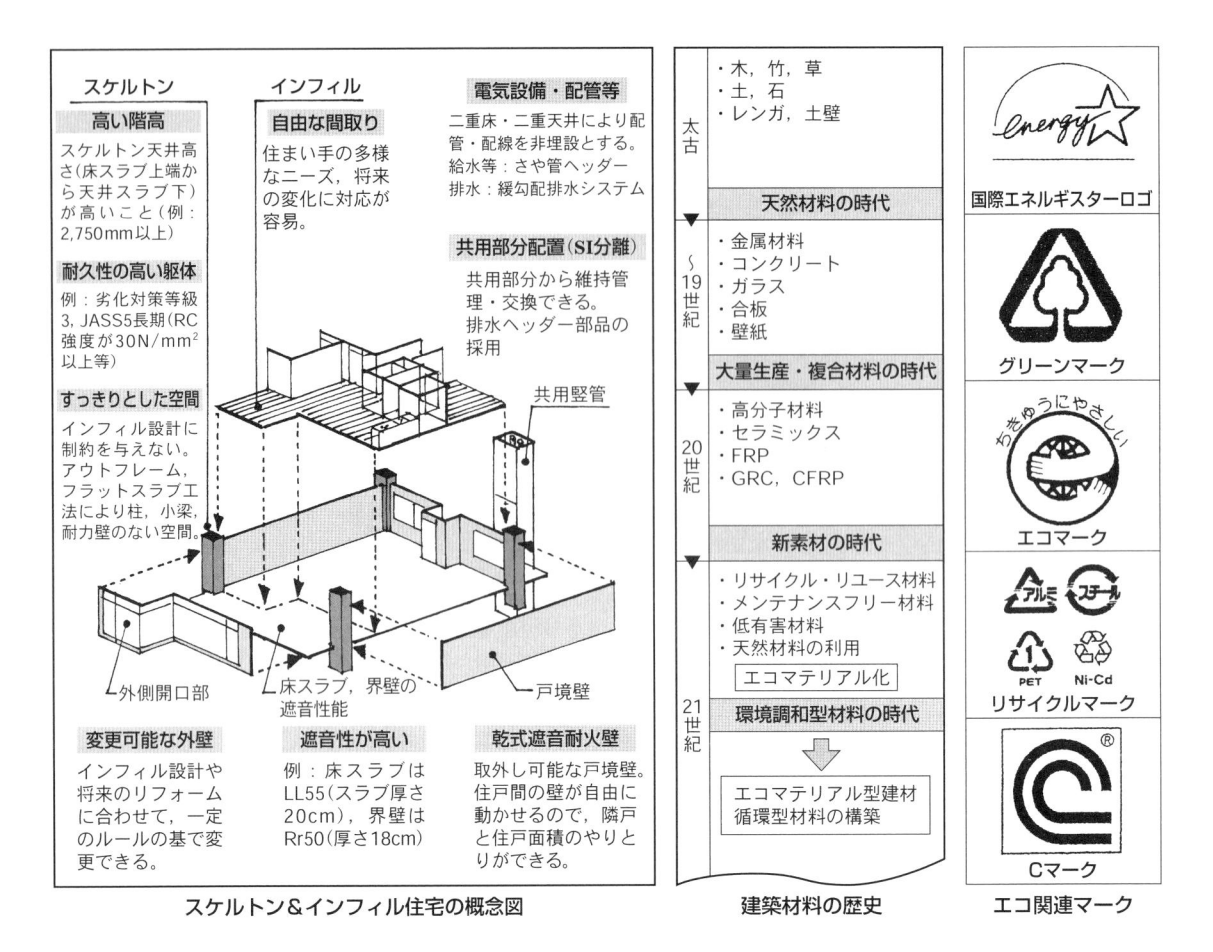

スケルトン&インフィル住宅の概念図

スケルトン
- 高い階高：スケルトン天井高さ（床スラブ上端から天井スラブ下）が高いこと（例：2,750mm以上）
- 耐久性の高い躯体：例：劣化対策等級3、JASS5長期（RC強度が30N/mm²以上等）
- すっきりとした空間：インフィル設計に制約を与えない。アウトフレーム、フラットスラブ工法により柱、小梁、耐力壁のない空間。
- 変更可能な外壁：インフィル設計や将来のリフォームに合わせて、一定のルールの基で変更できる。

インフィル
- 自由な間取り：住まい手の多様なニーズ、将来の変化に対応が容易。
- 遮音性が高い：例：床スラブはLL55（スラブ厚さ20cm）、界壁はRr50（厚さ18cm）

電気設備・配管等
- 二重床・二重天井により配管・配線を非埋設とする。
- 給水等：さや管ヘッダー
- 排水：緩勾配排水システム

共用部分配置（SI分離）
- 共用部分から維持管理・交換できる。排水ヘッダー部品の採用

乾式遮音耐火壁
- 取外し可能な戸境壁。住戸間の壁が自由に動かせるので、隣戸と住戸面積のやりとりができる。

（図中：外側開口部／床スラブ、界壁の遮音性能／共用竪管／戸境壁）

建築材料の歴史

太古～19世紀：天然材料の時代
- 木、竹、草
- 土、石
- レンガ、土壁
- 金属材料
- コンクリート
- ガラス
- 合板
- 壁紙

20世紀：大量生産・複合材料の時代
- 高分子材料
- セラミックス
- FRP
- GRC、CFRP

21世紀：新素材の時代
- リサイクル・リユース材
- メンテナンスフリー材料
- 低有害材料
- 天然材料の利用
- エコマテリアル化

環境調和型材料の時代
→ エコマテリアル型建材 循環型材料の構築

エコ関連マーク

- 国際エネルギスターロゴ
- グリーンマーク
- エコマーク
- リサイクルマーク（アルミ、スチール、PET、Ni-Cd）
- Cマーク

---

7. スケルトン&インフィル（SI）

日本の建物の寿命は、諸外国に比べて短く、それは物理的理由ではなく、経済的・機能的理由による建て替えのためです。

建物の長寿化の方法の一つに、**スケルトン&インフィル方式**があります。それは建物をスケルトン（骨格・構造躯体）とインフィル（内装や設備）等に明確に分離して、前者は長期間利用できるように耐用性を重視、後者は利用者の個別の要求や生活上の経験変化に対応可能なように計画された建築方式のことです。インフィルを更新することで、スケルトンを残して長期間の使用に応じようとするもので、サスティナブルな考え方を色濃く具現化したものです。

住宅におけるSI方式としては、**フリープラン分譲**、**スケルトン賃貸**、**二段階供給方式**、スケルトン定借（つくば方式）などがあり、現在、オフィスビルにもSIへの展開が期待されています。

21世紀は、環境調和型材料（エコマテリアル）の時代といわれます。**エコマテリアル**とは、「優れた特性・機能をもちながら、より少ない環境負荷で製造使用、リサイクルまたは廃棄ができ、しかも人にやさしい材料」と定義できるものです。

これには、原則的に次の6つの条件があります。①健康付加性（有害物質を含まず、発生させない）、②環境負荷性（製造、廃棄エネルギーが少なく、省エネ性がある。自然エネルギーを利用している）、③耐久性がある（耐久性があり、メンテナンスにより耐久性が維持できる）、④資源循環性（分離分解しやすく、素材別に回収可能、再利用できる）、⑤廃棄時の問題（生分解が可能、有害物質を出さない。）、⑥経済性（経済的にも成立可能）の6つです。

こうしたエコ材料に対しては現在、（財）日本環境協会によりエコマークの認定が行われています。また、このような材料をバランス良く使い、デザインを展開させることを**エコマテリアルデザイン**と呼ぶこともあります。

演習課題 14　　　部屋の使い勝手の悪さを見つける

■下の部屋の絵を中で、使い勝手の点で、13箇所以上の間違いを探し、改善しましょう。

▼
改善案

| 所属 | 日付
．　． | No. | 氏名 |

15 インテリアデザインのプロセスと評価

インテリアデザインは，どのような過程を経ながら進められていくのか，ここではその具体的な流れについて，段階を追って説明していきます。最後に，インテリアデザインの評価について説明します。

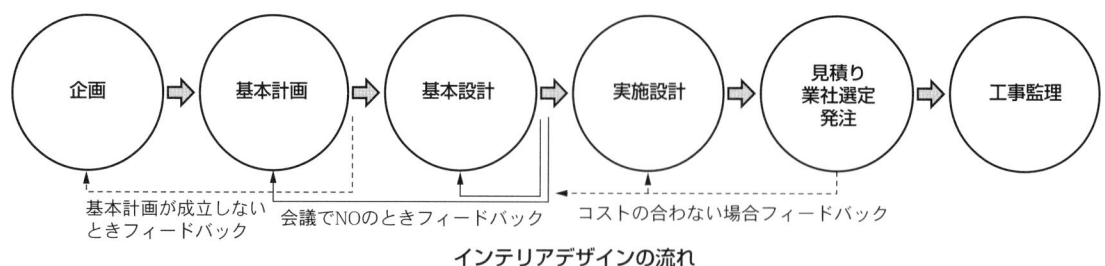

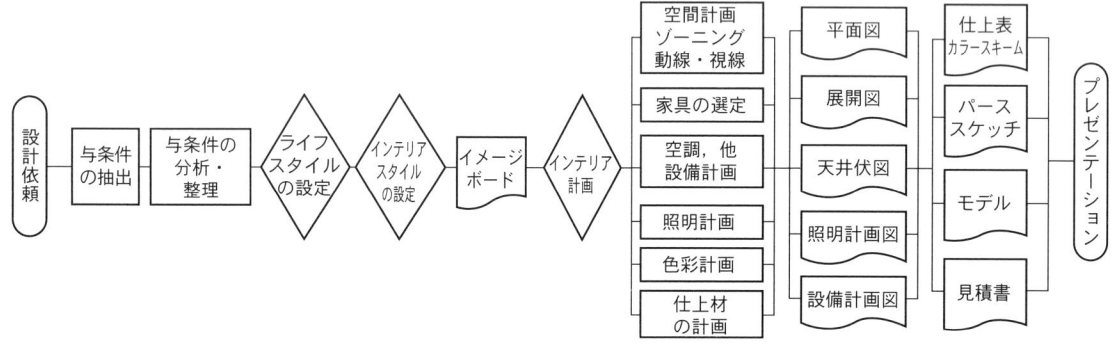

企画 → 基本計画 → 基本設計 → 実施設計 → 見積り業社選定発注 → 工事監理

基本計画が成立しないときフィードバック　会議でNOのときフィードバック　コストの合わない場合フィードバック

インテリアデザインの流れ

設計依頼 → 与条件の抽出 → 与条件の分析・整理 → ライフスタイルの設定 → インテリアスタイルの設定 → イメージボード → インテリア計画 → 空間計画／ゾーニング／動線・視線、家具の選定、空調，他設備計画、照明計画、色彩計画、仕上材の計画 → 平面図、展開図、天井伏図、照明計画図、設備計画図 → 仕上表／カラースキーム、パーススケッチ、モデル、見積書 → プレゼンテーション

インテリアデザインのワークフローチャート

1. インテリアデザインの流れ

インテリアの空間がどのようにでき上がるのか，インテリアデザインの流れを整理してみると，おおよそ次のような段階に分けられます。企画→計画・設計→見積り・発注→工事監理→引渡し。この中で，デザイナーが主としてかかわっていくのは，計画・設計の部分であり，この計画・設計は，さらに細かく，基本計画・構想→基本設計→実施設計に分けることができます。

企画：依頼者（施主・クライアント）から「ここに，こんな目的で，こんな空間をつくりたい」という依頼がきます。

基本計画：依頼者からの要望や建築上の条件等，デザインの前提となる与条件を整理し，空間の目的や規模等を明確にし，使い手のスタイルや将来の見通しを立て，インテリアデザインの基本方針をまとめます。イメージボードやインテリアスタイルの提案を行います。

基本設計：基本計画で決定した方針に従って，計画を具体的な形態に移し替えていきます。ゾーニング，ファニチャーレイアウト，仕上材や工法へと進め，模型やパース等で確かめながら，図面化します。カラースキームや仕上げ表等も作成して，設計案を依頼者に説明します。

実施設計：基本設計で決まった空間と設備に対して，具体的な寸法，材質，工法，納まり等を定めて図面に書き込みます（実施設計図書）。

見積り・発注：設計図書（設計図と仕様書等）を示して見積りをとり，提出された見積りを検討し，業者を決定して発注します。

工事監理：施工が図面や仕様書に従って間違いなく，きちんとできているか監理します。そして，仕上がったインテリア空間を依頼者に引き渡して終了です。

デザインプロセスとは，このような流れをもって成り立ち，いくつもの**フィードバック**を繰り返しながら進んでいきます。

■与条件の抽出と整理（住宅の例）

〈住まい手の条件〉
・生活像
　□住まい手の属性（職業など）
　□家族構成（将来計画・予測）
　□ライフスタイル
　□経済的条件
　□時間的条件（工期など）
　□要求性能
　□収納条件

・空間像
　□規模
　□インテリアスタイル
　□色彩，材質（マテリアル）
　□かたち
　□明暗（光の入り方，照明）

〈建築・空間上の条件〉
　□規模，間取り，方位
　□材料，構法，構造
　□設備
　□法規・基準

チェックリスト　　資料，雑誌，ネット　　与条件抽出のためのイメージボード

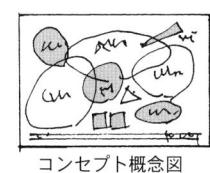

■基本方針の決定

〈コンセプト作成〉
　□問題点の抽出と矛盾点を整理
　□解決の指針を作成
　□基本的な方針を決定
　□空間の目的，用途，機能を明確化
　□空間の規模，位置関係の決定
　□外空間とのかかわり概念図（景色）
　□自然環境概念図（採光，通風）
　□空間デザインのキーワード
　□ライフスタイルや将来像の見通し
　□工期，予算，構法，設備の目安
　□コンセプト概念図
　□空間イメージ図
　□カラーイメージ図
　□インテリアスタイル案の作成

コンセプト概念図 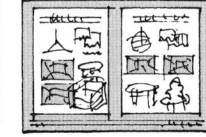　　インテリアスタイル案

2. 基本計画 — 与条件の整理と基本方針の決定

　依頼者からインテリアデザインを依頼されると，デザイナーの作業はまず，使い手側からと建築空間側からの，双方の要求条件や制約条件，すなわち**与条件**をよく調べ，整理，分析することから始まります。

　使い手側の要求条件としては，望んでいる生活像や使い方の設定と空間像を引き出します。どのようなライフスタイル，インテリアスタイル，あるいはワークスタイルを望んでいるのか，例えば住宅であれば，住まい手の人生観，趣味，生活様式など，生活にかかわるさまざまな事項，そして空間の規模，スタイルや色彩等です。チェックリストや調査表をつくり，聞き落とす項目がないように努めます。

　工期にかかわる時間的制約や経済的・予算条件も与条件として整理します。建築空間側からの条件に関しては，建築空間の構造，設備，材料，規模，方位等を明らかにします。法的制約や技術的限界等も与条件となります。

　使い手の要求条件の中には，顕在化しているもの以外に潜在的なもの，「本音」と「建前」のように矛盾した点など，さまざまなものが含まれます。デザイナーは，これらを整理し，依頼者の要求でも切り捨てるものは切り捨て，エンドユーザーや社会からの要求をも，必要なものは盛り込み，**設計条件**として焼き直していきます。そして，この設計条件に基づいて，空間の目的や機能，規模等を明確にし，使い手のスタイルや将来の見通しをたて，**インテリアデザインの基本方針を決定**します。

　この段階でのプレゼンテーションには，イメージボードやインテリアスタイルボードを用意します。ビジュアルなものを用いることで，依頼者のイメージをしっかりとらえ，後の段階での混乱ややり直しがないよう進めます。

141

15　インテリアデザインのプロセスと評価

空間のまとめ方

	●ゾーニング	●プランニング	●ファニチャー・設備レイアウト	●ファニシングデザイン
●規模計画 （空間の大きさ）	□単位空間および全体規模の決定	□規模の心理的効果のチェック	□	□
●動線計画 （人の動き）	□人の動きに応じた単位空間の配置	□効率的・機能的プランニング	□人の動きに応じたエレメントの配置	□歩行感覚 歩行頻度
●視線計画 （目の動き）	□各ゾーンの見え方 外部、庭の見え方	□室空間のプロポーション 開口部からの眺望	□エレメントの見え方 アイコリドールの調整	□パターン・エレメントの見え方
●環境計画 （光，音，空気，熱）	□外部環境と内部との調整	□開口部と空気，通風，眺望，日照，採光	□設備機器の容量，性能，配置	□光と影，色
●寸法計画 （モジュール 各部寸法）	□敷地，与スペース寸法，基準単位寸法の決定	□室空間および開口部などの寸法調整	□インテリアエレメントと室空間との寸法調整	□ディテール，材料の寸法
●性能計画	□空間にかかわる性能	□室空間にかかわる性能	□エレメントにかかわる性能	□材料工法にかかわる性能
●構法計画 材料計画 コスト計画	□可能な工事計画と構法 予算・工期と構法	□構造計画	□エレメントのコスト計画	□材料選定 工法決定 コストチェック
●形態計画	□全体のボリューム	□室空間の形態	□インテリアスタイルの決定	□スタイル，パターン
●色彩計画	□カラーコンセプト	□カラーイメージ	□メインカラー，アソートカラー アクセントカラー調整	□カラー，マテリアル
●その他の計画	□	□	□	□

ゾーニング　　インテリアプランニング　　ファニチャー・設備レイアウト　　ファニシングデザイン

3. 基本設計1 ― エスキスからプランニング

依頼者からのさまざまな要望や制約等の与条件が整理され，設計の方針が決まれば，次は空間を具体的なかたちにまとめていく**基本設計**に進みます。

この段階では，デザイナーによってとる方法はさまざまですが，通常は，平面や断面などの素描（スケッチ）から始めることになります。これを**エスキス**と呼びます。

エスキスは，一種の総合化の作業であり，形象化の過程では，発想のきっかけとなる**コンセプトアイディア**が必要となります。空間像，生活像，エレメントイメージ，ある様式やパターンに重点をおく，言葉のもつイメージから発想する，色や素材を中心にスタートするなど，デザイナーによってさまざまな技法がとられますが，このコンセプトアイディアづくりこそ，人間の創造性の源であり，デザイナーには奥深い知識と感受性が求められます。

エスキスを進めていく過程で**ゾーニング**，**プランニング**，**ファニチャーレイアウト**，**設備設計・配置**など，空間のまとめの作業が展開され，空間のかたちと寸法が次第に決まり，おおよその色や材質，空間の明暗についての考え方がまとまってきます。デザイナーはこれに対して，動線・視線という機能的・感性的側面からのチェックのほか，寸法，構造，設備等，技術的側面からも検討していきます。

また，資料集成や技術資料を参考にしたり，模型や実物・サンプルによって確かめながら作業を進めることも重要となります。

形象化されたものは，基本計画で決められた**方針や条件に合致**しているか，**美的な要求は満足**しているかなど，総合的な検討が加えられ，条件に外れていると，修正したり，前に戻ってやり直したりします。

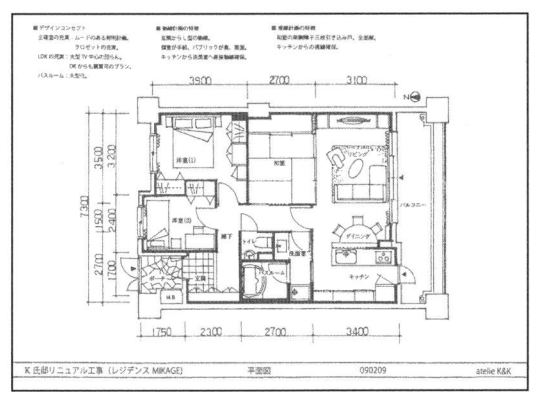

平面図

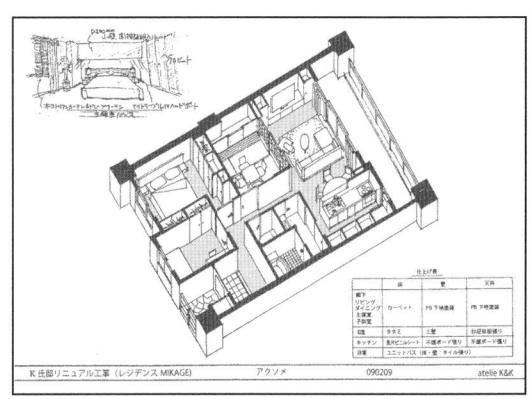

スケッチとアクソメ

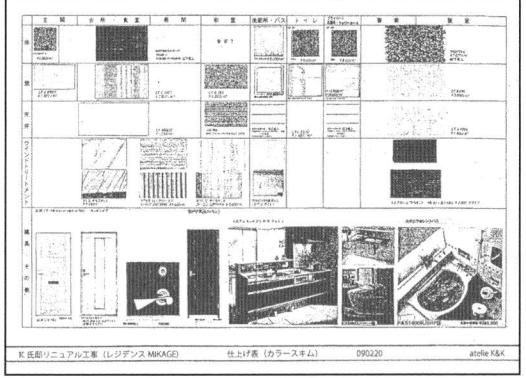

仕上げ表（カラースキーム）

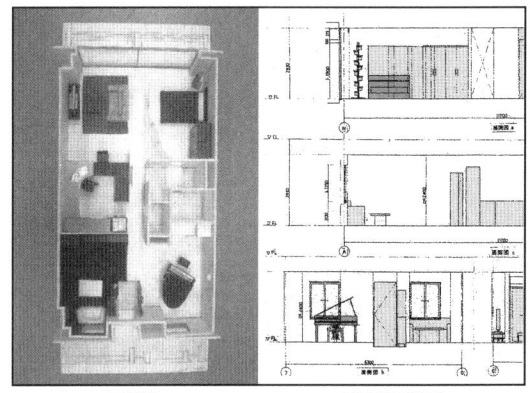

モデル　　彩色展開図

4. 基本設計2 ― プレゼンテーション

　基本設計案がまとまると，デザイナーは依頼者に計画案を理解してもらい，了解してもらうために，次のような方法を用いて，プレゼンテーションを行います。

パース（透視図）・アクソメ・模型：これらは3次元のインテリア空間をわかりやすく理解できる方法として使われます。パースでは，人の姿勢によってインテリアの見え方が変わることに注意をします。模型は，一つの対象を多角的に検討できるという利点をもっています。また，コンピュータを用いてモデリングし，動画像を提示することもあります。

平面および断面図・展開図：平面図は部屋の用途や機能を表現する手段であり，家具，照明器具，敷物，アクセサリー，設備器具等の位置と大きさを平面的に理解してもらいます。断面図や展開図では，高さ関係を示し，立体的な関係を把握してもらいます。

材料サンプル・実物・写真：実際に利用する内装材やエレメントの写真，実物，サンプル等の提示は，インテリア空間を具体的に理解するための有効な手段となります。

その他，設計趣旨・概略図など：インテリアの構成を説明するために，その考え方や特徴を図に表したもの，構造や設備を一目でわかるように図表にまとめたものです。

　以上の資料をボード類にレイアウトして，あるいはコンピュータを用いたスライドショーにして依頼者に提示し，基本的な空間構成のあり方について了解を求めます。

　また，プレゼンテーションをするときには，**予算案（概算書）**も添付します。予算の等級に合わせて複数案を提示したり，同じ予算額でも違った考え方を準備しておくと，依頼者も判断がつきやすくなります。

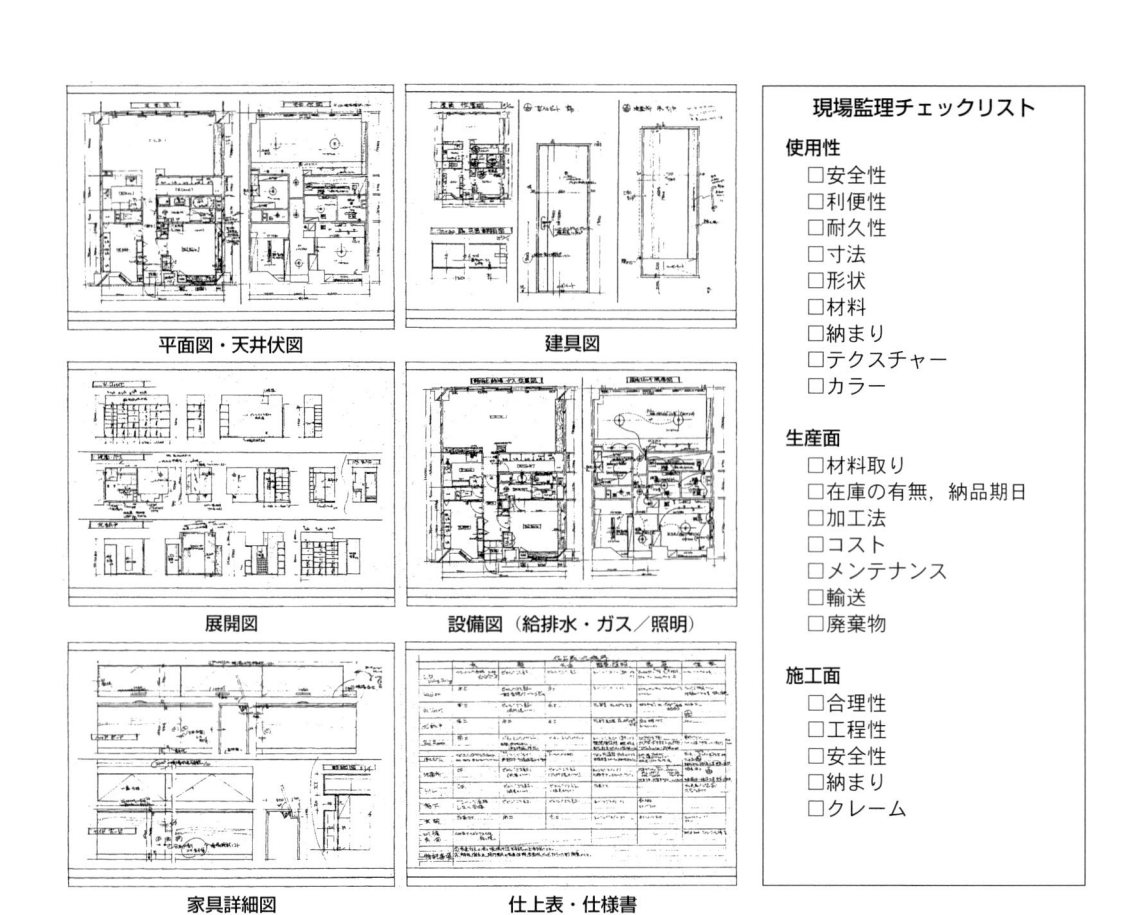

平面図・天井伏図	建具図
展開図	設備図（給排水・ガス／照明）
家具詳細図	仕上表・仕様書

実施設計図書

現場監理チェックリスト

使用性
- □ 安全性
- □ 利便性
- □ 耐久性
- □ 寸法
- □ 形状
- □ 材料
- □ 納まり
- □ テクスチャー
- □ カラー

生産面
- □ 材料取り
- □ 在庫の有無，納品期日
- □ 加工法
- □ コスト
- □ メンテナンス
- □ 輸送
- □ 廃棄物

施工面
- □ 合理性
- □ 工程性
- □ 安全性
- □ 納まり
- □ クレーム

5. 実施設計

　抽象的な要求条件や制約を具体的なかたちにまとめ，基本となる方針を定める基本設計の次は，**実施設計**の段階に入ります。

　実施設計では，施工や生産，製作に必要な見積りが，正確に読み取れる図面を作成することが主目的となります。基本設計で決定された空間と設備に対して，具体的な寸法や材質，工法，納まり等の仕様を決めて，図面に書き込むこと，そして，家具・照明・敷物，アクセサリー等，インテリアエレメントを選択することが作業の内容となり，インテリアの設計では通常，次のような図面が作られます。

　平面詳細図（縮尺1/50），**展開図・天井伏図**（縮尺1/50），**部分詳細図**（縮尺1/1〜1/20），**家具詳細図**（縮尺1/5〜1/10），**家具・エレメントリスト，員数表・仕上表，仕様書**，その他**予算書**等。

　現場では，実施設計で作られた図面に従って工事が進められるので，使用面と生産面の双方からチェックすることが必要となります。この段階での**使用面からのチェック**とは，安全性，利便性，耐久性等を考慮して，寸法，形状，材料，納まり，テクスチャー，色彩などを決めることであり，また**生産面からのチェック**では，材料取り，在庫の有無，加工法，コスト，メンテナンス（維持管理）等が重要な検討項目になります。

　人の肌に直接触れたり，細かいところまで目に触れることが，インテリア空間の特徴といえます。すばらしい階段室を設計しても，手すりの握り具合が少しでも悪いと，階段室全体の評価が下がるように，詳細の良し悪しが，全体の評価を大きく左右します。手で触わる部分の細かい寸法，さまざまな部位や部材の接合部の納まり等，**ディテールのデザイン**に気を配る必要があります。

　また，広々としたリビングルームを設計しても，配置する家具がそのスケールに合わなければ場違いな印象を残してしまいます。家具・エレメントの選択にも，細かい配慮が重要となります。

K邸新築工事工程表（外部工事，外構工事，内装工事）

6. 工事監理と竣工まで

　建築設計・インテリアデザインのいずれにおいても，その仕事は，空間が完成して初めて完了することになり，実際の空間がきちんと意図通りにできあがることが重要となります。

　設計図書を仕上げて，施工業者に渡して，施工は業者にお任せということは，設計・デザインの倫理上，許されません。また，それではデザイナーのスキルアップにはなりません。必ず工事監理を行います。

　施工業者と施工契約が済むと，いよいよ施工になります。**工事監理**のはじめは，施工の前の事前説明会です。業者の社長，営業そして現場監督と担当者を集めて，設計コンセプト，施主・オーナーの意向，施工，構法，マテリアル，設備などの注意点を説明します。逆に，施工業者からの質問や問題点を聞き出し解決しておきます。これによって，お互いに，最終的に目指している空間づくりのための共通認識をつくります。

　工事監理の基本は，設計図書どおりに現場が施工されているかチェックすることです。でき上がりのチェックですが，施工後にやり直し，手直しは工期や費用に問題を起こします。したがって，事前に現場監督や職人に注意や指導が必要です。

　次に，**日程監理**があります。工事工程表は工事業者が作成しますが，監理者として日程どおり進んでいるか，外注品，設備製品が日程どおり納品されるかチェックします。同時に，搬入・納品されてくる各種の材料，家具，設備などが，間違いがないか，品質は指定どおりかなど，**納品監理・品質監理**（色彩や各種仕上げを含む）も業務です。

　特注品，外注品，設備などについては，施工図チェックの業務もあります。現場における設計変更については，軽微なものはデザイナー判断で行いますが，大きく品質・性能にかかわるもの，費用や工程・日程にかかわるものは，施主と協議し結論をだします。すべての工事が完了すると，**竣工・引渡し**となります。

```
1. 機能と目的
   □明確な空間目的，行為にふさわしい
   □心理的距離の設定
   □明確な動線計画
   □家具什器の適切な配置
   □必要に応じた照明・採光計画
   □快適な空調計画
   □満足できる音響特性
   □プライバシー空間と適切な囲い込み
   □適切なアクセス
   □隣接空間とのつながり

2. 有用性と経済性
   □材料の選択
   □環境問題に対する配慮
   □イニシャルコストとランニングコスト
   □維持管理
   □耐久性

3. かたちと様式
   □美的秩序
   □空間バランス，リズム
   □デザインの図と地の関係
   □ふさわしいインテリアスタイル
   □ふさわしい形態

4. イメージと意味
   □イメージや意味の明解さ
   □適切な表現と演出
   □適切なディテール
   □十分な雰囲気とスタイル

5. 快適性と情緒性
   □トータルな快適性
   □ドラマ性のある明暗計画
   □好ましいカラーコーディネート
   □落ち着く家具・照明器具の選択，配置
   □心地良い音響環境
   □快適な空調環境
   □雰囲気に合ったマテリアル，テクスチャー
   □視界

6. 安心と安全
   □避難経路
   □セキュリティー
   □健康的な環境（換気・日照）
   □危険なデザインの有無
   □ユニバーサルな（誰にとっての）安全

7. 環境対応（サスティナブルデザイン）
   □ライフサイクルアセスメント
   □リサイクルなど
```

インテリアデザインのチェックポイント

空間要素
・機能と目的
・有用性と経済性
・かたちと様式

人間要素
・イメージと意味
・快適性と情緒性
・安心と安全

評価の概念図

7. インテリアデザインのための評価チェックリスト

よいデザインを目指し，デザインの評価・判定基準を満たすように，インテリアデザインは行われます。次の項目に従って，実際に適切か，満たしているか，考慮しているか等，デザインを具体的にチェック・評価します。満足できるまで繰り返し行います。

機能と目的：明確な空間の目的，行為にふさわしい形状や大きさの空間の用意，状況に応じた心理的距離の設定，家具什器の適切な配置，明確な動線計画，必要に応じた照明・採光計画や音響特性，プライバシーと空間の適切な囲い込み，アクセス，隣接空間とのつながりなど。

有用性と経済性：費用や耐久性から空間の目的にふさわしい材料の選択，現場に届くまでの経過も含めて環境問題を考慮した材料の選択，ランニングコスト，維持管理の容易さの要・不要など。

かたちと様式：美的秩序を基盤とした空間構成要素の配置（空間のバランス，リズム，デザインの図と地の関係は明確か），ふさわしい様式や形態の選択かなど。

イメージと意味：伝えたいイメージや意味と空間のかたちや演出が合っているか。イメージが明確に表現できているか，主たるデザインが映えるように，ディテールはきちんと納まっているかなど。

快適性と情緒性：ドラマ性のある陰影を有する明暗計画，好みの色を中心とした配色計画，心理的に落ち着く家具・照明器具等の選択・配置。音響や温度的環境はどうか。テクスチャーは雰囲気に合っているか。視界はどのように開くのかなど。

安心と安全：避難経路，セキュリティー，健康的な生活（換気や日照），硬く先の尖ったような危険なデザインの有無，ユニバーサルに安全かなど。

インテリアデザインは，依頼者，使用者の要求に応え，満足を得るところに意味があります。デザイナーの自己発露，自己満足だけでは成立しません。自らのチェックとともに，客観的な他者の評価も大切です。

演習課題 15　　カフェテラスのインテリアデザインを評価する

■学校，あるいは身近なカフェテラスのインテリアデザインを，チェックリストに従って，評価欄 □ に ○ ✓ をつけ，評価してみましょう。

１．カフェの写真を貼る	カフェの写真を貼る

２．評価リスト

		チェック項目
機能と目的	ゾーニング	□ 入口周辺，注文エリア，飲食エリア，サービスエリア等，ゾーン分けは，はっきりしているか。
	規模	□ 座る場所は，いつも見つけられるか。
	視線	□ 後から見られて落ち着かないところはないか。 □ 周囲の人と目線があって困る場所はないか。 □ 目を休めるところはあるか。
	寸法	□ チェア・テーブルの使い勝手はよいか。 □ 隣席との間に余裕はあるか。 □ 天井から圧迫感はないか。
	色彩	□ 機能や目的に合わせた配色が選ばれているか。 □ ベースカラー，アクセントカラーのバランスはよいか。
	照明	□ 機能に合う明るさが選ばれているか。 □ 照らすべきところが照らされているか。
追加の項目		□ □

	チェック項目
有用性と経済性	□ 床はきれいに維持されているか。
かたちと様式	□ カフェテリアにふさわしい空間のかたちか。 □ インテリアデザインには何かの様式が応用されているか。 _____ 様式
イメージと意味	□ インテリアデザインのイメージは，はっきりしているか。 □ チェアやテーブルのかたちや素材は，インテリアのイメージと合っているか。 □ 照明器具はデザインイメージに合い，美しいか。
快適性と情緒性	□ 使われている色はごちゃごちゃしていないか。 □ 明暗のリズムは，ほどよくとられているか。 □ 不快な音はないか。 □ 暑すぎたり寒すぎたりしないか。 □ 自然光はまぶしくないか。 □ 殺風景な感じはしないか。 □ 詰め込まれている感じはないか。
安全と安心	□ 危ないと思う場所はないか。 □ 床はすべりやすくないか。

３．✓がついた項目は，どうすれば改善できるか，考えてみる。
４．このリストの項目は一例です。自分でチェック項目を追加し，いろいろな角度からインテリアデザインの評価を考えてみる。

所属	日付 ．．	No.	氏名

演習課題 解答例

6 ウインドートリートメント (71頁)

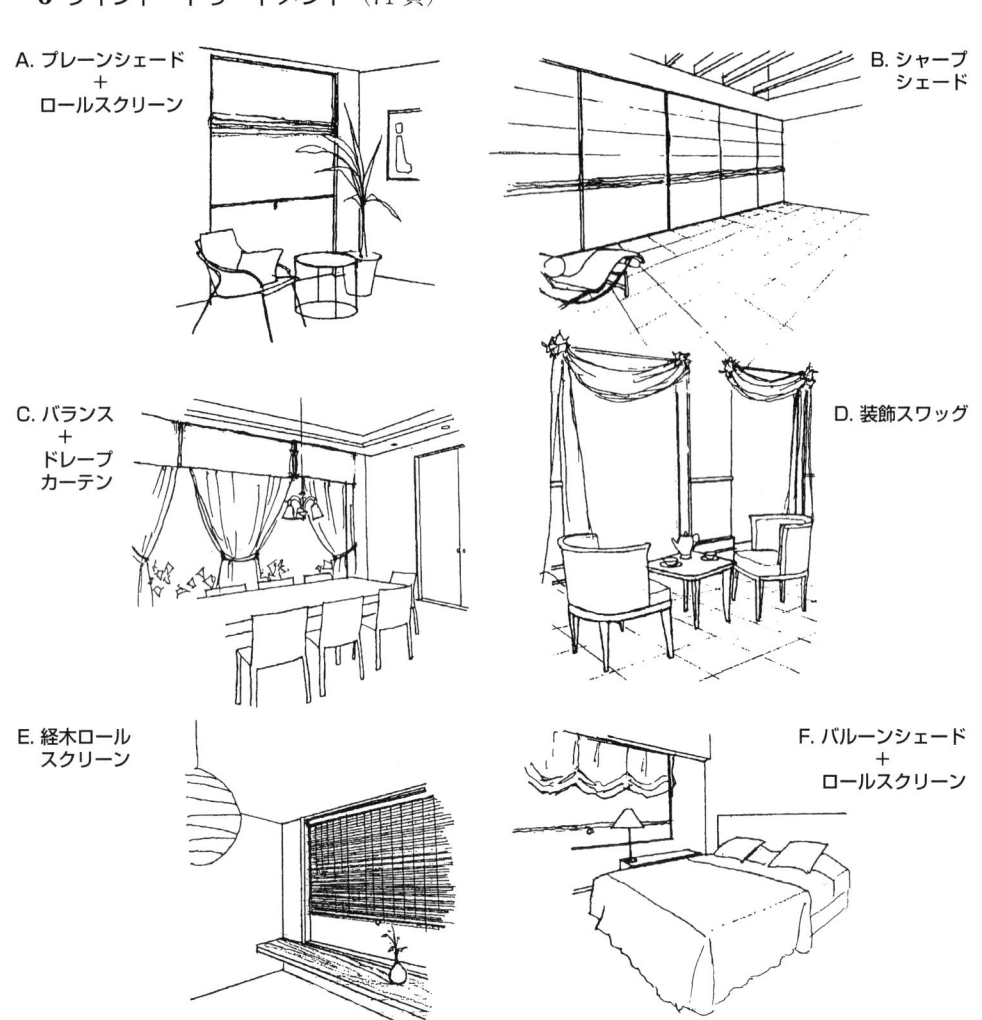

A. プレーンシェード ＋ ロールスクリーン

B. シャープシェード

C. バランス ＋ ドレープカーテン

D. 装飾スワッグ

E. 経木ロールスクリーン

F. バルーンシェード ＋ ロールスクリーン

14 ユニバーサルデザイン，サスティナブルデザイン (139頁)

参考文献

まえがき
デザイン史フォーラム編『国際デザイン史―日本の意匠と国際交流』思文閣出版，2001
アラン・ヴェイユ著，竹内次男訳『ポスターの歴史』白水社，1994
シャーロット＆ピーター・フィール著『20世紀のデザイン』タッシェン・ジャパン，2002

1 インテリアデザイン
インテリアデザイン教科書研究会編著『インテリアデザイン教科書』彰国社，1993
小宮容一著『図解インテリア設計の実際』オーム社，1989
フランシス D. K. チン著，太田邦夫・菊池岳史・ペリー史子訳『インテリアの空間と要素をデザインする』彰国社，1994
平井聖著『図解日本住宅の歴史』学芸出版社，1980

2 インテリア空間
フランシス D. K. チン著，太田邦夫・菊池岳史・ペリー史子訳『インテリアの空間と要素をデザインする』彰国社，1994
フランシス D. K. チン著，太田邦夫訳『建築のかたちと空間をデザインする』彰国社，1987
カール・クリスティアン・ホイザー『インテリアデザインの基礎』集文社，1994
加藤力著『インテリアデザインの仕事 発想から手法の実際まで』彰国社，1992
沢田知子著『インテリアデザインへの招待』彰国社，1992
三輪正広著『インテリアデザインとは何か』鹿島出版会，1985
スタンリー・アバークロンビー著，芦川智・紀子訳『インテリア・デザインの美学』鹿島出版会，1995
ダイアナ・ロウントリー著，三輪正広訳『インテリアデザイン入門』彰国社，1975

3 インテリアエレメント
小宮容一著『図解インテリア設計の実際』オーム社，1989
小宮容一著『図解インテリア構成材―選び方・使い方 改定2版』オーム社，2002
建築材料活用事典編集委員会編『建築材料活用事典』産業調査会，2007
インテリアデザイン教科書研究会編著『インテリアデザイン教科書』彰国社，1993
加藤力著『インテリアデザインの仕事 発想から手法の実際まで』彰国社，1990
小原二郎・加藤力・安藤正雄編『インテリアの計画と設計 第2版』彰国社，2000
尾上孝一・小宮容一・妹尾衣子・安達英俊共著『完全図解インテリアコーディネートテキスト』井上書院，1998
加藤力編『インテリア設計士テキスト 学科編』日本インテリア設計士協会，2006
関西インテリアプランナー協会編集・発行「平成20年度インテリアプランナー試験対策 学科テキスト」2008

4 インテリアスタイル
小宮容一著『図解インテリア設計の実際』オーム社，1989
「北欧デザイン紀行」太陽 2000年12月号，平凡社
「数寄屋建築へのアプローチ」新建築 1983年1月臨時増刊号（茶室平面のバリエーション）
「和風建築手法とコスト分析」新建築 1979年6月臨時増刊号（和風のデザインボキャブラリー）
「和風住宅の手法」新建築 1978年6月臨時増刊号
「インテリアトレンドビジョン 2004-2008」トーソー出版
「流行通信 VOL 505」INFAS パブリケーションズ
日本経済新聞社 2006年9月13日
㈱INAX「トレンドレポート Salone Report」2008
松下電工㈱「LIGHTING MODE」2004-2008

5 家具デザイン
インテリアデザイン教科書研究会編著『インテリアデザイン教科書』彰国社，1993
小宮容一著『図解インテリア設計の実際』オーム社，1989
池辺陽著『デザインの鍵』丸善，1992
小泉和子著『和家具』小学館，1996
小宮容一著『世界のテーブル絵典』彰国社，2001
MARTIN M. PEGLER 著，光藤俊夫監訳『インテリア・家具辞典』丸善，1990
フランシス D. K. チン著，太田邦夫・菊池岳史・ペリー史子訳『インテリアの空間と要素をデザインする』彰国社，1994
尾上孝一・小宮容一・妹尾衣子・安達英俊共著『完全図解インテリアコーディネートテキスト』井上書院，1998
加藤力編『オフィスインテリアのプランニング＆デザイン』KBI 出版，1992
古斯塔夫・艾克著『中国花梨家具図考』地震出版社，1991
小原二郎・加藤力・安藤正雄編『インテリアの計画と設計 第2版』彰国社，2000

6 ウインドートリートメント
インテリア産業協会編集・発行『インテリアコーディネーターハンドブック販売編』2005
加藤力編『インテリア設計士テキスト 学科編』インテリア設計士協会，2006
「SANGETSU WINDOW COLLECTION MECHANIC vol. 5」
㈱サンゲツ「Aria」2006-2008
タチカワブラインド㈱「クレアス」2006
東リ㈱「BELENT」2006
TOSO「バーチカルブラインド」2007

7 ライティングデザイン
島崎信監修『ライティングデザイン事典』産業調査会，1986
加藤力著『インテリアデザインの仕事 発想から手法の実際まで』彰国社，1990
小宮容一著『図解インテリア設計の実際』オーム社，1989
小宮容一著『図解インテリア構成材―選び方・使い方 改定2版』オーム社，2002
加藤力監修『インテリアアイデンティティー 空間造りの技法』学芸出版社，1990
小原二郎・加藤力・安藤正雄編『インテリアの計画と設計 第2版』彰国社，2000
加藤力監修『オフィスインテリアのプランニング＆デザイン』KBI 出版，1992
ヤマワギワ㈱「Yamagiwa Lighting 1998-99 カタログ」1999
松下電工㈱「NASHOP for Shop Lighting カタログ」2005

8 インテリア設備
小宮容一著『図解インテリア設計の実際』オーム社，1989
尾上孝一著『図説 住居・住生活論』理工学社，1995
柿沼整三・伊藤教子共著『建築設備入門』オーム社，2008
建築材料活用事典編集委員会編『建築材料活用事典』産業調査会，2007
関西インテリアプランナー協会編集・発行「平成20年度インテリアプランナー試験対策 学科テキスト」2008

松下電器産業㈱「National 環境総合カタログ」2004
東陶機器㈱「TOTO 総合カタログ 2007-2008」
大阪ガス㈱「2008 大阪ガス住宅設備機器総合カタログ」

9 マテリアルコーディネート

インテリアデザイン教科書研究会編著『インテリアデザイン教科書』彰国社，1993
尾上孝一・小宮容一・妹尾衣子・安達英俊共著『完全図解インテリアコーディネートテキスト』井上書院，1998
小宮容一著『図解インテリア構成材―選び方・使い方 改定 2 版』オーム社，2002
小宮容一著『図解インテリア設計の実際』オーム社，1989
小宮容一「インテリアのマテリアルコーディネートの関する考察」日本インテリア学会論文報告集 9 号，1999

10 カラーコーディネート

尾上孝一・小宮容一・妹尾衣子・安達英俊共著『完全図解インテリアコーディネートテキスト』井上書院，1998
大井義雄・川崎秀昭共著『カラーコーディネーター入門・色彩』日本色研事業㈱，2005
川崎秀昭『カラーコーディネーターのための配色入門』日本色彩事業㈱，2002
尾上孝一・金谷喜子・田中美智・柳澤元子編『カラーコーディネーター用語辞典』井上書院，2008
小宮容一著『インテリアカラーコーディネート集成』オーム社，1995
野村順一著『色彩効用論［ガイヤの色］』住宅新報社，1988
日本色研事業㈱「日本色研色彩カタログ 2007-2008」

11 エルゴノミクス（人間工学）

小原二郎・内田祥哉・宇野英隆共著『建築・室内・人間工学』鹿島出版会，1970
加藤力著『インテリアコーディネーターの人間工学』ハウジングエージェンシー，1992
中野明編著『インテリアデザイン―計画基礎から空間計画まで』建帛社，1998

12 室内環境

加藤力著『インテリアデザインの仕事 発想から手法の実際まで』彰国社，1990
加藤力監修『インテリアアイデンティティー 空間造りの技法』学芸出版社，1990
インテリアデザイン教科書研究会編著『インテリアデザイン教科書』彰国社，1993
小原二郎・加藤力・安藤正雄編『インテリア計画と設計 第二版』彰国社，1996
加藤力編『インテリア設計士テキスト 学科編』日本インテリア設計士協会，2006
関西インテリアプランナー協会編集・発行「平成 20 年度インテリアプランナー試験対策 学科テキスト」2008
㈳インテリア産業協会編集・発行『インテリアコーディネーターハンドブック技術編』2005
掘越哲美他共著『絵とき自然と住まいの環境』彰国社，1997

13 インテリア計画と発想

加藤力編『インテリア設計士テキスト学科編』日本インテリア設計士協会，2006
日本建築学会編『設計のプロセス ケーススタディー』彰国社，1971
日本建築学会編『建築設計資料集成 人間』丸善，2003
インテリアデザイン教科書研究会編著『インテリアデザイン教科書』彰国社，1993
小原二郎・加藤力・安藤正雄編『インテリア計画と設計 第二版』彰国社，1996
加藤力著『インテリアデザインの仕事 発想から手法の実際まで』彰国社，1990
小宮容一著『世界のテーブル絵典』彰国社，2001
加藤力監修『インテリアアイデンティティー 空間造りの技法』学芸出版社，1990

14 ユニバーサルデザイン，サスティナブルデザイン

金堀一郎著『インテリアコーディネーター資格試験合格必携テキスト』トーソー出版，2007
㈶建築技術教育普及センター編集・発行「平成 11 年インテリアプランナー更新講習テキスト」1999
㈶建築技術教育普及センター編集・発行「平成 20 年度インテリアプランナー更新講習テキスト」2008
㈳日本インテリアデザイナー協会「ECO INTERIOR DESIGN BOOK」2000

15 インテリアデザインのプロセスと評価

フランシス D. K. チン著，太田邦夫・菊池岳史・ペリー史子訳『インテリアの空間と要素をデザインする』彰国社，1994
加藤力著『インテリアデザインの仕事 発想から手法の実際まで』彰国社，1992
小原二郎・加藤力・安藤正雄著『インテリアの計画と設計』彰国社，2000
古谷幸雄・本吉康郎共著『インテリアデザインの基礎ディテール』彰国社，1992

資料・写真提供

1 章／ケプラデザインスタジオ（大倉清教），アイランドデザイン（山内恒男），塚口眞佐子
2 章／塚口眞佐子，積水ハウス㈱
7 章／積水ハウス㈱，小宮容一，アイランドデザイン（山内恒男）
9 章／小宮容一，積水ハウス㈱
15 章／（資料）武庫川女子大学短期大学部，大山真希，2007

[著者略歴]

小宮容一（こみやよういち）
1968年　京都市立美術大学（現 芸術大学）工芸科デザイン専攻卒業
1974年　インダストリアルデザイン事務所所属後，独立
　　　　Kデザインオフィス設立
1976年　嵯峨美術短期大学インテリアデザイン科講師
1987年　芦屋大学教育学部産業教育学科講師
1997年　芦屋大学教育学部教育学科教授
現　在　芦屋大学名誉教授

片山勢津子（かたやませつこ）
1979年　京都工芸繊維大学工芸学部住環境学科卒業
1983年　(株)大林組建築設計部退職，京都工芸繊維大学助手
1987年　京都芸術短期大学講師
1993年　京都女子大学専任講師
2001年　博士（学術）
現　在　京都女子大学教授

ペリー史子（ぺりーふみこ）
　　　　奈良女子大学家政学部住居学科卒業
　　　　ドレクセル大学大学院(USA)デザインアート専攻
　　　　M. Science 取得
　　　　日本およびアメリカで都市計画，建築設計，インテリアデザインの仕事に従事
1991年　大阪産業大学工学部環境デザイン学科講師
2010年　博士（工学）
現　在　大阪産業大学デザイン工学部建築・環境デザイン学科教授
　　　　NCIDQ インテリアデザイナー

加藤　力（かとうつとむ）
1968年　千葉大学工学部建築学科卒業
1970年　千葉大学大学院工学研究科修了，(株)日建設計入社
1978年　京都工芸繊維大学助手，講師，助教授
1992年　博士（工学）
現　在　元宝塚大学大学院教授

塚口眞佐子（つかぐちまさこ）
1976年　神戸市外国語大学英米学科卒業
1985年　(株)全日空勤務を経て，(株)INAX 入社
1992年　塚口建築研究室主宰
1999年　相愛短期大学および相愛大学非常勤講師
2001年　大阪大学文学部西洋史研究室研究生
2005年　大阪樟蔭女子大学学芸学部インテリアデザイン学科助教授
現　在　元大阪樟蔭女子大学教授

西山紀子（にしやまのりこ）
1981年　京都工芸繊維大学工芸学部住環境学科卒業
　　　　大成建設(株)入社，退社後設計事務所設立
1992年　京都工芸繊維大学大学院工芸科学研究科博士前期課程造形工学専攻修了
　　　　京都科学技術専門学校，兵庫科学技術専門学校教員
2008年　京都橘大学現代ビジネス学部都市環境デザイン学科助教
2014年　九州女子大学家政学部人間生活学科教授
2019年　博士（工学）
現　在　畿央大学健康科学部人間環境デザイン学科教授

- 本書の複製権・翻訳権・上映権・譲渡権・公衆送信権（送信可能化権を含む）は株式会社井上書院が保有します。
- JCOPY 〈(一社)出版者著作権管理機構 委託出版物〉
本書の無断複写は著作権法上での例外を除き禁じられています。複写される場合は，そのつど事前に，(一社)出版者著作権管理機構（電話 03-5244-5088，FAX 03-5244-5089，e-mail：info@jcopy.or.jp）の許諾を得てください。

図解テキスト インテリアデザイン

2009年 3月30日　第1版第1刷発行
2021年 3月 1日　第1版第10刷発行

著　者　小宮容一　片山勢津子　ペリー史子　ⓒ
　　　　加藤　力　塚口眞佐子　西山紀子
発行者　石川泰章
発行所　株式会社 井上書院
　　　　東京都文京区湯島 2-17-15 斎藤ビル
　　　　電話 (03)5689-5481　FAX (03)5689-5483
　　　　https://www.inoueshoin.co.jp/
　　　　振替 00110-2-100535
装　幀　株式会社クリエィティブ・コンセプト
印刷所　美研プリンティング株式会社
製本所　誠製本株式会社

ISBN 978-4-7530-1587-0　C3052　　Printed in Japan

出版案内

図解・インテリアコーディネーター用語辞典 [改訂版]

尾上孝一・大廣保行・加藤力編
A5変形判・370頁(オールカラー)
本体3200円

インテリアの基本用語3900余語と理解を助ける図表約900点を，資格試験の出題傾向に対応した「商品と販売編」「計画と技術編」および「人名編」に分類して収録し，巻末には索引・逆引き索引を掲載。受験者はもちろんのこと，インテリア関連業務に携わる実務者にも役立つ本格的辞典。

カラーコーディネーター用語辞典

尾上孝一・金谷喜子・
田中美智・柳澤元子編
A5変形判・230頁(オールカラー)
本体3000円

色彩検定，カラーコーディネーター検定の頻出用語を中心に，必須の1900余語と図表約790点を収録。実務者にも役立つよう，色彩知識の利用の広がりに合わせて，色覚・心理，色の表示，色彩調和，色と光，ファッション，インテリア，人名，文化等の分野を網羅した。290色のカラー見本付き。

福祉住環境コーディネーター用語辞典 [改訂2版]

福祉住環境用語研究会編
A5変形判・242頁
本体2700円

福祉住環境コーディネーター2級，3級の受験者を対象に，試験の出題傾向および介護・福祉の現状に即した基本用語2300余語を図表と合わせて収録。高齢者や障害者の身体特性・疾病，医療，福祉制度・施策，介護保険，福祉用具，介護用品，住宅改修，建築一般など広範な分野を網羅している。

図説 インテリアデザインの基礎

楢崎雄之
B5判・184頁(二色刷)
本体3400円

インテリアデザインの基本である形，光，色について，基礎事項からデザインの実践に役立つ応用知識まで丁寧に図説した入門書。快適で美しい空間をつくるうえで，形・材質，色彩などが人の感覚や空間とのかかわりにおいて果たす役割やさまざまな効果を，具体例を提示しながら解説する。

インテリアデザイン実践講座 [1] スペースデザイン

旭化成ホームインテリア
研究所編，中村智子
B5判・128頁
本体3200円

インテリア関連分野に携わる実務者を対象に，ビジネスとしてインテリアデザインを成功させるためのノウハウや専門知識を，実際の業務内容に沿って各項目別に解説する。さらに，仕事上の成功例や失敗例を紹介するとともに，空間計画の際に役立つ実例図面を多数取りあげたテキスト。

完全図解 インテリアコーディネートテキスト

尾上孝一・小宮容一・
妹尾衣子・安達英俊
B5判・136頁
本体2700円

インテリアを初めて学ぶ人でも無理なく理解できるよう，歴史，計画，材料，構法，建築構造，家具と人間工学，デザイン要素，表現技法，関連設備，関連法規，環境工学などを基礎から徹底図解。各章ごとに「学習の要点」や「用語解説」を設けて，知識の整理に役立つよう配慮した。

最新5か年 インテリアコーディネーター資格試験問題集 [年度版]

インテリアコーディネーター
試験研究会編
A5判・320頁(二色刷)
本体2500円

インテリアに関する基礎知識や販売・商品知識はもちろんのこと，環境問題や省エネ，居住の健康や安全，高齢者・障害者の住環境など社会状況に応じた社会的知識が要求されるインテリアコーディネーターの資格取得を目指す初学者を対象に，過去5年間の一次試験問題と解答を収録して詳解。

＊上記の本体価格に，別途消費税が加算されます。